ADMINISTRAÇÃO
PARA EMPREENDEDORES

2ª edição

Antonio Cesar Amaru Maximiano

ADMINISTRAÇÃO PARA EMPREENDEDORES

2ª edição

PEARSON

Diretor editorial: Roger Trimer
Gerente editorial: Sabrina Cairo
Supervisor de produção editorial: Marcelo Françozo
Editora plena: Thelma Babaoka
Editor de desenvolvimento: Jean Xavier
Preparação: Guta Antonangelo
Revisão: Norma Gusukuma
Capa: Alexandre Mieda
Foto do autor: Carlos B. C. Júnior
Projeto gráfico e diagramação: Globaltec Artes Gráficas Ltda.

Dados Internacionais de Catalogação na Publicação (CIP)
(Câmara Brasileira do Livro, SP, Brasil)

Maximiano, Antonio Cesar Amaru
Administração para empreendedores : fundamentos da criação e da gestão de novos negócios / Antonio Cesar Amaru Maximiano. -- 2. ed. -- São Paulo : Pearson Prentice Hall, 2011.

ISBN 978-85-7605-876-2

1. Administração 2. Empreendedores 3. Empreendedorismo 4. Negócios I. Título.

10-08389 CDD-658

Índices para catálogo sistemático:
1. Administração para empreendedores :
Empresas 658

6ª reimpressão – Junho 2014
Direitos exclusivos para a língua portuguesa cedidos à
Pearson Education do Brasil,
uma empresa do grupo Pearson Education
Rua Nelson Francisco, 26 – Limão
Cep: 02712-100 São Paulo – SP
Tel: (11) 2178-8686 – Fax: (11) 2178-8688
e-mail: vendas@pearson.com

SUMÁRIO

PREFÁCIO

A ideia de espírito empreendedor está associada a pessoas realizadoras, que mobilizam recursos e correm riscos para iniciar organizações de todos os tipos. Embora existam empreendedores em todas as áreas da ação humana, em seu sentido restrito o conceito refere-se às pessoas que criam empresas — organizações do mundo dos negócios. Esse mundo é composto de grandes corporações e de uma enorme quantidade de pequenos empreendimentos.

Nos últimos anos, surgiram em todo o mundo movimentos para apoiar e estimular a criação de empresas. No Brasil, assim como em outros países, essa tendência atende a um apreciável interesse pela carreira empresarial em alguns segmentos da sociedade, especialmente entre os acadêmicos de administração. Por isso, as instituições de ensino superior, em número crescente, estão oferecendo cursos de graduação para formar empreendedores.

É para esse público que este livro se destina: estudantes de empreendedorismo e criadores de empresas. A ideia deste projeto nasceu da percepção da necessidade de um texto abrangente, que cobrisse todas as áreas de uma empresa e, também, as diretrizes para a elaboração de planos de negócios, bem como apresentasse considerações sobre o perfil comportamental do empreendedor. A acolhida positiva que o livro recebeu por parte de professores e estudantes revela o interesse pelo tema entre os jovens.

Nesta segunda edição, o livro reitera o compromisso do autor com o atendimento das expectativas desse público. A estrutura básica foi mantida, mas mudanças significativas foram feitas no conteúdo e nos estudos de casos, que, em alguns capítulos, foram substituídos por situações totalmente novas.

Estrutura do livro

Em seus três capítulos iniciais, o livro apresenta o conteúdo essencial para a compreensão do empreendedorismo e de suas diferentes implicações: 1 — "Espírito empreendedor", 2 — "Escolha do negócio" e 3 — "O que é preciso saber sobre conjuntura econômica".

Nos capítulos seguintes, são enfocados os diferentes aspectos da gestão de empresa: 4 — "Planejamento e estratégia", 5 — "Organização da empresa", 6 — "Marketing", 7 — "Operações", 8 — "Gestão de pessoas", 9 — "Motivação e liderança", 10 — "Contabilidade e finanças para empreendedores" e 11 — "O essencial da gestão de projetos". O Apêndice de encerramento — "Plano de negócios" — apresenta o plano de negócios para guiar o leitor nos diferentes passos de um empreendimento.

Estudos de casos e outros recursos

Ao final de cada capítulo, o leitor encontra três recursos principais para orientá-lo no aproveitamento e na continuação de seus estudos:

Questões para seu plano de negócios

A cada capítulo são levantadas questões relativas aos temas específicos abordados. Essas questões são retomadas no último capítulo do livro, cujo objetivo é auxiliar o leitor a preparar o lançamento de um negócio. Analisando as questões, capítulo a capítulo, o trabalho de preparar o plano de negócios fica facilitado.

Questões para estudo

As questões para estudo destinam-se à revisão dos conceitos e técnicas abordadas em cada capítulo, incentivando o leitor a consultar empreendedores e sua própria experiência para encontrar respostas.

Estudos de caso

Os estudos de caso apresentam situações reais, de domínio público no mundo das empresas, ou problemas enfrentados por empreendedores e relatados ao autor na forma de trabalhos escolares. Além disso, todos os estudos de caso são acompanhados de questões destinadas a estimular o raciocínio analítico e a competência para formular decisões.

Equipe de pesquisa

Este projeto contou com a colaboração de uma equipe de pesquisa formada por jovens alunos meus no curso de graduação da FEA-USP, a quem desejo vida longa e prosperidade, assim como aos demais colaboradores cujos currículos, na época, eram os seguintes:

- Demetrius Vieira de Paula Brito, graduado em tecnologia em processamento de dados e estudante de ciências contábeis da FEA-USP.
- Fernando Henrique Câmara Gouveia, estudante de ciências contábeis da FEA-USP e participante do 2º Congresso USP de Iniciação Científica em Contabilidade (2005), cujo artigo sobre a utilização da pesquisa operacional no processo de decisão empresarial foi premiado dentro de sua área temática.
- Mitsue Hori, estudante de ciências contábeis da FEA-USP.
- Patrícia dos Santos Vieira, estudante de ciências contábeis da FEA-USP.

Agradecimentos

Agradeço às pessoas que ajudaram a realizar o livro, em particular a José Braga, que me incentivou a empreender este projeto e me forneceu inestimável material de pesquisa. Agradeço também aos seguintes colaboradores, que me ajudaram na pesquisa de conteúdo e na revisão dos originais:

- Antonio José Monteiro da Fonseca de Queiroz, empresário, diretor da Construtora Triunfo. MBA em administração de projetos da Fundação Instituto de Administração (FIA).
- Deise Munhoz de Oliveira Costa, gerente de recursos humanos da Johnson Controls do Brasil. Formada em administração de empresas, tendo cursado administração de recursos humanos na Fundação Getulio Vargas (FGV) de São Paulo.
- Fábio Frezatti, professor do Departamento de Contabilidade da FEA-USP. Formado em administração de empresas, com doutorado em controladoria e contabilidade pela USP.
- Gustavo Zanardi Chicarino, gerente de estratégia e desenvolvimento de negócios da Ticket Serviços. Formado em engenharia naval pela Escola Politécnica da USP e mestre em administração de empresas pela FEA-USP.
- Ruy Jaciel de Souza, gerente de produção da Johnson Controls. Formado em administração de marketing pela Universidade Bandeirantes e aluno do MBA em gestão e engenharia em operações de manufatura e serviços pela USP.
- Roger Trimer, diretor editorial da Pearson Education, Josie Rogero e Eugênia Pessotti (editoras da primeira edição), Jean Xavier e Thelma Babaoka (editores desta segunda edição).

Site de apoio do livro

Na Sala Virtual (sv.pearson.com.br), professores e estudantes podem acessar materiais adicionais 24 horas por dia.

Para professores:

- Apresentações em PowerPoint.
- Plano de curso com indicações de metodologia de ensino.
- Comentários sobre o uso dos casos.

Esse material é de uso exclusivo para professores e está protegido por senha. Para ter acesso a ele, os professores que adotam o livro devem entrar em contato com seu representante Pearson ou enviar e-mail para universitarios@pearson.com.

Para estudantes:

- Exercícios autocorrigíveis.
- Indicação de como fazer pesquisa sobre empreendedorismo na Internet.

Contato com o autor

Comentários e sugestões são bem-vindos por meio da Editora Pearson ou pelo e-mail do autor: maximin@usp.br ou amaru@fia.com.br.

CAPÍTULO 1

ESPÍRITO EMPREENDEDOR

OBJETIVOS

Ao completar o estudo deste capítulo, você deverá ser capaz de explicar e utilizar as seguintes ideias:

- Empreendedorismo.
- Empresa.
- Indicadores de desempenho da empresa de sucesso.
- Papel do empreendedor como administrador geral da empresa.
- Atividades de alta alavancagem.

1.1 Empreendedorismo

A pessoa que assume o risco de começar uma empresa é um empreendedor. Empreendedor é uma palavra que vem do latim *imprendere*, que significa "decidir realizar tarefa difícil e laboriosa" (*Dicionário Houaiss da Língua Portuguesa*, 2001), "colocar em execução" (*Dicionário Aurélio*, 1975). Tem o mesmo significado da palavra francesa *entrepreneur*, que deu origem à inglesa *entrepreneurship*. Esta última é utilizada para designar o comportamento do empreendedor. Traduz-se pela expressão que dá o título a este capítulo: espírito empreendedor.

A ideia de um espírito empreendedor está de fato associada a pessoas realizadoras, que mobilizam recursos e correm riscos para iniciar organizações de negócios. Embora existam empreendedores em todas as áreas da atividade humana, em seu sentido restrito a palavra designa a pessoa que cria uma empresa — uma organização de negócios. É dessa pessoa que este livro trata. Se você se julga dessa forma, bem-vindo à leitura.

1.1.1 Empreendedorismo e prosperidade

Muitas das pessoas mais prósperas do mundo começaram a vida como pequenos empreendedores, virtualmente do zero. Pessoas como Henry Ford e Bill Gates foram além da criação de empresas. Eles transformaram a tecnologia, o modo de fazer negócios e a própria sociedade. Não apenas se tornaram prósperos, mas trouxeram a prosperidade para muitos outros. Essas pessoas são muito visíveis, mas o mundo dos negócios é feito das grandes corporações e de uma enorme quantidade de pequenos empreendedores. Os empreendedores, sejam eles acionistas de grandes corporações ou proprietários de pequenos negócios, pagam impostos, salários, juros, aluguéis e suprimentos, gerando e distribuindo riqueza e aumentando o *padrão de vida* e a *qualidade de vida*.

- O padrão de vida refere-se à quantidade de bens e serviços que as pessoas podem comprar com o dinheiro de que dispõem.
- Qualidade de vida é o bem-estar geral da sociedade, medido em termos de liberdade política, educação, saúde, segurança ou ausência de violência, limpeza e proteção do ambiente, lazer e outros fatores que contribuem para o conforto e a satisfação das pessoas.

Quanto mais riqueza as empresas criam, mais aumentam o padrão e a qualidade de vida. Não surpreende que as sociedades com padrão de vida e qualidade de vida mais alta do mundo sejam aquelas em que o empreendedorismo é mais ativo.

1.1.2 Papel das organizações sem fins lucrativos

O padrão de vida e a qualidade de vida dependem dos esforços conjuntos das empresas, do governo e das organizações sem fins lucrativos, como, por exemplo, as escolas públicas, os laboratórios de pesquisa, as associações comunitárias, os órgãos de classe, as organizações filantrópicas e os grupos dedicados a causas sociais. Essas organizações devem sua existência a espíritos empreendedores, que pensaram no bem-estar da comunidade.

As organizações sem fins lucrativos (algumas delas chamadas organizações do Terceiro Setor) trabalham junto com as empresas privadas e o governo para tornar a sociedade mais orientada para as necessidades das pessoas. Assim como as empresas privadas, as organizações sem fins lucrativos precisam de recursos financeiros para sua manutenção e para o atendimento de seus objetivos. Tanto em um caso quanto no outro, a qualidade da administração é fator determinante do sucesso. As empresas privadas, o governo e o Terceiro Setor não são mutuamente exclusivos. É frequente e desejável que as pessoas tenham atividades nas três áreas simultaneamente.

1.1.3 Visão dos economistas

Os estudos sobre o empreendedor e o empreendedorismo têm duas correntes principais de autores. Primeiro, há os economistas, que associam o empreendedor à inovação e ao desenvolvimento econômico. Segundo, há os comportamentalistas, que enfatizam as atitudes, como a criatividade, a intuição e a disposição para correr riscos. Entre os economistas que estudaram os empreendedores, destacam-se três: Cantillon, Say e Schumpeter.

Cantillon

No século XVIII, o empreendedor e economista Richard Cantillon, em seu *Ensaio sobre a natureza do comércio em geral* (1755) foi o primeiro autor a tratar do papel crucial do empreendedor na economia. Cantillon identificou o empreendedor como alguém que assume riscos ao comprar serviços ou componentes por preço certo com a intenção de revendê-los mais tarde a um preço incerto.

Say

No século XIX, o economista francês Jean Baptiste Say, em seu *Tratado de economia política* (1888), retomou o estudo do empreendedor.

> O que fazem os empreendedores? Eles usam sua indústria (ou seja, seu trabalho) para organizar e dirigir os fatores de produção, de forma a atender as necessidades humanas. No entanto, eles não são apenas dirigentes. São também planejadores, avaliadores de projetos e tomadores de riscos. Usando seu próprio capital, ou o que emprestam de outros, eles o transferem para os proprietários do trabalho, os recursos naturais (terra) e maquinário (ferramentas). Esses pagamentos, ou aluguéis, somente são recuperados se os empreendedores conseguem vender o produto para os consumidores. O sucesso empresarial não apenas é almejado pelo indivíduo, mas também é essencial para a sociedade. Um país com muitos comerciantes, fabricantes e agricultores inteligentes tem maiores possibilidades de alcançar a prosperidade do que outro que se dedique principalmente à busca das artes e ciências.

De acordo com Say, os empreendedores são capazes de alterar os recursos econômicos de uma área de baixa produtividade, transformando-a em uma área de produtividade e lucratividade elevadas. Os empreendedores criam valor ao explorar algumas formas de variação ou novidades em áreas como tecnologia, materiais e preços.

Schumpeter

Em seu livro *Capitalismo, socialismo e democracia* (1942), Joseph A. Schumpeter consolidou e esclareceu o conceito de empreendedorismo, distinguindo as invenções das inovações do empreendedor. Schumpeter argumentou que os empreendedores inovam não apenas pela identificação de formas de usar as invenções, mas também pela introdução de novos meios de produção, novos produtos e novas formas de organização. Essas inovações, ele dizia, precisam de tanta ousadia e habilidade quanto o processo de invenção. O empreendedor promove a "destruição criativa", tornando obsoletos os recursos existentes e tornando necessária sua renovação. A questão, segundo Schumpeter, não é a forma como o capitalismo administra as estruturas existentes, mas como as cria e destrói. A "destruição criativa" era a causa do progresso e do contínuo aprimoramento do padrão de vida da coletividade.

A figura do empreendedor é dominante em toda a história do progresso da humanidade. As Grandes Navegações, a Revolução Mercantil e a Revolução Industrial são apenas alguns dos eventos promovidos pelo empreendedorismo, envolvendo a tomada de riscos na identificação e no aproveitamento de oportunidades. Se você fizer uma lista das invenções e produtos que promoveram grandes revoluções tecnológicas (automóvel, computador pessoal, lâmpada elétrica etc.) constatará que, frequentemente, há um criador associado a cada um deles.

Ser empresário ou ter uma empresa é diferente de ser empreendedor. O empresário representa o lado formal do negócio. É a pessoa que estabelece um negócio e o conduz no dia a dia. O empreendedor representa o lado criativo e, ao mesmo tempo, prático, essencial para o nascimento, crescimento e para a sobrevivência de um negócio. O empresário tem orientação administrativa; o empreendedor tem orientação estratégica. Todo empresário deve ser continuamente empreendedor.

1.1.4 Perfil do empreendedor

Consideremos agora o empreendedor segundo a perspectiva comportamental. Diversos estudos têm sido feitos sobre o comportamento do empreendedor. Os traços de comportamento revelados por esses estudos manifestam-se e combinam-se de diferentes maneiras e em diferentes graus de intensidade, em diferentes pessoas. Esses traços de comportamento, alguns dos quais examinados a seguir, integram as competências que todo empreendedor deve desenvolver (Figura 1.1). Voltaremos a esse assunto no Capítulo 8, que trata da gestão de pessoas.

Criatividade e capacidade de implementação

O empreendedor, em essência, é a pessoa que tem capacidade de idealizar e realizar coisas novas. Pense em qualquer pessoa empreendedora que conheça e você identificará nela a capacidade de imaginar e fazer as coisas acontecerem. Outras pessoas, ao contrário, podem ser apenas criativas ou apenas implementadoras, sem a habilidade de combinar esses dois traços básicos de comportamento. Sempre que observar uma pessoa vendendo produtos estocados dentro de um porta-malas, lembre-se de que a Nike começou assim. Seu criador tinha uma ideia — vender calçados esportivos para atletas — e decidiu passar à ação. Isso é combinar criatividade e implementação.

Disposição para assumir riscos

Iniciar um negócio significa ter certeza sobre as despesas: o investimento inicial nas instalações, aluguéis, salários, impostos e taxas. Nenhuma certeza existe, no entanto, em relação às receitas. É como a lenda dos serviços de resgate — o regulamento manda sair em busca das pessoas em perigo, mas nada diz que devemos voltar... Uma pessoa que inicia um negócio está correndo riscos. Arriscar significa ter coragem para enfrentar a possibilidade de

Figura 1-1 Principais traços de comportamento do empreendedor

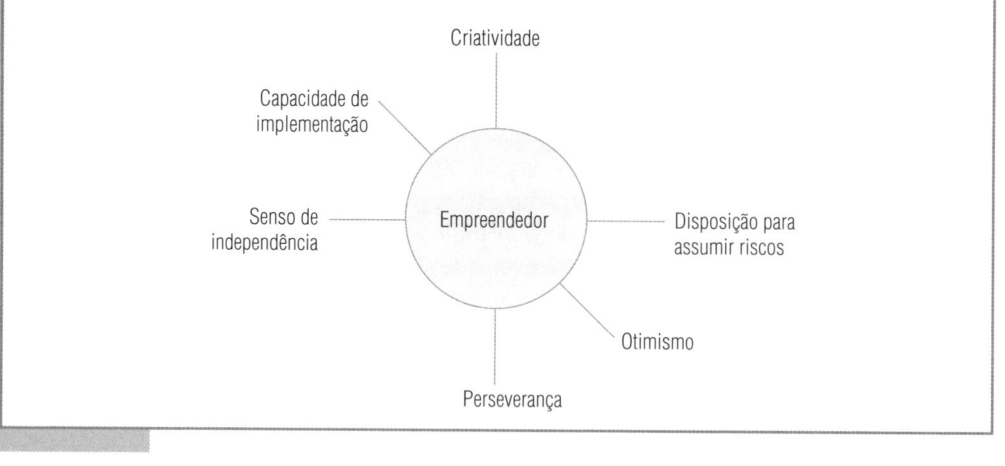

insucesso ou perda. As recompensas são incertas e apenas as dificuldades são visíveis, mas o empreendedor está disposto a superá-las. Propensão para assumir e superar os riscos é um traço básico no comportamento dos que se dedicam à atividade empresarial.

Perseverança e otimismo

O empreendedor tem um compromisso com sua prosperidade. Ele sabe que a sobrevivência depende da persistência de seu esforço para enfrentar riscos e dificuldades. Usando outra figura de linguagem, é o mesmo que andar de bicicleta — pare de pedalar e a bicicleta cai. Depoimentos de empreendedores bem-sucedidos sempre ressaltam a necessidade de trabalho duro e continuado para fazer a empresa dar certo. Isso significa, às vezes, fazer sacrifícios pessoais e despender esforços extras, colaborar com os subordinados e até mesmo assumir o lugar deles para terminar tarefas. Os empreendedores também são otimistas e têm a visão do sucesso, em vez de imaginar e temer os possíveis fracassos. Ao enfrentar obstáculos, os empreendedores o fazem decididamente, buscando resolver problemas e alcançar resultados positivos. Quando alcançam a prosperidade, as pessoas empreendedoras estão sendo recompensadas por seu esforço.

Senso de independência

Empreendedores são pessoas que preferem depender de sua própria capacidade de enfrentar incertezas do que trabalhar para outros. Os empreendedores gostam de buscar autonomia, de manter seus pontos de vista mesmo diante da oposição ou de resultados desanimadores e de expressar confiança em sua capacidade de completar tarefas difíceis e de enfrentar desafios.

1.2 Vantagens e desvantagens de ser empreendedor

Há inúmeras vantagens concretas em criar e operar um negócio próprio. O empresário não tem chefe e depende de suas próprias decisões. Pode inovar e experimentar novas ideias em seu negócio, estimulado por sua criatividade ou pela concorrência. Tem perspectivas de ganhos financeiros consideráveis, se tiver êxito, o que lhe trará o reconhecimento da comunidade. No entanto, há aspectos desfavoráveis que devem ser considerados, como conviver com a instabilidade das eventuais mudanças no ambiente externo. Essas vantagens e desvantagens de um empreendimento estão resumidas na Figura 1.2.

Figura 1-2 **Vantagens e desvantagens do empreendedorismo**

Vantagens

- Autonomia
- Desafio
- Controle financeiro

Desvantagens

- Sacrifício pessoal
- Sobrecarga de responsabilidades
- Pequena margem de erro

1.2.1 Vantagens

Ter a liberdade de enfrentar uma situação difícil e testar as próprias competências, esperando uma recompensa que não depende de outros, são algumas vantagens do espírito empreendedor.

Autonomia

Independência e liberdade para tomar decisões são provavelmente as maiores vantagens do empreendedor. A sensação de ser chefe de si mesmo é a melhor satisfação que algumas pessoas podem ter, enquanto alguns preferem a segurança de trabalhar para outros ou para uma organização impessoal. Um empresário brasileiro da aviação conversava com um professor quando um de seus aviões passou, a caminho do aeroporto, e ele ficou parado por um momento, prestando atenção. O professor perguntou qual era o sentimento de ser o proprietário daquele e de outros aviões e ele respondeu: "O melhor de tudo, na verdade, não é a propriedade. É a liberdade." Parafraseando, o melhor de tudo era poder voar.

Desafio

Para muitos empreendedores, o desafio de iniciar um negócio é fonte de entusiasmo. A oportunidade de desenvolver uma ideia em um negócio recompensador produz um grande sentimento de realização. Além disso, o empreendedor sabe que o sucesso depende principalmente de sua iniciativa e que o sucesso ou fracasso, em grande parte, é fruto de seu nível de esforço.

Controle financeiro

O controle sobre o negócio e, consequentemente, sobre seus rendimentos é outra vantagem importante do empreendedor. Ele está livre da situação de ser demitido de uma hora para outra e ver sua situação financeira desestruturada.

1.2.2 Desvantagens

Se o autoemprego parece fácil, a autodemissão pode ser ainda mais. De fato, o empreendedorismo é uma das carreiras mais difíceis que alguém pode escolher.

Sacrifício pessoal

Um empreendedor, no início do processo de criação de uma empresa, normalmente trabalha longas horas e, com frequência, sete dias por semana. Quase não há tempo para a família, diversão e reflexão pessoal. O empreendimento muitas vezes consome a vida do empreendedor. Isso geralmente resulta no prejuízo das relações familiares e em alto nível de tensão. O empreendedor deve se perguntar quanto está disposto a sacrificar para tornar seu empreendimento um sucesso.

Sobrecarga de responsabilidades

O empreendedor tem carga de trabalho e responsabilidades diferentes dos empregados assalariados. Nas empresas, os empregados têm companheiros que ocupam o mesmo cargo, com os quais podem trocar informações e se ajudarem. O empreendedor, entretanto, sabe que está "sozinho no topo". Não há ninguém no empreendimento que tenha, como ele, apostado todas as fichas.

Pequena margem de erro

Muitas decisões tomadas por empreendedores revelam-se incorretas e não lucrativas, prejudicando os resultados do negócio. No entanto, as grandes empresas sobrevivem porque têm recursos financeiros que podem compensar as perdas. Em negócios pequenos ou emergentes, uma decisão errada pode resultar em falência.

1.3 Empreendedorismo no Brasil

Segundo pesquisa do Global Entrepreneurship Monitor sobre empreendedorismo, que no ano 2000 entrevistou 43 mil pessoas em 21 países, para cada oito brasileiros em idade adulta, um estava abrindo ou pensando em abrir um negócio. Isso colocava o Brasil em primeiro lugar no campeonato mundial do espírito empreendedor. Nos Estados Unidos (segundo lugar), a proporção era de dez para um. Na Austrália (terceiro lugar), eram 12 para um.

A pesquisa revelou também que, de cada 100 empresas brasileiras, 98 eram micro ou pequenas empresas, que, juntas, empregavam quase 40 milhões de trabalhadores, mais da metade de toda a mão de obra do país.

No Brasil, entretanto, a probabilidade de manter um novo negócio por mais de três anos é relativamente baixa. Uma das principais razões é a falta de políticas públicas que viabilizem a consolidação de novos empreendimentos. O país não apresenta um cenário muito acolhedor ao pequeno empreendedor. Há poucas linhas de crédito — e a falta de financiamento, em muitos casos, impede a realização do negócio —, os juros são altos e, além disso, os tributos e as obrigações trabalhistas constituem uma pesada carga para o empreendedor. Segundo estudo do Banco Mundial, o Brasil faz feio em matéria de apoio aos empreendedores, ficando em 119ª posição em uma lista de 155 países, atrás de seus principais competidores emergentes, como México (73ª), Rússia (79ª) e China (91ª). Segundo as conclusões desse estudo, no Brasil:

- As empresas consomem em média 2.600 horas por ano para pagar uma das maiores cargas tributárias do mundo. As empresas do Vietnã, 1.050 horas. Aliás, ao abrir uma empresa, você já começa pagando impostos, antes de fazer qualquer negócio.
- São necessários 152 dias para abrir um negócio e 460 para obter uma licença.

Felizmente, os fiscais e outros agentes municipais, estaduais e federais, dedicadamente, merecendo seus salários pagos com esses tributos, estão sempre prontos para orientar os empreendedores a superar essas dificuldades e evitar que cometam erros. E ninguém pede recompensa por isso!

Apesar das dificuldades, o Brasil apresenta algumas perspectivas positivas em relação ao empreendedorismo. Há já alguns anos, diversos órgãos e iniciativas de apoio ao empreendedor, como o Sebrae, as fundações estaduais de amparo à pesquisa, as incubadoras de novos negócios e as escolas superiores, oferecem cursos e outros tipos de programas sobre o empreendedorismo. Em outros países, especialmente Estados Unidos e França, essas iniciativas são mais antigas. Na Internet, há inúmeros sites que orientam o empreendedor e oferecem informações sobre novos negócios, bem como cursos sobre como iniciar e conduzir um novo negócio. A Academia de Empreendedores (<http://www.aemp.com.br/>) e o Instituto Empreender Endeavor (<http://www.endeavor.org.br>) são duas instituições dedicadas a esse tipo de missão. Voltaremos a esse assunto no final do livro.

1.4 O que é uma empresa

Uma empresa é uma iniciativa que tem o objetivo de fornecer produtos e serviços para atender a necessidades de pessoas, ou de mercados, e obter **lucro** com isso. Para obter lucro e atender o compromisso com sua prosperidade, o empreendedor precisa adquirir recursos, estruturar um sistema de operações e assumir um compromisso com a satisfação do cliente (Figura 1.3). Essa característica central deve estar cristalina na mente do empreendedor — uma empresa só sobrevive com a obtenção de lucro.

1.4.1 Recursos

Uma empresa é um sistema de recursos. As pessoas são o principal recurso das empresas e de todos os tipos de organizações. Em essência, as empresas são grupos de pessoas que usam recursos: recursos materiais, como capital, espaço, instalações, máquinas, móveis e equipamentos, e recursos intangíveis, como tempo e conhecimentos.

Informação e conhecimento

A sociedade atual consome serviços de alto valor agregado, como alimentos saudáveis, educação, financiamento e investimento, previdência privada, telecomunicações, transporte, logística, informação, entretenimento, saúde e cuidados pessoais e muitos outros. Provavelmente, esse período da história que estamos vivendo ficará conhecido pela emergência e pelo desenvolvimento das tecnologias da informação — Internet, aplicativos de computador, telefones móveis, TV de LCD e plasma etc. Esses serviços dependem de empresas que dominam conhecimentos especializados. Uma das mais importantes vantagens competitivas das empresas, por causa disso, é o conhecimento. Além do conhecimento sobre o produto e o processo de produzi-lo, as empresas precisam também dominar informações sobre o mercado, a concorrência e muitos outros aspectos de suas operações.

Pessoas

As pessoas dominam os conhecimentos e tomam as decisões que podem fazer a empresa prosperar ou fracassar. Armand Feigenbaum, especialista em qualidade, dizia que, no final das contas, todo produto ou serviço é realizado por um par de mãos humanas, e que, portanto, a obtenção da qualidade depende da participação e do apoio das pessoas. No

Figura 1-3 **Como funciona uma empresa**

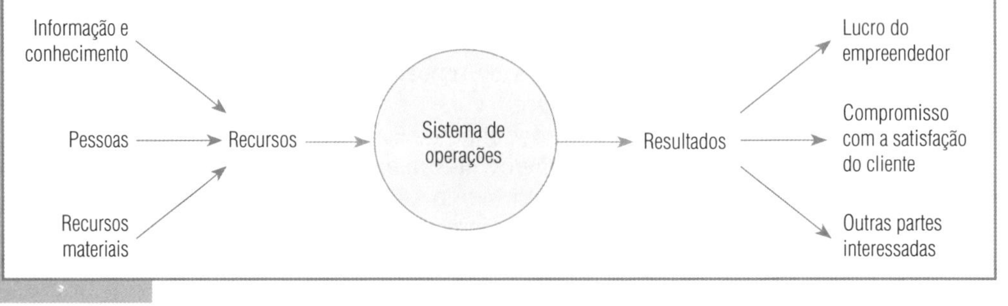

final das contas, pode-se dizer hoje que tudo depende de um cérebro, que comanda um organismo no qual estão as mãos. As empresas competitivas da atualidade são feitas de pessoas qualificadas, capazes de fornecer os produtos e serviços de alto valor agregado que a sociedade exige. Não se consegue produzir aplicativos de computador ou *scanners* para medicina, nem extrair petróleo do fundo do mar, nem fabricar aviões, operar aeroportos ou fazer qualquer outra coisa com nível de complexidade comparável sem pessoas qualificadas.

1.4.2 Sistema de operações

Qualquer produto tem mais valor do que seus componentes isolados. Montado no automóvel, o pneu vale mais do que no estoque, porque foi transformado. A alface tem mais valor na feira que na horta, porque foi transformada. A transformação de um componente ou matéria-prima agrega valor para o cliente. O sistema de operações é o conjunto de processos que faz a transformação e agrega valor; processos são sequências de atividades realizadas por pessoas, máquinas e equipamentos.

Uma das principais tarefas do empreendedor é estruturar o sistema de operações, que transforma os recursos em produtos e serviços. Isso significa organizar, entre outros fatores de produção: o local físico da empresa, a sequência dos processos de transformação, as máquinas, os equipamentos e as pessoas, o armazenamento, a distribuição e o suprimento de matérias-primas e componentes. Nos próximos capítulos, esse assunto será abordado mais amplamente.

1.4.3 Resultados

A visão sistêmica da empresa revela como resultados não apenas os produtos e serviços, mas também o incremento das competências da mão de obra, o pagamento de impostos, a imagem da empresa e muitos outros. Assim, os resultados destinam-se não apenas ao consumidor, mas a muitas partes interessadas (*stakeholders*), conforme apresentados no Quadro 1.1.

Partes interessadas

Partes interessadas são todas as pessoas ou entidades que, de alguma forma, têm interesse ou são afetadas pela ação e pelo desempenho da empresa. Se uma empresa tem problemas que comprometem sua sobrevivência, não são afetados apenas os proprietários, mas todos aqueles que, de alguma forma, estão ligados a ela. Do mesmo modo, o desem-

Quadro 1-1 Algumas partes interessadas e seus interesses

Parte interessada	Interesses
Empreendedor	Lucro, sobrevivência, prosperidade
Empregados	Empregos, remuneração, qualidade de vida
Fornecedores	Capacidade de pagamento, continuidade dos negócios
Clientes	Qualidade, disponibilidade, preço
Investidores	Retorno do investimento
Comunidade	Qualidade de vida, padrão de vida
Governo	Impostos

penho positivo beneficia inúmeras pessoas, e não apenas os acionistas. Algumas das partes interessadas são beneficiadas pelos resultados da empresa, outras, não.

- Do lado de dentro da empresa, os principais interessados são os empregados e administradores, que desejam bons salários, estabilidade no emprego, oportunidades de aprendizagem e progresso e qualidade de vida.
- Do lado de fora da empresa há inúmeros interessados: consumidores, fornecedores, investidores, devedores, familiares dos empregados, a comunidade imediata e o governo, que recolhe tributos, entre outros.
- Todas essas partes interessadas são beneficiadas pelos resultados da empresa. Entre as partes interessadas que não se beneficiam contam-se: comunidades afetadas por problemas de poluição e vazamento de substâncias perigosas (plantas químicas), ruído e riscos de acidentes (rodovias e aeroportos), credores que não recebem em caso de dificuldades financeiras, empregados que são sumariamente demitidos no caso de mudanças tecnológicas, dependentes de funcionários mal remunerados e consumidores que sofrem acidentes com os produtos da empresa e não conseguem compensação.

Os consumidores querem produtos de qualidade e valor, os investidores querem retorno de seus investimentos, os credores querem o pagamento dos juros e dos empréstimos, as comunidades querem conviver com a empresa sem grandes impactos ambientais, o governo quer da empresa o cumprimento das leis e pagamento dos tributos. Algumas empresas adotaram uma política de *global sourcing* — comprar, em grande escala, de poucos fornecedores. Muitos fornecedores, por causa dessa política, têm apenas uma empresa como cliente. Se essa empresa afundar, o fornecedor afunda junto. Também os fornecedores são partes interessadas e, como as demais, dependem dos resultados das empresas e querem sua sobrevivência. Em certos casos, as empresas têm interesse até mesmo na saúde de seus concorrentes. Foi o que aconteceu com a indústria automobilística e com os bancos, quando da crise dos anos 2008 e 2009. Na hora do perigo, esqueceram a concorrência e se juntaram para pedir socorro.

Conviver com todos esses grupos representa um grande desafio para as empresas. Cada um desses grupos exige atenção constante e uma política de relacionamento. Se falhar em atender a algum deles, a empresa pode sofrer impactos prejudiciais, sendo, em alguns casos, obrigada a suspender suas operações, ou podendo falir. É o caso das empresas que falham sistematicamente em cumprir suas obrigações tributárias ou trabalhistas.

Compromisso com o cliente

Atender a todas as partes interessadas depende da capacidade da satisfação do cliente. Sem clientes, não há receita. Sem receita, não há lucros. Sem lucros, não há pagamento de salários, impostos, fornecedores, nada. Por isso, uma empresa, em essência, é um sistema de trabalho orientado para a satisfação de seus clientes.

A capacidade de satisfazer o cliente depende da qualidade intrínseca do produto ou serviço, do preço, da rapidez do atendimento, da variedade de escolhas, da distribuição e de muitas outras vantagens competitivas. É importante que o empreendedor saiba ouvir "a voz do cliente" para saber o que ele deseja e, com base nisso, definir o produto ou serviço e estruturar o sistema de operações. A satisfação do cliente é uma das bases do sucesso da empresa, e é o assunto do qual este capítulo se ocupa adiante.

1.5 Como classificar as empresas pelo porte

As empresas podem ser segmentadas de acordo com diferentes critérios, como o número de empregados e o faturamento anual, em:

- Microempresas.
- Pequenas empresas.
- Empresas de médio porte.
- Empresas de grande porte.

Há alguns anos, o Governo Federal vem dando apoio aos empreendimentos de micro e pequeno porte. Por meio da Lei nº 9.841, de 5 de outubro de 1999, instituiu o Estatuto da Microempresa e da Empresa de Pequeno Porte, que dispõe sobre o tratamento jurídico diferenciado, favorecido e simplificado nos campos administrativo, tributário, previdenciário, trabalhista, creditício e de desenvolvimento empresarial.

1.5.1 Microempresas

De acordo com o Artigo 1º do Decreto nº 5.028, de 31 de março de 2004, a microempresa é a pessoa jurídica ou a firma mercantil individual que tiver receita bruta anual igual ou inferior a R$ 433.755,14. No texto original da lei, esse valor era diferente, mas nesse mesmo texto já estava prevista a atualização desses valores de acordo com o IGP-DI acumulado, ou por um índice oficial que viesse a substituí-lo. Já o BNDES classifica a microempresa como aquela que possui receita operacional bruta menor ou igual a 2,4 milhões de reais.[1]

1.5.2 Empresas de pequeno porte

Ainda de acordo com o mesmo decreto, empresa de pequeno porte é a pessoa jurídica e a firma mercantil individual que, não enquadrada como microempresa, tiver receita bruta anual superior a R$ 433.755,14 e igual ou inferior a R$ 2.133.222,00. Na classificação do BNDES, são as empresas que possuem renda maior que 2,4 milhões de reais e menor ou igual a R$ 16 milhões de reais.

1.5.3 Empresas de médio porte

O BNDES (Banco Nacional de Desenvolvimento Econômico e Social) classifica como empresa de médio porte aquela cuja receita operacional bruta anual é superior a 16 milhões de reais e inferior ou igual a 90 milhões de reais. O Sebrae classifica como empresa de médio porte as indústrias que empregam entre 100 e 499 empregados e as empresas comerciais e prestadoras de serviço que empregam entre 50 e 99 empregados.

1.5.4 Empresas de grande porte

O BNDES classifica como empresa de grande porte aquela cuja receita operacional bruta anual é superior a 300 milhões de reais. O Sebrae classifica como de grande porte

---

1 Os dados de classificação estão disponíveis no site do BNDES (<http://www.bndes.gov.br/SiteBNDES/bndes/bndes_pt/Navegacao_Suplementar/Perfil/porte.html>).

as empresas industriais que empregam acima de 499 funcionários e as empresas comerciais e prestadoras de serviço que empregam acima de 99 funcionários.

O BNDES classifica as empresas de acordo com uma visão financeira e creditícia, dando ênfase à renda bruta auferida em determinado período. O Sebrae faz a classificação do ponto de vista do tamanho, focalizando a quantidade de empregos gerados e a evolução da empresa.

A seguir, veja como o Decreto nº 5.028, de 31 de março de 2004, classifica as empresas.

DECRETO Nº 5.028, DE 31 DE MARÇO DE 2004.

Altera os valores dos limites fixados nos incisos I e II do art. 2º da Lei nº 9.841 de 5 de outubro de 1999, que instituiu o Estatuto da Microempresa e da Empresa de Pequeno Porte.

O PRESIDENTE DA REPÚBLICA, no uso da atribuição que lhe confere o art. 84, inciso IV, da Constituição, e tendo em vista o disposto no § 3º do art. 2º da Lei nº 9.841, de 5 de outubro de 1999,

DECRETA:

Art. 1º Os valores dos limites fixados nos incisos I e II do art. 2º da Lei nº 9.841, de 5 de outubro de 1999, passam a ser os seguintes:

I - microempresa, a pessoa jurídica e a firma mercantil individual que tiver receita bruta anual igual ou inferior a R$ 433.755,14 (quatrocentos e trinta e três mil, setecentos e cinquenta e cinco reais e quatorze centavos);

II - empresa de pequeno porte, a pessoa jurídica e a firma mercantil individual que, não enquadrada como microempresa, tiver receita bruta anual superior a R$ 433.755,14 (quatrocentos e trinta e três mil, setecentos e cinquenta e cinco reais e quatorze centavos) e igual ou inferior a R$ 2.133.222,00 (dois milhões, cento e trinta e três mil, duzentos e vinte e dois reais).

Art. 2º Este Decreto entra em vigor na data de sua publicação.

Brasília, 31 de março de 2004; 183º da Independência e 116º da República.

1.6 Organizações informais ou pequenos negócios informais

Embora o objeto deste livro seja a empresa formal — aquela que executa atividades lícitas em base regular e acata as regulamentações quanto ao funcionamento do estabelecimento, como o registro de empregados, pagamento de impostos e taxas, entre outras —, a empresa informal não pode ser ignorada em nenhuma discussão sobre o empreendedorismo. Em certos casos, as grandes corporações precisam desses empreendimentos informais — seja para fabricar produtos sob encomenda, seja para distribuir seus produtos em localidades como as áreas de baixíssima renda ao redor das grandes cidades, nas quais os negócios formais não conseguem chegar.

A informalidade pode ser definida como a execução de atividades empresariais lícitas de forma irregular, caracterizada pelo não cumprimento de regulamentações que implicam custo significativo. Os principais tipos de regulamentações negligenciadas pelos negócios informais dizem respeito a impostos e taxas, relações com empregados e comercialização de serviços e produtos. Em muitos casos, a conversão para a formalidade inviabilizaria o negócio e provocaria seu desaparecimento. São empreendedores que vivem na informalidade, vendedores de produtos estocados no porta-malas, camelôs, *freelancers* (trabalhadores por conta própria), a dona de casa que faz ovos de Páscoa para vender aos vizinhos e muitas outras pessoas e profissionais em situações semelhantes.

A primeira pesquisa de nível nacional sobre as atividades empreendedoras informais no Brasil, nas áreas urbanas, foi realizada em 1997 pelo IBGE, por meio de uma amostra de 48.934 domicílios, onde moravam proprietários de microfirmas informais. A pesquisa investigou os trabalhadores por conta própria e os empreendimentos desenvolvidos por empregadores com até cinco empregados, em todos os estados e nas regiões metropolitanas de Belém, Fortaleza, Recife, Salvador, Belo Horizonte, Vitória, Rio de Janeiro, São Paulo, Curitiba e Porto Alegre.

A pesquisa estimou a existência de mais de nove milhões de pequenos negócios informais, incluindo no conceito os trabalhadores por conta própria e os pequenos empregadores, com até cinco empregados, esses últimos constituindo 14 por cento do total. A maioria das empresas (87 por cento) não tinha constituição jurídica, ou seja, essas empresas não tinham registros como firma individual ou qualquer tipo de sociedade ou cooperativa. Um aspecto relevante quanto ao ordenamento dos pequenos negócios informais é a parcela de apenas 12 por cento dos empreendedores que usavam serviços de contadores.

1.7 Empresa de sucesso

O sucesso de uma empresa é medido por meio de indicadores que se organizam em uma cadeia de causas e efeitos. O indicador mais importante de sucesso é o desempenho financeiro, que depende da satisfação do cliente e da eficiência dos processos. A satisfação do cliente depende da qualidade dos produtos e serviços, que depende, entre outros fatores, do desempenho das pessoas. No final das contas, tudo depende da competência gerencial do empreendedor (Figura 1.4).

Figura 1-4 Indicadores do sucesso de uma empresa

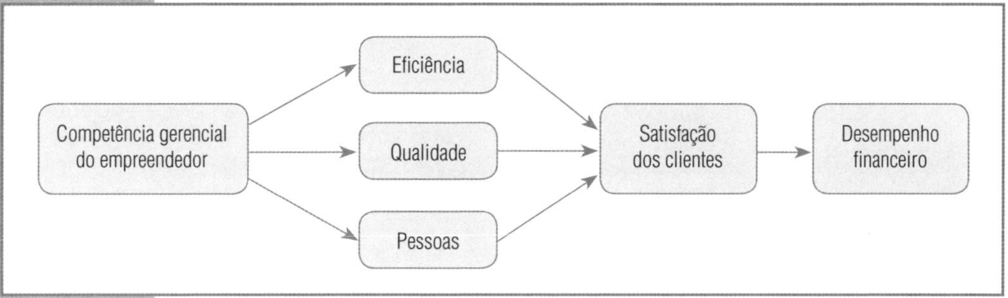

1.7.1 Desempenho financeiro

O lucro é a medida básica do desempenho de qualquer negócio. É o montante de dinheiro que resta depois que todas as despesas foram pagas ou a diferença entre **receitas** e **despesas**. O lucro é determinante da satisfação do acionista.

Suponha que você decida instalar-se com uma barraquinha de cachorro-quente em uma esquina. Você tem de pagar a licença da prefeitura, as salsichas e outros materiais, taxas e impostos, e eventualmente um empregado para tomar conta da barraquinha. Não se esqueça das propinas... Depois de pagar todas essas despesas, o dinheiro que sobra é lucro. O salário que você se paga é despesa, não lucro. Você pode gastar o lucro ou reinvesti-lo, comprando outra barraquinha ou contratando mais um empregado. Com o lucro de duas barraquinhas, você pode comprar uma terceira, ou comprar um negócio maior. Acredite, alguns impérios do mundo dos negócios cresceram dessa forma. A mesma Nike, já citada, é um desses casos.

Para pagar as despesas e obter lucro, a empresa precisa de receitas. A receita é a quantidade de dinheiro que os consumidores pagam para comprar os produtos e serviços da empresa. Quando as despesas são maiores que as receitas, a empresa tem **prejuízo**. Para cobrir o prejuízo e continuar operando, o empresário pode ter de vender um ativo pessoal, como um carro, atrair investidores ou contrair um empréstimo. Um prejuízo, especialmente um prejuízo continuado, significa a impossibilidade de pagar as despesas e, finalmente, pode acarretar o fechamento da empresa. Muitas empresas abrem e fecham todos os anos. Essa é uma das consequências do risco envolvido na abertura de um negócio.

Já foi dito que a capacidade de gerar receita depende da satisfação do cliente. Um dos fatores que determinam a satisfação do cliente, bem como sua disposição para continuar a comprar da empresa, é o preço. Se não houvesse competição, o empresário poderia definir o preço simplesmente adicionando o lucro desejado ao custo do produto. Ou:

Custo + lucro desejado = preço de venda

No mundo competitivo da atualidade, a equação deve ser outra. O preço de venda é definido pelo mercado, e o lucro é o que se consegue deduzindo-se o custo do preço de venda. O lucro depende de custos baixos. Ou:

Lucro possível = preço de venda − custo

Custos baixos, por sua vez, dependem da eficiência dos processos produtivos. Muito do desempenho de uma empresa depende de sua capacidade de aumentar a eficiência dos processos e diminuir custos.

1.7.2 Eficiência dos processos

Eficiência significa produzir sem desperdiçar recursos. Uma empresa eficiente produz resultados sem desperdícios, portanto com baixo custo. Isso permite praticar preços mais acessíveis para o cliente, gerando mais lucro para a empresa.

Produtividade

O critério mais simples para avaliar a eficiência de uma empresa é a produtividade, que é uma medida numérica da eficiência de um processo e reflete a forma como ela emprega seus fatores de produção. Como os fatores de produção, a produtividade é específica de cada ramo de negócios e de cada empresa. A produtividade pode ser medida pelo consumo de fatores de produção ou recursos para obter um determinado resultado. Por exemplo, a quilometragem ou a quantidade transportada por litro de combustível ou pela vida útil dos pneus.

Valor do produto

Outra forma de raciocinar sobre a produtividade é medi-la pelo valor que o produto final tem no mercado, comparado com o custo total de elaboração. Produtividade baixa significa posição desvantajosa no mercado, pois aumenta o preço final apresentado ao consumidor em relação ao das empresas concorrentes. Todas as ineficiências no processo de produção afetam diretamente a produtividade.

Comparações

A produtividade é uma ideia mais bem avaliada por meio de comparações. Você tem dados melhores quando compara sua produtividade com a de outras empresas do mesmo ramo de negócios, com a de uma região ou com sua própria produtividade no passado. Voltaremos à produtividade, com detalhes, no Capítulo 7.

1.7.3 Qualidade dos produtos e serviços

Há muitas definições para qualidade, relacionadas com a satisfação do cliente. Qualidade, segundo a perspectiva do cliente, abrange dois significados: **qualidade de projeto** e **ausência de deficiências** (ou ausência de **defeitos**).

Qualidade de projeto

A qualidade de projeto compreende as características do produto que atendem às necessidades ou interesses do cliente. Quanto mais o produto for capaz de cumprir a finalidade para a qual o cliente pretende utilizá-lo, mais elevada (ou adequada) é a qualidade do projeto. Qualidade de projeto mais elevada significa clientes satisfeitos com o produto ou serviço, produtos e serviços competitivos e melhor desempenho da empresa. Pense, por exemplo, em radiografia de alta resolução, tomografia ou ressonância magnética, que permitem ao médico enxergar dentro de você para fazer diagnósticos e tomar decisões. Eis um exemplo de projeto adequado ao uso pretendido.

Ausência de deficiências

As deficiências nos produtos e serviços compreendem as falhas no cumprimento das especificações. Cortes no fornecimento de energia elétrica, funcionários que maltratam usuários, aviões que atrasam, restaurantes sujos, prazos de entrega de mercadorias que não são respeitados, produtos que se quebram na primeira vez em que são usados ou que não funcionam como prometido. Quanto menor o número de falhas, mais alta é a qualidade do ponto de vista da ausência de deficiências. Isso significa maior eficiência dos recursos produtivos, maior satisfação do cliente com o desempenho dos produtos e serviços e, principalmente, custos menores de inspeção, controle e correção de erros. 'Mais qualidade custa menos' — como qualidade, com sentido de ausência de defeitos, é sinônimo de eficiência, produtos e serviços bem feitos significam custos menores.

Também retomaremos a discussão da ideia da qualidade, sob outro ângulo, no Capítulo 7.

1.7.4 Desempenho das pessoas

Desempenho financeiro, eficiência, qualidade e todos os possíveis tipos de resultados dependem sempre do desempenho das pessoas, o qual depende de qualificação profissional e da qualidade de vida no trabalho.

Quanto maior a satisfação dos funcionários, mais alta é a qualidade de vida no trabalho e mais positivo é o clima organizacional. Os funcionários podem estar mais ou menos satisfeitos, não apenas com seu próprio trabalho e com as condições de trabalho, mas também com outros fatores, como sua própria educação formal, vida familiar e oportunidades para desfrutar de atividades culturais e sociais. Estes dois últimos estão fora do ambiente de trabalho. No entanto, é inegável seu papel na saúde psicológica e na produtividade dos funcionários de todos os níveis.

Em resumo:

Desempenho das pessoas = qualificação + satisfação

1.8 Você como administrador geral da empresa

No final das contas, o desempenho da empresa, medido pelos resultados financeiros, depende da qualidade da administração. Para desempenhar a contento essa responsabilidade, o empreendedor precisa evoluir — da criação para a administração da empresa. Afinal, o que é administração? (Ou gestão, gerenciamento ou gerência, tanto faz.)

Administrar é um processo de tomar decisões sobre o uso de recursos para permitir a realização de objetivos. Essa definição básica pode ser desdobrada em três papéis que você, como administrador, deve desempenhar (Figura 1.5):

Figura 1-5 Papéis do empreendedor

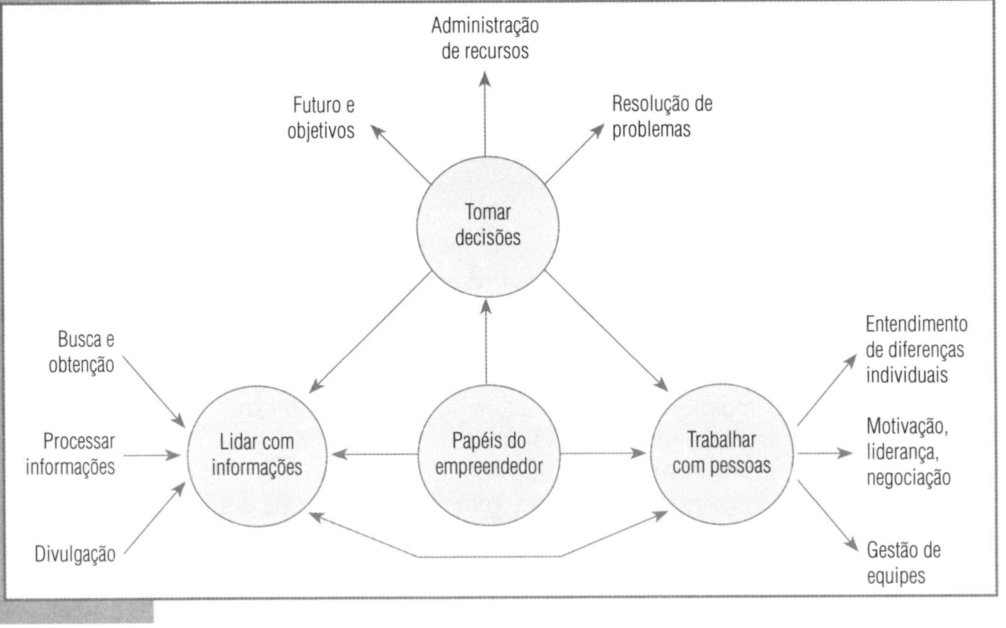

1.8.1 Tomar decisões

Tomar decisões é a essência do trabalho de administrar. Tão importante é o processo de decidir para a administração que se pode entender os dois como sinônimos. Quando você administra, está tomando decisões, e vice-versa. Todas as tarefas da administração são feitas de decisões interligadas.

Decisões são escolhas que você faz, como resultado do julgamento de alternativas. As alternativas nascem da avaliação de problemas e oportunidades. Há diversos tipos de decisões administrativas (ou gerenciais), relacionadas com os seguintes aspectos da empresa e do trabalho do empreendedor:

- *Futuro e objetivos*. As decisões relacionadas com o futuro da empresa são decisões de planejamento. O alcance das decisões de planejamento vai desde o futuro imediato ("Como vou pagar as contas da semana que vem?") até o longo prazo que exige a visão de empreendedor ("Que produtos e serviços devo acrescentar à linha nos próximos anos?").
- *Administração de recursos*. A administração de recursos está relacionada com tarefas de planejamento e organização de atividades das pessoas e de outros recursos necessários para o funcionamento da empresa. Decisões que envolvem a divisão de responsabilidades entre você e os membros de sua equipe, a organização de uma rede de fornecedores ou a forma de atendimento ao cliente são decisões sobre recursos. A execução e o controle de atividades planejadas também.

  As mais importantes decisões sobre a utilização de recursos envolvem a definição de políticas e procedimentos, para resolver problemas de forma programada. Políticas e procedimentos funcionam como decisões automáticas, que se aplicam sem que seja necessário fazer consultas. Por exemplo, a decisão de aceitar como clientes de locadoras apenas pessoas que possam comprovar renda e residência é uma política que evita muitos problemas — a menos que os documentos apresentados sejam falsificados. Nesse caso, trata-se de uma situação imprevista. Portanto, um problema.
- *Resolução de problemas*. Problemas são situações imprevistas, que causam desconforto, frustração e prejuízo. O dia a dia de qualquer empreendedor ou administrador é feito de muitos problemas. Alguns são mais simples, como um cheque devolvido de um cliente, e outros são muito complexos, como um defeito sistemático nos produtos ou um incêndio que destrói instalações. Para aprimorar seu papel como administrador, você deve entender e diagnosticar problemas, identificando relações de causa e efeito, pensar criativamente para gerar alternativas e pensar de forma crítica para fazer avaliações e escolhas corretas de alternativas.

1.8.2 Trabalhar com pessoas

Mais uma vez, o principal recurso das organizações são as pessoas. Como administrador, o empreendedor precisa de pessoas para fazer a empresa funcionar, realizar objetivos e crescer. As pessoas cercam o administrador por todos os lados. Não apenas empregados, mas clientes, sócios, fornecedores, investidores, funcionários do governo e muitas outras pessoas.

Para trabalhar eficazmente em todas essas interfaces, o gerente precisa das ferramentas comportamentais da administração, que fornecem o entendimento das diferenças individuais e de processos como liderança, motivação, negociação e dinâmica dos grupos.

1.8.3 Processar informações

Você precisa de informações para tomar decisões corretas e analisar o desempenho das pessoas e da empresa. Trabalhar com informações significa:

- *Procurar e obter informações*. A informação vem até você, mas você também precisa ir atrás dela. É importante reconhecer a importância da informação e ser seletivo, buscando o que tem utilidade dentro da enorme quantidade de informações que são produzidas e oferecidas todos os dias.
- *Processar informações*. Significa interpretar, entender e analisar a informação, relacionando-a com as decisões que é preciso tomar.
- *Divulgar informações*. Para trabalhar bem com as pessoas, um administrador precisa disponibilizar informações. Sem informações, a equipe torna-se dependente do administrador para fazer qualquer coisa, o que o deixa sobrecarregado. Se o administrador pretende trabalhar com equipes autogeridas, por meio da delegação, a divulgação de informações é uma ferramenta básica. Além da equipe imediata, as outras pessoas da rede de relações do administrador também precisam de informações suas para trabalhar eficazmente.

1.9 Atividades de alta alavancagem

As atividades de alta alavancagem permitem ao administrador de uma empresa tornar seu desempenho mais eficaz. São atividades nas quais você aplica uma energia que produz um efeito muitas vezes maior. Você consegue alavancar sua energia usando eficientemente seu tempo, dedicando-se a atividades intrínsecas de gestão da empresa. Isso se aplica aos três aspectos de seu trabalho: decisões, informações e pessoas. Tratando-se de pessoas, você pode alavancar seu papel como administrador por meio das seguintes atividades (Quadro 1.2):

- *Desempenhe o papel de treinador*. Veja o exemplo de uma equipe de campeões e seu técnico. Um grupo altamente capacitado, que não deveria precisar de orientação. No entanto, os campeões precisam do técnico, para deixá-los cada vez mais prepa-

Quadro 1-2 Atividades de alta alavancagem

- Desempenhe o papel de treinador
- Partilhe seu conhecimento
- Delegue, acompanhe e avalie o desempenho de sua equipe
- Dedique tempo ao planejamento
- Envolva-se com os problemas mais graves
- Pense e aja em relação ao futuro

rados, individualmente e em grupo, para enfrentar com sucesso os adversários. A equipe entra em campo e o treinador fica do lado de fora, observando o resultado de seu trabalho. Como treinador, você é o professor, constantemente investindo na capacitação da equipe, para que eles possam entrar em campo sem você. Assim, você fica com tempo livre para cuidar de outras coisas importantes.

- *Partilhe seu conhecimento com outros*. Essa é outra maneira de fazer o papel de professor. Partilhe seu conhecimento com outros, que o transmitirão a outros. Divida, além do conhecimento técnico, a visão do conjunto e sua experiência de administrador. Sua equipe também pode ajudá-lo, mostrando sua própria visão da empresa e oferecendo soluções para os problemas.
- *Delegue, acompanhe e avalie o desempenho*. Com uma equipe treinada e competente, você pode agora delegar tarefas e autoridade e passar a fazer o acompanhamento e a avaliação do desempenho. Sem equipe competente e sem delegação, você é obrigado a entrar em campo.

Se consegue desenvolver sua equipe e delegar, você tem tempo para outras atividades de alta alavancagem:

- Dedicar com antecedência tempo para as atividades de planejamento — é preciso planejar a atividade de planejar.
- Envolver-se pessoalmente no aproveitamento de grandes oportunidades ou problemas mais severos, como queixas de clientes importantes ou problemas agudos no desempenho de sua empresa.
- Pensar e agir em relação ao futuro de longo prazo de sua organização.

1.10 Informação e apoio

Há diversos órgãos de orientação e apoio para a criação de uma empresa. Alguns dos mais importantes são relacionados a seguir. Informe-se sobre a natureza jurídica, a diretoria e a forma de manutenção de qualquer instituição antes de procurá-la.

1.10.1 Procure um contador

A abertura de uma empresa não requer apenas espírito empreendedor, técnica e capital. Há uma complexa tramitação legal e burocrática. Uma das primeiras, senão a primeira providência, é procurar um contador. É recomendável escolher um profissional com experiência nesses procedimentos para que o processo de abertura se desenrole da maneira mais correta e no menor intervalo de tempo possível. O contador cuidará de toda a tramitação, que, em geral, exige tempo e conhecimentos especializados que você não tem.

1.10.2 Incubadoras

Muitos empreendedores têm a ideia e a vontade, mas enfrentam dificuldades como falta de capital ou de instalações para começar, desconhecimento do mercado e inexperiência administrativa. Muitas empresas, por essas e outras razões, antes mesmo de completar o primeiro ano de vida, transformam-se em sonhos fracassados. Para muitos empreendedores, uma solução pode ser a incubadora, que busca oferecer às pequenas empresas apoio estratégico durante os primeiros anos de existência. Muitas incubadoras são ligadas a universidades.

Uma relação de incubadoras pode ser encontrada no endereço da Anprotec — **Associação Nacional de Entidades Promotoras de Empreendimentos Inovadores**. Consulte <www.anprotec.org.br>.

1.10.3 Órgãos de informação e apoio

Além das incubadoras, há inúmeras iniciativas e organizações às quais o empreendedor pode recorrer em busca de informação, apoio e mesmo financiamento.

- Sebrae — Serviço de Apoio às Micro e Pequenas Empresas — <www.sebrae.com.br>. Oferece informações e esclarecimento a respeito da abertura legal de um negócio e inúmeros outros serviços para empreendedores.
- Simpi — Sindicato da Micro e Pequena Indústria do Estado de São Paulo. O Simpi oferece o serviço Empresa Aberta, que tem o objetivo de oferecer ao micro e pequeno empresário, a baixo custo, uma forma rápida de tornar operacional seu negócio. Consulte <www.simpi.com.br>.
- Instituto Empreender Endeavor — <www.endeavor.org.br>. Atua como agente facilitador do desenvolvimento de empreendedores. Tem uma extensa carteira de serviços que inclui orientação, treinamento e avaliação de planos de negócios, entre outros.
- Finep — Financiadora de Estudos e Projetos — <www.finep.gov.br>. Empresa pública vinculada ao Ministério da Ciência e Tecnologia. Concede financiamentos reembolsáveis e não reembolsáveis — destinados a instituições sem fins lucrativos — e apoia a incubação de empresas de base tecnológica, a implantação de parques tecnológicos, a estruturação e consolidação dos processos de pesquisa, o desenvolvimento e a inovação em empresas já estabelecidas e o desenvolvimento de mercados.
- Adetec — Associação do Desenvolvimento Tecnológico de Londrina. Entidade civil sem fins lucrativos, de caráter educacional, de pesquisa e fomento, voltada para o desenvolvimento tecnológico e regional do Norte do Paraná — <http://www.adetec.org.br/>.
- SBA — Small Business Administration. Órgão do governo americano de apoio a empresas de pequeno porte. O mapa da mina das orientações a empreendedores e modelos de planos de negócios. Apesar de voltado para o empreendedorismo nos Estados Unidos, suas ferramentas têm aplicação universal. Tem versão em espanhol — <www.sba.gov>. Não deixe de consultar.

Questões para seu plano de negócios

1. Que tipo de negócio você deseja criar?
2. Qual é o porte pretendido da empresa?
3. Quais as vantagens e desvantagens da informalidade ou formalidade para você?
4. Em que exemplos você pretende se inspirar? Que empresas ou empreendedores são seus modelos?

5. Quais são as principais vantagens, desvantagens e riscos do novo negócio?
6. Como a empresa afetará você e outras pessoas depois de aberta?
7. Quem cuidará da empresa?
8. Quais são seus principais pontos fortes e pontos fracos, no que diz respeito às atitudes e traços de comportamento de um empreendedor?

Questões para estudo

Usando suas próprias palavras, responda às questões a seguir. Se possível, entreviste empreendedores para ajudar você nas respostas.

1. O que é empreendedorismo?
2. Como você descreve um empreendedor? Para melhor responder a esta pergunta, consulte um empreendedor e peça a ele que se descreva.
3. Explique as vantagens e desvantagens do empreendedorismo.
4. O que é uma empresa?
5. Explique os recursos utilizados por uma empresa.
6. Explique os principais indicadores de desempenho e sucesso de uma empresa.
7. Descreva as particularidades de administrar uma empresa de micro, pequeno ou médio porte.

Estudo de caso — Goóc[2]

O vietnamita Thai Quang Nghia buscou em sua terra natal a inspiração para calçar os pés dos brasileiros e, com isso, montar uma empresa. Foi com base nas sandálias usadas nos campos de batalha — chamadas de dép e feitas de pneus de veículos destruídos durante a Guerra do Vietnã — que ele lançou a marca Yepp. Uma coleção de sandálias, papetes e tênis, além de bolsas e mochilas, tudo produzido com material reciclado, como pneus de carros e lonas de caminhões.

Ele fugiu do Vietnã em 1978, em uma canoa, foi resgatado por um navio da Petrobras e decidiu ficar no Brasil. Em 1986, Thai Quang Nghia era estudante de matemática na Universidade de São Paulo e trabalhava em um banco. Um amigo, dono de uma fábrica de bolsas, pediu dinheiro emprestado a Nghia e, falindo, pagou a dívida com o estoque de bolsas. Nghia vendeu o estoque de porta em porta e passou a fabricar as bolsas. Os negócios de Nghia cresceram bastante, mas ele continuou vendendo bolsas e, em seguida, calçados, de porta em porta, pela Avon, empresa com a qual iniciou uma parceria em 1998.

Os calçados só começaram em 2000. A busca pela novidade começou em 2003, em uma viagem pelos Estados Unidos, pela França e pelo Vietnã. O primeiro sinal apareceu na visita a um museu, em figuras antigas, e se consolidou no Vietnã. "Vi muitas pessoas usando papetes, mas eram muito rudes. Precisavam de adaptação."

De volta ao Brasil, foram necessários pouco mais de três meses para conceber o primeiro calçado, em 1º de outubro de 2003. "De repente, grandes redes, como C&A e Renner, queriam vender nossos calçados."

2 Adaptado de "Papete do Vietnã para pés brasileiros", matéria de Renée Pereira. *O Estado de S. Paulo*, quarta-feira, 26 de janeiro de 2005. Caderno Economia & Negócios, página B13.

A marca ganhou mais visibilidade no Nordeste, depois do Carnaval, quando as pessoas procuravam sapatos mais confortáveis e práticos. Em 2004, 75 por cento das vendas concentravam-se nessa região. Em São Paulo, os lojistas tinham muita resistência ao estilo arrojado do produto, mas aos poucos estavam sendo conquistados.

Em 2004, primeiro ano da Yepp, 1,2 milhão de pares de calçados foram produzidos, assim como as bolsas, em uma fábrica própria na Zona Leste da capital paulista e por terceiros. "Os pneus usados na produção desses calçados, se fossem enfileirados, chegariam ao Guarujá." A previsão, naquele ano, era atingir 2,75 milhões de pares. A empresa pretendia, até 2014, produzir 10 milhões de unidades. Para isso, a capacidade produtiva estava sendo ampliada, com o investimento de R$ 2 milhões em uma unidade na Bahia, para fabricar até 150 mil pares por mês. Além da nova unidade, três lojas-conceito seriam abertas, em São Paulo, Rio de Janeiro e Bahia.

A Yepp criou cerca de 40 modelos de sapatos e 20 tipos de bolsas para diferentes idades, de crianças a adultos. Cheia de filosofia, a marca pregava originalidade, praticidade e independência em suas criações. "Não seguimos a ditadura da moda. A intenção é embutir no produto valores intangíveis e agregar algo mais na vida de quem compra."

Feitos de materiais recicláveis, os produtos eram diferenciados e apresentavam visual bastante arrojado. Além disso, as papetes eram flexíveis e podiam ganhar o formato que o usuário desejasse. Com dois pares de tiras, era possível criar até oito tipos de produtos. Os calçados da Yepp eram vendidos em várias lojas de calçados e de produtos de surfe ou pela Internet, no site do Submarino.

Em 2004, os calçados foram exportados para Itália, Portugal, Dinamarca, Espanha, Argentina e Venezuela. Na feira de calçados Couromoda daquele ano, a empresa fez cerca de 120 contatos, que podiam gerar negócios importantes. Entretanto, o foco do empreendedor era o mercado interno. Em 2005, a marca Yepp foi substituída pela marca Goóc (<www.gooc.com.br>), após uma disputa relativa a direitos autorais. Além de ter a Avon e lojas de departamento como canais de venda, a empresa de Nghia tinha (em meados de 2010) quatro lojas próprias (três em São Paulo e uma no Guarujá, no litoral paulista).

Questões:

1. Que fatores foram determinantes na decisão de Nghia de criar a Yepp (posteriormente Goóc)?
2. Com base nas informações disponíveis nesse relato, o que se pode deduzir sobre o perfil comportamental do empreendedor?
3. Como se explica o sucesso da empresa?
4. O que se pode deduzir sobre a empresa Yepp como sistema? Quais são seus insumos, processos e resultados?
5. Quais foram as principais etapas no processo de criação da empresa? Que avaliação Nghia fez para decidir lançar o empreendimento?
6. O que se aprende sobre empreendedorismo com esse caso?
7. Se você pretendesse entrar nesse mercado, como concorreria com a Yepp?

2 CAPÍTULO ESCOLHA DO NEGÓCIO

OBJETIVOS

Ao completar o estudo deste capítulo, você deverá ser capaz de explicar e utilizar as seguintes ideias:

- Desenvolvimento de um novo negócio.
- Avaliação de ideias de produto.
- Avaliação da oportunidade de comprar negócios existentes.
- Escolha do tipo de empresa.
- Internacionalização da empresa.

2.1 Desenvolvimento de um novo negócio

Muitas pessoas, ao andar pela cidade, podem apenas ver multidões, fachadas e anúncios, enquanto um empreendedor percebe o que está por trás disso: fluxo de pessoas com inúmeras motivações, todas indo e vindo de algum compromisso, compras e vendas, movimentação de bens, faixas etárias e tipos de comércio, entre outras informações. Ele enxerga a riqueza circulando e as oportunidades. Oportunidades estão associadas à criação de valor para as pessoas, e não necessariamente com preços baixos, pois, se vale a pena, as pessoas pagam o preço que é pedido. Evidências disso são a expansão do mercado do luxo e as filas de espera para a aquisição dos novos produtos de alta tecnologia de comunicação pessoal.

Muitas empresas são iniciadas quando empreendedores desenvolvem ideias para novos produtos ou serviços. Não são apenas os produtos de alto conteúdo tecnológico que têm potencial para o sucesso. Na verdade, com frequência chegam ao mercado produtos e serviços, triviais ou criativos, com tecnologia de domínio público ou sem nenhuma sofisticação tecnológica, mas que nem por isso deixam de ser competitivos.

2.1.1 De onde surgem as oportunidades?

As ideias de novos negócios nascem de muitas formas. O símbolo universal da ideia é a lâmpada que se acende. Thomas Edison teve a ideia de responder a um antigo anseio da humanidade e criou (na verdade, seus cientistas o fizeram) não apenas a lâmpada, mas também uma empresa chamada General Electric. Um inovador e empreendedor, como ele, é capaz de transformar ideias em oportunidades de negócios.

Todas as fontes de ideias pertencem a duas categorias principais: (1) a criatividade do empreendedor e (2) o mercado, que, em seu sentido mais amplo, é o ambiente geral da sociedade. Analisemos as principais possibilidades (Quadro 2.1).

Novo negócio com base em novo conceito

O empreendedor clássico constrói um negócio a partir de um produto ou ideia. Essa linha baseia-se em competência técnica e grande criatividade, bem como habilidade para prever padrões e tendências antes da maioria das pessoas. O conceito do negócio é tão novo e revolucionário que cria um novo mercado e, como já foi dito, revoluciona a sociedade. Muitas das grandes revoluções tecnológicas foram feitas por pessoas assim. Por exemplo: a lâmpada de Thomas Edison, o Modelo T de Henry Ford, o telefone de Graham Bell, o software de Bill Gates e muitos outros. Será que esse tipo de competência é inato ou se desenvolve em condições e ambientes apropriados? Será que essas pessoas foram apenas catalisadoras de um processo que aconteceria de qualquer forma? Por que há tantos empreendedores entre os imigrantes? Qual o papel da educação e da cultura no processo de criação de negócios totalmente novos? Por que esses exemplos são todos dos Estados Unidos? Por que o capitalismo se desenvolveu tanto na Rússia, depois da queda da União Soviética? Perguntas que podem esclarecer o debate sobre o papel da competência e do ambiente na criação de novos negócios, mas que estão além do escopo deste livro.

Por outro lado, nem todos os novos produtos e negócios estão na linha de frente da tecnologia. Sempre há espaço para a criatividade em ramos tradicionais de negócios. Um exemplo interessante da atualidade é o sapatênis, um novo produto (na verdade, data do

Quadro 2-1 Fontes de oportunidades de negócios

- Novo negócio com base em novo conceito
- Novo negócio com base em conceito existente
- Necessidades dos consumidores
- Aperfeiçoamento do negócio
- Exploração de *hobbies*
- Derivação da ocupação
- Observação de tendências

ano 2000) criado dentro da milenar indústria do calçado, que propiciou o surgimento de todo um novo universo de conceitos e negócios.

Novo negócio com base em conceito existente

Há também pessoas que iniciam um empreendimento com base em velhos conceitos. Por exemplo, se alguém abre uma padaria, a ideia não é nova e o empreendedor não criou algo inovador, mas o negócio representa um risco financeiro. Além disso, o proprietário está desenvolvendo algo onde nada existia. Essa pessoa é um legítimo empreendedor, embora o novo negócio não tenha nascido da criatividade ou da inovação.

Um exemplo conhecido é o da Gol Linhas Aéreas, que atua em um ramo de alta tecnologia e altos investimentos, no qual os concorrentes enfrentam dificuldades. O criador da Gol, no entanto, com base em uma estratégia de baixo custo e baixo preço, conseguiu criar uma empresa de grande sucesso, superando todos os riscos potenciais. A ideia não era nova quando a Gol foi fundada, em 2001. A Southwest Airlines, em 1971, inventou o conceito e tornou-se a maior empresa aérea de baixo custo do mundo. A Ryanair, da Irlanda, criada em 1985, para atender a comunidade irlandesa dentro do Reino Unido, começou a seguir o modelo Southwest em 1991. Em 2010, a Ryanair operava 362 rotas em 22 países.

Na cidade de Puebla, no México, foi criada, em 2009, a Companhia Pink Taxi. Como sugere o nome, trata-se de uma empresa que oferece carros exclusivamente para mulheres, durante as 24 horas do dia. Todos os carros da empresa são cor-de-rosa, têm kits de beleza, GPS e botões de pânico, para que as mulheres se sintam seguras. Os táxis são conduzidos apenas por mulheres, para que as clientes não corram o risco de serem assediadas por motoristas do sexo masculino. Serviços similares já existiam em Londres e Teerã, quando a Pink Taxi foi criada. Assim como as companhias aéreas e as de táxis introduzem inovações no manejo da frota e em suas operações, a padaria pode introduzir inovações nos produtos, na apresentação, no atendimento ou em qualquer outro aspecto de suas operações, para ganhar competitividade.

Necessidade dos consumidores

O empreendedor potencial pode identificar carências e interesses das pessoas prestando atenção em suas reclamações, hábitos e traços culturais, entre outros, e, em seguida, interpretar esses comportamentos para desenvolver produtos ou serviços. Muitos produtos importantes foram desenvolvidos com a ajuda do consumidor, quando não por ele mesmo. Um exemplo é o das caminhonetas, que surgiram quando as pessoas que precisavam de um utilitário, no começo do século XX, começaram a serrar a parte traseira dos automóveis. Outros exemplos são os serviços de entregas, que exploram as deficiências e limitações dos serviços oficiais de correios, e o atendimento domiciliar de pessoas com problemas de saúde. A companhia Pink Taxi também ilustra esse ponto, assim como as empresas de reforço escolar que existem na França. O negócio dessas empresas é vender aulas para estudantes com dificuldades de aprendizagem. Em outros países, esse mercado é explorado não por empresas, mas por professores autônomos com espírito de empreendimento.

Aperfeiçoamento do negócio

O aprimoramento de um negócio já existente também pode originar-se da observação das necessidades e insatisfações dos consumidores, bem como da avaliação contínua do negócio atual. Uma das bases do planejamento estratégico, a identificação de oportunidades de aperfeiçoamento possibilita ao empreendedor adequar seus produtos e serviços a novos formatos e padrões de qualidade, bem como reduzir o preço ou melhorar a forma de distribuição. Um exemplo é o do autoatendimento nas farmácias, que copiaram o modelo dos supermercados.

Exploração de *hobbies*

Um *hobby* do potencial empreendedor pode transformar-se em oportunidade de negócio, a partir do momento em que identificar suas possibilidades comerciais em algum segmento da sociedade. Um exemplo é a invenção do *walkman*, criado por Akio Morita, que jogava golfe e queria ouvir música ao mesmo tempo. Lojas de produtos de surfe ou de aparelhos musicais, muitas vezes, estão no mesmo caso.

Derivação de ocupação

Alguns empreendedores iniciam um negócio com base em sua atividade. Analisando sua ocupação, e seu grau de sucesso ou insucesso, o empreendedor poderá desenvolver produtos e serviços nos quais sua experiência e seus conhecimentos são aproveitados. Por exemplo, os professores que criam escolas.

Observação de tendências

As comunidades e a sociedade mudam constantemente. Em decorrência disso, os mercados e os consumidores também mudam. A observação da realidade permite a descoberta de novos mercados. Nos últimos anos, por exemplo, o aumento da criminalidade criou inúmeras oportunidades para novos negócios, tais como localização de carros roubados, empresas de vigilância e serviços de proteção pessoal, entre outros. Na América Latina, esses são negócios em expansão. A emigração de grande número de latino-americanos para os Estados Unidos e para a Europa também criou oportunidades para empresas que vendem produtos e serviços para essas comunidades: comércio de produtos do país de origem, remessa de fundos, tradução, serviços de táxi com motoristas bilíngues, serviços de assistência jurídica, e assim por diante.

Todas as ideias e oportunidades são condicionadas pelas competências do empreendedor e pelas possibilidades do mercado. O processo básico de planejamento estratégico de um empreendimento consiste em compatibilizar duas visões: de um lado, o entendimento do empreendedor a respeito de seus conhecimentos, habilidades e limitações; de outro, o entendimento dos interesses, desejos e limitações do mercado.

2.1.2 Licenças

Se um empreendedor desenvolve um novo produto ou serviço, mas não tem os recursos financeiros para produzi-lo e distribuí-lo, ou não tem interesse em criar ou aumentar uma empresa, mas deseja explorar a ideia, uma boa saída são as licenças. O empreendedor pode dar a licença a outras empresas para produzir e vender o novo produto em troca de uma comissão sobre as vendas ou de um pagamento predefinido.

Para garantir a propriedade do novo produto ou serviço e impedir que outros o pirateiem, o empreendedor deve patenteá-lo ou registrá-lo de alguma forma. A patente é a emissão de uma concessão de direito legal para proteger o inventor de um novo produto.

2.1.3 Fatores críticos para o sucesso de novos produtos

O desenvolvimento de novos produtos sempre embute um alto nível de risco. Pequenas empresas ou empreendedores individuais, ao desenvolver novos produtos ou serviços, não enfrentam os entraves burocráticos das grandes empresas. A criatividade corre solta, sem que as ideias precisem ser submetidas a sucessivos processos de avaliação. No entanto, os recursos financeiros são escassos, muitas vezes insuficientes para financiar o desenvolvimento da ideia ou, na pior das hipóteses, o fracasso da ideia, que acarreta a perda total dos recursos e o fim do negócio. As grandes empresas, por outro lado, perdem todo o investimento quando o novo produto fracassa, mas têm os recursos financeiros e as políticas de pesquisa e desenvolvimento para correr esse risco.

Os riscos têm motivado estudos para identificar os fatores que fazem de um produto ou serviço um sucesso. Um estudo de novos produtos, realizado pelo Hewlett-Packard's Medical Products Group, identificou alguns desses fatores. Os autores desse estudo chegaram à conclusão de que, se apenas um ou dois fatores-chave não estiverem adequados, o produto pode ter como resultado o fracasso. Os principais fatores-chave são apresentados no Quadro 2.2.

Quadro 2-2 Fatores críticos para o sucesso de novos produtos

Fator-chave	Descrição
Pesquisa adequada de marketing	Muitas vezes desprezada pelo empreendedor, a pesquisa de marketing é crucial para evitar que o produto fracasse. Sua desvantagem é o custo alto. Um exemplo de pesquisa de marketing é o teste de um novo alimento nas entradas de teatro e cinema e nos supermercados.
Atendimento de uma necessidade	Requisito essencial do novo produto ou serviço é ser realmente necessário para os consumidores. Frequentemente, uma incógnita para o empreendedor.
Grande vantagem do produto	O produto deve ser superior aos concorrentes em atributos como qualidade, aparência, tecnologia e praticidade.
Qualidade e preço adequado no lançamento	Se o produto tiver pouca qualidade ou preço elevado demais quando lançado, dificilmente o consumidor irá procurá-lo novamente.
Escolha dos canais corretos de distribuição	Uma decisão crítica relacionada com novos produtos envolve os canais de distribuição. A definição dos locais de venda e da forma de fazer o produto chegar aos clientes é determinante do sucesso.

2.2 Avaliação de ideias de produtos

Seja qual for a origem da ideia ou oportunidade, nenhuma delas é garantia de sucesso, de riqueza e muito menos de perenidade. O primeiro grande empreendedor da era dos computadores foi Steve Jobs, que fundou a Apple. No entanto, sua empresa foi suplantada por outra, que veio depois, a Microsoft, cujo sucesso deveu-se aos aplicativos e não ao hardware. Em todos os casos, o determinante do sucesso é a estratégia, não apenas a criatividade ou a inovação. O cinema foi inventado pelos franceses, que o cultivaram como forma de arte, mas os americanos o transformaram em uma indústria universal e bilionária de diversão.

Há muitos aspectos a considerar e planejar entre o surgimento de uma ideia e a criação de um negócio. Em certos casos, o empreendedor acredita mais na ideia do que na necessidade de fazer qualquer espécie de avaliação e tem os recursos para correr todos os riscos. De maneira geral, no entanto, uma avaliação da viabilidade e dos riscos do empreendimento é recomendável.

Alguns dos aspectos a serem incluídos na avaliação de uma oportunidade são analisados a seguir (Quadro 2.3).

Quadro 2-3 **Critérios para avaliar produtos e negócios**

Viabilidade de mercado	Concorrência	Viabilidade de produção	Controle governamental	Investimento inicial e retorno
▬ O produto tem compradores potenciais?	▬ Quem são os concorrentes?	▬ Existem componentes e matérias-primas para fazer o produto ou prestar o serviço?	▬ Há controles governamentais sobre o produto ou tipo de negócio?	▬ Qual o investimento necessário?
▬ Com que frequência o produto seria comprado?	▬ Quantos são?	▬ Existem máquinas, equipamentos e instalações?	▬ Há necessidade de licenciamento ou aprovação?	▬ Qual o período de retorno desse investimento?
▬ Quem compraria?	▬ Onde estão?	▬ Existe a mão de obra?	▬ Qual o investimento necessário para atender à legislação?	
▬ Quantos comprariam?	▬ Quais são suas vantagens competitivas?	▬ Qual a necessidade de desenvolvimento e de experimentação?		
▬ Onde estão os compradores?	▬ Qual é o alcance e a eficácia de seus canais de distribuição?	▬ Qual o investimento necessário?		
▬ Qual preço aceitariam?	▬ Há barreiras para novos ingressantes?			
▬ Há sazonalidade?	▬ Quais são os fornecedores concorrentes?			

2.2.1 Viabilidade de mercado

O principal fator que o empreendedor deve levar em conta é o mercado. A primeira pergunta a ser feita é: há um mercado, real ou potencial, para a ideia? Ou: quem compraria o produto ou serviço? Outras perguntas importantes são:

- Como seria comprado o produto ou serviço? Todos os dias, uma vez por ano, em ocasiões especiais?
- Seria comprado para uso próprio ou, por exemplo, as famílias o comprariam para os filhos?
- Qual o tamanho do mercado? Quantas pessoas, organizações ou outros tipos de clientes há no mercado?
- Como se distribuem geograficamente os clientes? Quantos há em cada território do mercado?
- Qual preço seria aceito pelos clientes?
- Como ajustar o negócio ao risco da sazonalidade, presente em muitos ramos de atividades, como moda, alimentos e brinquedos?

A viabilidade de uma ideia é determinada, em primeiro lugar, pela existência de um mercado — pessoas com poder aquisitivo e vontade de comprar. No entanto, entre o mercado e o empreendedor encontra-se o time adversário — a concorrência.

2.2.2 Concorrência

Ao avaliar a concorrência, o empreendedor deve buscar as seguintes informações principais: número de competidores, o alcance de seus canais de distribuição, suas políticas de preços e suas vantagens competitivas.

Vantagens competitivas são atributos do produto ou serviço, ou das empresas que os fornecem, que motivam a preferência do mercado ou cliente. Uma vantagem competitiva está ligada a diferenciais que proporcionam ganho material ou psicológico para o consumidor. Preço baixo é a vantagem competitiva da companhia aérea Ryanair e das canetas vendidas a R$ 1,00 nos cruzamentos; para o comprador da caneta Montblanc e do relógio Rolex, o preço é secundário. As vantagens competitivas variam desde o custo menor de produção, e da maior eficiência e preço mais baixo, a um formato criativo ou a uma imagem de exclusividade e luxo. Seja qual for, o fator de atração e preferência dos clientes é o que permite à empresa superar os competidores, estabelecer sua marca e fortalecer sua identidade.

As barreiras para a entrada de competidores, como as taxas sobre produtos importados ou os subsídios para os produtores locais, constituem vantagem competitiva. Uma regulamentação governamental, uma concessão ou um contrato de longo prazo com um grande comprador também são vantagens que deixam a empresa em situação cômoda perante a concorrência. No entanto, na eventualidade de queda dessas barreiras, os concorrentes com outras vantagens competitivas poderão tornar-se dominantes.

Também é útil conhecer os fornecedores dos concorrentes, o que pode ajudar o empreendedor a identificar novas oportunidades e manter-se informado sobre as tendências.

O empreendedor também deve saber se o ramo de atividades que escolheu é controlado por organizações dominadoras e que têm capacidade de definir as regras. O fato de existirem monopólios ou cartéis, no entanto, não elimina a possibilidade da entrada de novos competidores, mas o empreendedor deve estar preparado para a intensidade da concorrência que enfrentará.

2.2.3 Viabilidade de produção

A viabilidade de produção refere-se à capacidade efetiva de fornecer o produto ou serviço, no presente ou no futuro. A pergunta a ser feita é: é possível fabricar o produto ou prestar o serviço? Ou: o que é necessário para fornecer o produto ou serviço? Essa pergunta principal desdobra-se em outras:

- Existem os componentes e matérias-primas necessários para o produto ou serviço?
- Existem as máquinas, instalações e equipamentos capazes disso?
- Existe a mão de obra para isso? Qual a necessidade de treinamento?
- Qual a necessidade de desenvolvimento e experimentação?
- Qual o custo de montar a infraestrutura para fornecer o produto ou serviço?

2.2.4 Controle governamental

Na avaliação de uma oportunidade, o empreendedor deve considerar o tipo e a intensidade do controle governamental a que estará sujeito. Os ramos de atividades nessa situação ficam submetidos à inconstância, já que as mudanças nas regras são frequentes. Por exemplo, empresas revendedoras de artigos importados muitas vezes ficam à mercê de oscilações decorrentes de ações do governo.

2.2.5 Investimento inicial e retorno

O ponto crucial de qualquer empreendimento é o dinheiro. O empreendedor deve calcular o montante necessário para iniciar o negócio — o investimento inicial. O valor pode determinar se o empreendedor tem condições de começar o negócio ou não. Outro cálculo importante é o do retorno do investimento. A análise do mercado (seção 2.1 deste capítulo) deve revelar qual o potencial de receitas e o tempo necessário para a recuperação do investimento. Investir, especialmente muito dinheiro, em atividades que oferecem pouco retorno e demoram anos para proporcionar a recuperação do capital inicial pode ser uma decisão complicada.

2.3 Aquisição de um negócio existente[1]

Menos inovador, mas não menos empreendedor, é aquele que compra um negócio existente sem planos de mudar as operações correntes. Por exemplo, uma pessoa que

1 LONGENECKER, Justin G.; MOORE, Carlos W. e PETTY, J. William. *Administração de pequenas empresas*. São Paulo: Pearson Makron Books, 1997.

Quadro 2-4 Pontos a considerar na compra de um negócio existente

Pontos a favor e vantagens	Pontos contra e risco
Produto e mercado definidos	Herança de problemas
Empresa em funcionamento	Problemas futuros ocultos
Clientela formada	Mão de obra qualificada
Fornecedores operando	Imagem comprometida
Experiência do proprietário anterior	Modernização necessária
	Localização desvantajosa
	Preço alto

recebe a indenização da demissão e compra um posto de gasolina ou uma locadora de vídeo em funcionamento. Há um mínimo de inovação e criatividade, mas a pessoa está tomando riscos pessoais e financeiros. Para tomar a decisão mais acertada, o empreendedor deve analisar as vantagens e desvantagens desse tipo de operação. Em seguida, alguns pontos a favor e contra a compra de um negócio existente serão analisados (Quadro 2.4).

2.3.1 Prós

Alguns pontos a favor de se comprar um negócio existente são os seguintes:

- O produto ou serviço e o mercado já estão definidos.
- O planejamento e a execução de providências para operar uma empresa em funcionamento são, certamente, menos trabalhosos que para uma nova empresa. As operações anteriores, quando bem-sucedidas, possibilitam que o local de negócios seja reconhecido positivamente, representando, assim, um atrativo para os clientes atuais, bem como para os novos. O equipamento necessário provavelmente já estará disponível.
- Já existe uma clientela formada.
- Já há um sistema de fornecedores em operação.
- Há o benefício da experiência do proprietário anterior. Se os empregados continuam na empresa, provavelmente têm conhecimento e experiência no negócio.

2.3.2 Contras

Alguns riscos e pontos contra a aquisição de um negócio já existente são:

- Herança de possíveis deficiências de todo tipo, especialmente pendências trabalhistas e fiscais e outras irregularidades.

- Possibilidade de problemas futuros não revelados pelo vendedor: desapropriação do local ou perda de uma condição essencial para o funcionamento do negócio, como a renovação de uma licença ou de um contrato com um fornecedor.
- Os empregados que estão trabalhando para a empresa podem não ser os melhores ou os mais adequados para atender às necessidades da empresa em sua nova fase.
- A imagem dos negócios já foi estabelecida. Se for uma imagem fraca, será difícil reverter a situação.
- Pode ser necessário realizar um demorado e dispendioso processo de modernização na empresa.
- A localização pode ser uma desvantagem.
- O preço de compra pode ser alto demais — devido a uma avaliação inadequada do valor do empreendimento —, gerando um pesado ônus sobre a lucratividade.

2.3.3 Avaliação do negócio

Quando se considera a possibilidade de adquirir um negócio já existente, deve-se dar atenção a três aspectos essenciais, pelo menos, que são: histórico da empresa e perspectivas, patrimônio e operações em andamento e preço da compra.

Histórico da empresa e perspectivas

O registro de operações passadas mostra o que a empresa fez e pode continuar fazendo no mercado, atualmente e no futuro. Uma empresa bem-sucedida demonstrou habilidade em desenvolver uma sólida carteira de bons clientes, controlar custos e obter lucros, que é o essencial. Além disso, é fundamental que o ramo de negócios seja promissor.

Patrimônio e operações em andamento

Funcionários qualificados, maquinário em bom estado de uso e relação saudável com fornecedores e bancos constituem grandes vantagens. Em particular, considerando o tempo e o esforço necessários para adquirir todo esse patrimônio a partir do zero. Por outro lado, maquinário obsoleto, funcionários desqualificados, problemas com clientes, fornecedores e bancos podem representar um enorme passivo, de difícil administração.

Preço da compra

Há alguns fatores que indicam se o preço de compra do empreendimento é vantajoso ou não. A empresa pode estar perdendo dinheiro, a localização se deteriorando ou o proprietário pretende reabrir outro negócio como concorrente. O inverso também é possível e a aquisição pode revelar-se uma excelente escolha.

Acima de tudo, é importante investigar as razões pelas quais a empresa está sendo vendida. Pode ser que o vendedor esteja se desfazendo de um negócio que não lhe interessa mais, mas pode ser atraente para outro. Nem é preciso insistir no cuidado para não adquirir um negócio que só vai dar prejuízo.

2.4 Tipos de empresa

Escolher o tipo de empresa significa definir o formato do empreendimento, que pode ser uma empresa propriamente dita ou uma alternativa. As principais possibilidades são: empresa tradicional, empresa familiar, franquia, escritório doméstico e cooperativa. Outros formatos, apropriados para grandes corporações, não serão discutidos neste livro.

2.4.1 Empresa tradicional

É uma entidade econômico-administrativa que tem finalidade econômica, ou seja, tem o lucro como objetivo, por meio de atividades de transformação e fornecimento de bens e serviços, como comércio, indústria, agricultura, pecuária, transportes, telecomunicações, turismo, educação e assim por diante.

2.4.2 Empresa familiar

Uma variante da empresa tradicional, a empresa familiar é uma iniciativa que tem o objetivo de melhorar a condição socioeconômica de uma família. Idealmente, a empresa familiar divide entre seus componentes as tarefas iniciais e os benefícios. Em seguida, outros membros da família são envolvidos, às vezes precocemente, nas operações da empresa, criando-se assim uma sociedade familiar. Com o passar do tempo, esse tipo de empresa gera uma série de questões mais complexas do que a simples administração de uma atividade comercial ou industrial. Entre essas questões estão a participação dos descendentes e seus cônjuges na sociedade, a divisão dos lucros e a passagem para os sucessores.

Tanto no caso da empresa tradicional (individual) quanto da familiar, a transição para os descendentes costuma ser um dos grandes problemas. Em certos casos, esse problema torna-se tão grave que causa a dissolução do negócio na segunda ou terceira geração.

2.4.3 Franquia

Franquia ou *franchising* empresarial é o sistema pelo qual um franqueador cede a um franqueado o direito de uso da marca ou patente, associado ao direito de comercialização exclusiva ou semiexclusiva de produtos ou serviços. Eventualmente, o franqueador também cede ao franqueado o direito de uso de tecnologia de implantação e administração de negócio ou sistemas desenvolvidos ou detidos pelo franqueador. O franqueado remunera direta ou indiretamente o franqueador, sem que fique caracterizado vínculo empregatício. O **franqueador** é o detentor da marca e do método de trabalho licenciado a terceiros. É o agente que idealiza e formata a franquia do negócio ao franqueado. O **franqueado** é a pessoa jurídica ou física que adquire o direito de uso da marca e/ou método de trabalho, por meio de um pagamento inicial ou mensal. Ao aderir à rede de franquia, o franqueado passa a operar com a marca do franqueador, seguindo todos os padrões estabelecidos e supervisionados por este.

O *franchising* oferece algumas vantagens e desvantagens, como mostra o Quadro 2.5.

Quadro 2-5 Vantagens e desvantagens do franchising

Vantagens	Desvantagens
■ O empreendedor compra uma empresa pronta, sem necessidade de inventar produto, nome, embalagens etc. ■ A operação da empresa, o treinamento dos funcionários, os uniformes e materiais são padronizados pelo franqueador — não há necessidade de criar ■ O sistema de suprimentos de matérias-primas já está montado pelo franqueador ■ A marca é conhecida e o empreendedor não precisa investir na construção da imagem ■ O empreendedor pode trocar experiências com outros franqueados da mesma empresa ■ O valor do investimento para iniciar e manter as operações é fácil de determinar, o que torna determinístico o planejamento financeiro ■ O franqueado recebe orientação do franqueador, que está interessado em seu sucesso ■ O franqueado pode ter mais de uma loja da mesma franqueadora	■ O investimento inicial pode ser alto, dependendo do valor da marca franqueadora ■ O franqueado obriga-se a um pagamento mensal ao franqueador; em geral, uma taxa sobre as receitas, o que faz o papel de um imposto a mais ■ O franqueado tem de seguir todas as exigências do franqueador, até mesmo de renovação de toda a loja, independentemente do tempo de franquia ■ O franqueador pode conceder várias franquias numa mesma região, ganhando no conjunto, mas prejudicando os franqueados individualmente ■ O franqueado não tem liberdade para introduzir inovações nos produtos, nas instalações ou em qualquer aspecto da franquia que impacte a identidade do franqueador ■ Os preços são tabelados, impedindo alterações para favorecer a competitividade ■ Assim como acontece em qualquer outra modalidade de empreendedorismo, não há nenhuma garantia de sucesso

2.4.4 Escritório doméstico (*home office*)

O escritório doméstico (ou *home office*) é o trabalho profissional realizado em casa. É uma opção atrativa para o início de micro e pequenas empresas, já que representa considerável economia de custos em relação a outras possibilidades. A expansão dessa modalidade de negócio vem mudando o contexto empresarial e o perfil do emprego. Nasceu com a terceirização de serviços, que, por sua vez, foi gerada pelos avanços da tecnologia da informação e pelos novos modelos gerenciais decorrentes da globalização da economia. Essa irreversível tendência mundial cria grandes oportunidades para os escritórios domésticos, em especial nos seguintes setores:

- Contabilidade.
- Cosméticos.
- Alimentos.
- Confecções.
- Publicidade e computação gráfica.
- Consultoria em todas as áreas.

2.4.5 Cooperativas

Cooperativa é a sociedade de pessoas com forma e natureza jurídica própria, de natureza civil, não sujeita a falência, constituída para prestar serviços a seus associados (número mínimo de 20 pessoas físicas). É uma empresa com dupla natureza, que privilegia o lado econômico e o social de seus associados. O cooperado é ao mesmo tempo dono e usuário da cooperativa: como dono, administra a empresa e, como usuário, utiliza os serviços.

A cooperativa pode praticar qualquer gênero de serviço, operação ou atividade. Trata-se sempre de eliminar os intermediários, barateando custos e diminuindo preços pela racionalização e operação em grande escala. A cooperativa tem perfil de acordo com o de seus associados, que se reúnem em torno de um ou mais objetivos específicos. Como exemplos, pode-se citar:

- *Cooperativa agropecuária.* Reúne produtores rurais. Seus serviços podem ser: a compra coletiva de insumos, a venda em comum da produção dos cooperados, a prestação de assistência técnica, armazenagem e industrialização, entre outros.
- *Cooperativa de consumo.* Reúne consumidores de bens de uso pessoal e doméstico (supermercado). Seus serviços são a compra em comum desses bens.
- *Cooperativa habitacional.* Reúne pessoas precisando de moradia; seus serviços consistem na aquisição de terreno e na construção de casas ou prédios residenciais.
- *Cooperativa de trabalho.* Reúne trabalhadores. Seus serviços consistem em conseguir clientes ou trabalho para os cooperados, fornecer capacitação e treinamento técnico e intermediar a relação com os contratantes, entre outros.
- *Cooperativa de produção.* Reúne operários de uma fábrica. Seus serviços consistem em coordenar o funcionamento da fábrica.
- *Cooperativa de crédito.* Reúne a poupança de pessoas, oferecendo crédito e valorizando as aplicações financeiras dos cooperados. No Brasil, atualmente, elas são fechadas, ou seja, restritas a alguma categoria profissional (produtores rurais) ou trabalhadores de uma empresa.
- *Cooperativa educacional.* Reúne pais de alunos. A cooperativa é mantenedora de uma escola, cujos alunos são filhos de cooperados.
- *Cooperativa de saúde.* Reúne profissionais ou usuários de saúde. Nesse caso, consideram-se no mesmo ramo as cooperativas de trabalho (médicos, dentistas, psicólogos) e as cooperativas de 'consumo' (consumidores de plano de saúde).

2.5 Formalização de um novo negócio

A abertura (ou registro) de uma empresa compreende os procedimentos burocráticos necessários para a formalização de um empreendimento. O registro de uma empresa varia de acordo com a região onde ela se encontra e depende do tipo de sociedade que será constituída. No Brasil, é um processo extremamente demorado, que toma centenas de dias. Em determinados países, é possível abrir uma empresa em poucos dias. A lista de exigências é extensa. Além de operações básicas, como solicitação de alvarás, licenças, livros ou documentos em diversos órgãos, há, em certos casos, necessidade de um profissional habilitado responsável, com o devido registro no Conselho Regional de sua categoria. Há muitos sites na Internet que fornecem roteiros para a formalização de um negócio.

2.5.1 Nome empresarial

O nome empresarial pode ser de dois tipos "firma" e "denominação".

Firma

É o nome utilizado pelo empresário, pelas sociedades em nome coletivo, de capital e indústria e em comandita simples. Em caráter opcional, pode ser utilizado pelas sociedades por cotas de responsabilidade limitada e em comandita simples. A firma só pode ter como base nomes civis dos sócios ou de apenas um sócio acrescido do termo "e Cia.", sendo permitido, no final, a utilização de uma expressão que identifique o objeto da empresa, como, por exemplo, "Andrade & Xavier Componentes Eletrônicos Ltda.".

Denominação

É o nome utilizado pelas sociedades anônimas e cooperativas e, em caráter opcional, pelas sociedades limitadas e em comandita por ações. A denominação pode ser composta por um nome civil, sem fazer menção ao nome de algum dos sócios ou a qualquer nome civil, como, por exemplo, "Tecelagem Ômega Ltda.".

2.5.2 Natureza jurídica

Artesão

A figura do artesão ainda não é um conceito claramente definido. Entende-se que o artesão não é propriamente um empresário, mas sim um trabalhador autônomo. De acordo com o art. 7, do Regulamento do Imposto de Produtos Industrializados, produto de artesanato é aquele proveniente de trabalho manual realizado por pessoa natural, nas seguintes condições: (1) o trabalho não conta com o auxílio ou participação de terceiros assalariados e (2) o produto é vendido ao consumidor diretamente ou por intermédio de entidade de que o artesão faça parte ou pela qual seja assistido.

Produtor rural

É a pessoa física, natural, que explora a terra visando à produção vegetal e/ou animal e também à industrialização artesanal desses produtos primários — produção agroindustrial. O produtor que faz dessa atividade sua profissão principal pode requerer sua inscrição no Registro Público de Empresas Mercantis. A lei assegura tratamento favorecido, diferenciado e simplificado ao empresário rural quanto à inscrição e os efeitos daí decorrentes.

Sociedade simples

Formada por pessoas que exercem profissão intelectual, de natureza científica, literária ou artística, mesmo se contar com auxiliares ou colaboradores, salvo se o exercício da profissão constituir elemento da empresa. A sociedade simples é considerada pessoa jurídica. Por exemplo: dois médicos se unem e constituem um consultório médico.

Sociedade empresária

É aquela que exerce profissionalmente atividade econômica organizada para a produção ou circulação de bens ou serviços, constituindo elemento da empresa. A sociedade empresária é considerada pessoa jurídica e tem registro na Junta Comercial de seu respectivo estado. Por exemplo: duas ou mais pessoas se unem para constituir uma empresa cuja atividade será comércio varejista de suprimentos de informática, oferecendo ainda a prestação de serviços de manutenção.

Sociedade limitada

A responsabilidade dos sócios é restrita ao valor de suas cotas — o capital social está dividido em cotas, iguais ou desiguais, cabendo uma ou diversas a cada sócio —, mas todos respondem solidariamente pela integralização do capital social.

Sociedade por ações

O capital social é dividido em ações. Cada sócio responde somente pelo preço de emissão das ações que adquiriu. O conceito de 'sociedades por ações' engloba tanto as sociedades anônimas como as comanditas por ações. As principais peculiaridades das sociedades em comandita por ações são: (1) somente acionistas podem ocupar cargos de gerência e diretoria, sendo nomeados pelo estatuto, e (2) não podem lançar títulos no mercado de valores mobiliários. As sociedades anônimas têm seu tipo societário regulado por uma legislação específica, a Lei nº 6.404/76, alterada pela Lei nº 10.303/2001. As sociedades em comanditas por ações estão previstas nos artigos 1.090 a 1.092 do Código Civil de 2002.

Sociedade estrangeira

Empresa constituída e organizada em conformidade com a legislação de seu país de origem, onde também mantém sua sede administrativa. Necessita de autorização do Poder Executivo, solicitada por meio de requerimento dirigido ao Ministério da Indústria, do Comércio e do Turismo, protocolado no Departamento Nacional de Registro de Comércio (DNRC).

2.6 Como tornar o negócio global

Ampliar as operações da empresa para o âmbito internacional parecia algo distante para muitas empresas há pouco tempo. No entanto, os avanços tecnológicos e diplomáticos e o desenvolvimento dos meios de comunicação e de transporte possibilitaram às empresas de pequeno porte atuar no mercado global com certa facilidade.

Atualmente, o mercado internacional é a fonte de oportunidades de crescimento para muitas empresas e não é mais exclusividade das grandes empresas que já têm presença marcante no mercado nacional. São duas as atividades básicas que uma empresa pode realizar em nível internacional: (1) comercializar bens e serviços entre países e (2) investir em outros países.

Se levar os negócios de uma empresa para o nível global representa novas oportunidades, também oferece novos desafios. A empresa amplia seu ambiente externo, tendo de enfrentar problemas com a legislação, a moeda, a conjuntura econômica e a cultura de cada país para o qual exporta, do qual importa ou no qual investe. Para competir no mercado global, é preciso investir em padrões internacionais de excelência, como a ISO 9000. A lista dos desafios a enfrentar é extensa e inclui o domínio de idiomas e os problemas logísticos, entre muitos outros.

2.6.1 Comércio de bens e serviços entre países

O comércio internacional ocorre quando as empresas e consumidores compram e vendem bens e serviços ao redor do mundo.

Importação

Importação é a aquisição de produtos e serviços estrangeiros. O objetivo de importar produtos que são conhecidos no mercado interno é aproveitar suas vantagens comparativas. Um produto tem maior vantagem comparativa quando ele é produzido com mais qualidade, ou qualidade similar, e a custo mais baixo ou quando não tem similar local. Países como China, Indonésia e Malásia conseguem produzir e vender produtos de boa qualidade, que são fabricados com baixo custo. Quanto à qualidade, os produtos estrangeiros podem ser superiores em design, durabilidade, aparência ou especificações de desempenho que sejam importantes para os consumidores, fazendo de sua importação um negócio atraente. Dos automóveis europeus às frutas da Argentina e do Chile, dos tecidos, vinhos e óleos de oliva da Itália aos calçados que vêm da Ásia com a marca Nike, passando pelos eletroeletrônicos e os materiais para desenho, há uma imensa variedade de produtos e serviços, bem como poder aquisitivo e disposição para comprá-los no mercado local. Às vezes, o preço não é o principal critério de decisão do comprador. Por exemplo: no mercado brasileiro são vendidos automóveis alemães a 100 mil dólares e tênis Nike a 200 dólares. Pelos padrões de preços de produtos similares, ambos são caros, mas têm compradores.

O processo de importar produtos ou serviços que ainda não são oferecidos no mercado local é mais desafiador e requer espírito de pioneirismo por parte do empreendedor, bem como habilidade e técnica para fazer um estudo de viabilidade. Em contatos com o exterior, o empreendedor descobre algum produto ou serviço interessante e atraente para os consumidores brasileiros, que possibilita o início de um novo negócio de importação. Os benefícios e riscos potenciais são difíceis de precisar.

É importante considerar que as condições variam de uma situação para outra, em função de variáveis como cultura e poder aquisitivo. Nos anos 1960, Margot Fraser, uma designer de roupas, de nacionalidade alemã, residente nos Estados Unidos, começou a importar pequenas quantidades das sandálias Birkenstock, fabricadas na Alemanha, e tentou, sem sucesso, vendê-las para varejistas de calçados da Califórnia. Finalmente, encontrou seus primeiros clientes em uma convenção de lojas de produtos de saúde em São Francisco. Foi esse o início de uma empresa de milhões de dólares que hoje é a maior importadora da Birkenstock nos Estados Unidos. A mesma sandália nunca chegou a ter no Brasil essa mesma popularidade, talvez em parte pelo fato de que um par custa 200 dólares. Esse, no entanto, é o mesmo que se paga por um par dos tênis Nike, que desaparecem das lojas. Pizza Hut e Frango Frito Kentucky, ao contrário do McDonald's, nunca conseguiram fazer sucesso no Brasil.

Exportação

Exportação é a venda de produtos e serviços nacionais para os consumidores de outros países. Há várias razões para a busca de mercados no exterior:

- Estratégia de crescimento com base em oportunidades concretas no exterior.
- Possibilidade de utilização da capacidade produtiva ociosa, contornando o problema da queda de consumo no mercado local. Esse é o caso de empresas cujas vendas nacionais representam apenas parte do que podem produzir. Assim, é necessário encontrarem mercados externos interessados em seus produtos.
- Oportunidade de participar da impressionante taxa de crescimento econômico de certos países, como China e Índia. Há, nesses países, forte demanda por produtos e serviços que produzem excelentes retornos financeiros para os empreendedores que decidem explorá-los.
- Existência de Zonas de Livre Comércio ao redor do mundo, que podem representar facilidades de exportação para um conjunto de países com características parecidas. Por exemplo, o Mercosul, formado por países da América do Sul; o Nafta, formado por países da América do Norte, e a União Europeia, formada por países da Europa, entre outros.
- Diversificação de mercados e menor dependência da instabilidade local. O desempenho da empresa pode ser mais estável com uma carteira de clientes internacionais. Os riscos inerentes ao negócio ficam pulverizados entre diferentes países.

Um exemplo de decisão de exportar é fornecido pela confecção Marisol, de Santa Catarina, no Brasil. No início de 2005, a Marisol pretendia abrir um escritório comercial na Itália e as primeiras cinco lojas da marca Lilica Ripilica: três na Itália e duas na Espanha. Tratava-se do passo mais audacioso dos 40 anos da Marisol para conquistar o mercado externo. Por trás da decisão de investir no varejo europeu (5 milhões de dólares no total) estava a estratégia de fortalecer o nome da empresa para competir com os produtores locais e tornar-se referência em moda infantil. A empresa não pretendia apenas exportar seus produtos. Isso ela já fazia, fornecendo para grifes como Guess e Zara. As exportações respondiam por 6,5 por cento do faturamento, que foi de 395 milhões de reais em 2004. A meta era atingir 25 por cento em 2010. O plano era alavancar a grife Lilica Ripilica e, assim, a imagem da Marisol.

Entretanto, por que começar pela Lilica Ripilica se a Marisol tinha outras seis marcas (Tigor T. Tigre, Criativa, Mineral, Marisol, Worghon e Pakalolo)? A ratinha, que estampa uma das linhas de roupa infantil, era um fenômeno. Lançada em 1991, ela originou uma revista de 90 mil exemplares mensais, um site com 180 mil associadas e encorajou a empresa a explorar novos terrenos: o ramo de calçados e o varejo. Na fase A.L., ou "antes de Lilica", a fabricante catarinense era só isso: fabricante. No início de 2005, tinha 88 lojas franqueadas da marca — 78 no Brasil e dez no Oriente Médio — e estava se transformando numa gestora de grifes aberta a aquisições. Em janeiro de 2005, a Pakalolo, sucesso dos anos 1980, foi incorporada ao portfólio. Mas o carro-chefe era mesmo a Lilica, que, sozinha, representava 30 por cento das vendas do grupo. A intenção era transformar a Lilica Ripilica na Hello Kitty do Brasil. A venda dos produtos da gatinha japonesa movimentava 500 milhões de dólares anuais no mundo todo.[2]

Sejam quais forem as razões, o principal fator que determina a decisão de exportar é o conhecimento do potencial de seus produtos ou serviços no mercado externo, para evitar resultados negativos e o dispêndio dos custos de exportação.

É comum não apenas importar ou exportar bens ou serviços finais, mas matérias-primas para a fabricação de outros produtos ou produtos para serem vendidos com marcas alheias no exterior. Há vários produtos que têm alguns componentes (ou mesmo todos) importados.

2 Adaptado de Flávia Tavares, "Marisol e o pulo da rata", *Revista Dinheiro*, n. 386, 2 fev. 2005, p. 56-57.

2.6.2 Investimento em outros países

Além de comercializar produtos entre países distintos, uma empresa pode tornar seu negócio global mantendo parte de suas atividades operacionais em outros países, ou seja, implantando seus métodos de produção, manufatura ou operação em diversos países, tornando-se uma empresa multinacional.

Empresas multinacionais são muito mais difíceis de administrar, tendo de enfrentar muito mais a realidade econômica, política e cultural dos países estrangeiros, em comparação com uma operação de importação ou exportação. Entretanto, há diversos motivos pelos quais uma empresa decide optar por esse tipo de investimento. Um deles é que a empresa pode precisar de recursos que são custosos ou difíceis de importar. Frequentemente, o que ocorre é a busca de mão de obra mais barata ou especializada em outros países, ou de recursos naturais que são escassos ou inexistentes no país de origem, ou de proximidade com o mercado consumidor. Pode haver a possibilidade de um aumento no volume de vendas para estrangeiros. Existem produtos que exigem ser fabricados nos países em que serão consumidos. Barreiras de importação também podem criar a necessidade de realizar as operações da empresa em solo estrangeiro para ampliar o mercado consumidor. Muitos administradores acreditam que é importante fabricar os produtos na mesma região em que serão vendidos, para se ter conhecimento das reais necessidades dos consumidores.

Investir em outros países pode ser também uma saída para reduzir os custos de exportação. Muitas vezes, os custos de implantar uma fábrica mais próxima do mercado consumidor são menores do que os custos das taxas de exportação.

São diversas as formas de investimento internacional. Além da exportação, existem outros investimentos que requerem mais recursos financeiros e maior controle. São quatro as principais formas. Além do licenciamento e da franquia, já estudados, o ingresso no mercado internacional pode dar-se por meio de *joint ventures* e companhias subsidiárias.

- Joint ventures *ou alianças estratégicas*. É um acordo entre duas empresas, de países diferentes, que formam uma parceria com um objetivo comum de negócio. Essas duas empresas dividirão os custos de desenvolvimento de produto, implantação de fábricas e instalações e administração e controle das operações.
- *Companhias subsidiárias*. Subsidiárias ou filiais são empresas criadas ou compradas em outros países, com investimento de capital próprio. A matriz tem controle total sobre a subsidiária e seus resultados. Quando há dificuldade em criar uma filial em outro país, em razão dos problemas de adaptação com a cultura do novo mercado, o caminho pode ser a compra de uma empresa já existente.

Questões para seu plano de negócios

1. Você pretende montar seu próprio negócio ou adquirir um já existente?
2. Se você vai montar seu próprio negócio:
   a. Qual a viabilidade de mercado?
   b. Qual a viabilidade de produção?
   c. Qual a concorrência?
   d. Há controles ou imposições governamentais?

3. Se você vai comprar um negócio existente:
   a. Qual o histórico da empresa?
   b. Quais as perspectivas?
   c. Há pendências (dívidas, conflitos com fornecedores, passivo trabalhista etc.)?
   d. Quais as vantagens, desvantagens e riscos desse negócio?
4. Qual será o nome da empresa?
5. O produto ou serviço que você oferecerá é exclusivo ou há concorrentes no mercado?
6. Há a necessidade de importar matéria-prima para produzir o produto ou prestar o serviço?
7. Há a possibilidade de exportar seus produtos? E quanto a outros tipos de atuação no mercado internacional?

Questões para estudo

Usando suas próprias palavras, responda às questões a seguir. Se possível, entreviste empreendedores para ajudar você nas respostas.

1. Descreva as vantagens e desvantagens de adquirir um negócio existente.
2. Ao adquirir um negócio existente, que aspectos merecem atenção especial?
3. Quais as formas de desenvolver um novo produto?
4. Descreva os fatores-chave para o êxito no desenvolvimento de novos produtos.
5. Quais os tipos de nome empresarial?
6. Quais são as possíveis espécies e naturezas jurídicas?
7. Explique o sistema de franquia, descrevendo suas vantagens e desvantagens.
8. Na importação, que estratégias podem ser seguidas?
9. O que é exportação e quais as suas vantagens?
10. Quais as formas de investimento internacional?

Estudo de caso — Space Adventures[3]

Criada em 1998 por Eric Anderson, Space Adventures é a primeira e única empresa do mundo no ramo da exploração privada do espaço — ou turismo espacial. Seus equipamentos são de confiabilidade comprovada e sua equipe inclui astronautas e cosmonautas profissionais. Seus clientes já acumularam mais de dois meses de permanência na Estação Espacial Internacional.

A empresa declara que sua missão é "abrir o voo espacial e a fronteira do espaço para os cidadãos particulares, mas sua visão vai além do turismo espacial. Nossa meta é beneficiar não apenas os cidadãos particulares que voam para o espaço, mas ajudar a tornar os recursos do espaço acessíveis a toda a humanidade."

3 Traduzido e adaptado de <http://spaceadventures.com> e de Cauley, Leslie (2007) "He's over the moon about space as a tourist mecca". *USA Today*, Monday, October 8, p. 1B-2B.

Linha de produtos

Os produtos da Space Adventures são os seguintes: Missão Lunar, voos orbitais, voos suborbitais, voos de gravidade zero, circuito do lançamento em Baikonur e treinamento de astronauta,

Missão lunar

A missão lunar, que só existe nos planos, consiste de um voo ao redor da Lua, usando tecnologia russa. Primeiro, uma nave Soyuz o levará até a órbita da Terra. Em seguida, uma nave, não tripulada, subirá para se encontrar com aquela na qual você já se encontra, dando a esta o impulso para que você prossiga em sua 'majestática' viagem. Preço: 100 milhões de dólares por passageiro — são dois em cada viagem.

Voos orbitais

"O voo orbital é uma das experiências mais impressionantes que uma pessoa pode ter." Em órbita, o cliente está voando a mais de 300 quilômetros de altitude e a mais de 27 mil quilômetros por hora. Não há gravidade, o que já é uma emoção em si. A Space Adventures fornece um treinamento de cerca de quatro meses para o voo, usando instalações, simuladores e métodos apropriados. Esse tempo de preparação é um grande obstáculo para muitos clientes potenciais; o preço, não. A viagem até a Estação Espacial Internacional é feita em espaçonaves Soyuz e dura cerca de 10 dias. Até 2010, sete pessoas fizeram a viagem. Uma delas, Charles Simonyi, desenvolvedor do Word e do Excel, duas vezes. Preço: 35 milhões de dólares.

Voo suborbital

O voo suborbital é uma viagem de alguns minutos, na qual o cliente sobe a uma altura de 100 quilômetros. Antes de começar a descida, o passageiro experimenta a sensação de falta de peso, enquanto aprecia a negra imensidão do espaço e o azul do horizonte da Terra. A viagem é precedida por alguns dias de treinamento para garantir que o passageiro esteja preparado. O serviço é fornecido por meio de uma parceria com outra empresa dos Estados Unidos, a Armadillo Aerospace. Preço: 102 mil dólares.

Voos de gravidade zero

Os voos de gravidade zero são feitos nos Estados Unidos, em parceria com a empresa Zero-G. Em um Boeing 727, especialmente modificado, o passageiro é levado em trajetórias parabólicas, que criam a sensação de falta de peso e permitem acrobacias. O tempo da experiência da falta de peso é de cerca de oito minutos. Preço: 4.950 dólares por cabeça.

Circuito do lançamento

O passeio no circuito do lançamento é feito no centro espacial de Baikonur, na Rússia. Você poderá observar a equipe de cosmonautas em preparação para ir até a estação espacial e assistir ao lançamento de uma distância de 1.500 metros. O passeio compreende traslados em Moscou, viagem até Baikonur, hospedagem em hotel de luxo etc. Preço: 20 mil dólares por pessoa.

Treinamento de astronauta

O treinamento de astronauta custa 89.500 dólares por pessoa e é feito na Rússia. Engloba exames médicos, treinamento para usar o traje espacial, treinamento de passeio espacial na piscina (você precisa ser mergulhador certificado para isso), uso de diferente simuladores, transporte e hospedagem em hotel de luxo. Você também pode comprar esses serviços um a um.

A Space Adventures atende a cerca de mil clientes por ano. Entre eles há funcionários de empresas, que compram os serviços como prêmio, treinamento ou promoção de marketing. A Volkswagen do Brasil, por exemplo, em 2004, ofereceu um voo suborbital e 12 voos de gravidade zero em uma campanha promocional.

O empreendedor

Filho de um empreendedor do ramo imobiliário, Eric Anderson fundou a empresa quando tinha 23 anos. Inicialmente, oferecia voos em aviões Mig de caça, voos de gravidade zero e os passeios nas bases russas de lançamento. No ano 2000, a empresa fez com a agência espacial russa o acordo que lhe permitiu entrar em seu ramo singular de negócios. Os russos precisavam de dinheiro e de um agente de vendas para fazer o marketing das viagens privadas ao espaço. Foi quando surgiu Anderson, que aproveitou a oportunidade e criou a primeira empresa do gênero. Em 2001, o primeiro cliente subiu ao espaço. Três anos depois do acordo, a empresa já era lucrativa.

Desde criança, ele sonhava em ser astronauta, mas a visão deficiente o impediu de passar nos exames da Força Aérea e realizar seu sonho. Estudou engenharia aeroespacial na Universidade da Virginia. Formando-se, em 1996, entrou para uma empresa de software, da qual saiu um ano e meio depois para se dedicar aos negócios. "Eu queria criar um negócio, e não apenas escrever o software do negócio de outra pessoa", diz ele.

Para ele, o turismo é apenas o começo do desenvolvimento do espaço. Ele acredita que o espaço possa ser comercializado e aberto a mais cidadãos do que seus clientes atuais. "O mercado, o empreendedorismo e o investimento aumentaram neste ramo. Muitas coisas interessantes acontecerão nos próximos anos."

Questões:

1. Que fatores foram determinantes na decisão de criar a Space Adventures?
2. Descreva o processo de criação dessa empresa.
3. De que tipo de empresa se trata?
4. Com base nas informações disponíveis nesse relato, o que se pode deduzir sobre o perfil comportamental do empreendedor?
5. Como se explica o sucesso da empresa?
6. Quais foram as principais etapas no processo de criação da empresa? Que avaliação o empreendedor fez para decidir lançar o empreendimento?
7. O que se pode deduzir sobre a empresa Space Adventures como sistema? Quais são seus insumos, processos e resultados?
8. Descreva o funcionamento da empresa.
9. O que se aprende sobre empreendedorismo com esse caso?

CAPÍTULO 3

O QUE É PRECISO SABER SOBRE CONJUNTURA ECONÔMICA

OBJETIVOS

Ao completar o estudo deste capítulo, você deverá ser capaz de explicar e utilizar as seguintes ideias:

- Influência do ambiente econômico sobre o empreendedorismo.
- Condições e componentes do ambiente econômico.

3.1 Ambiente econômico saudável

Um ambiente econômico saudável é condição básica para estimular investimentos na criação de empresas. O ambiente econômico é saudável quando há incentivo para a iniciativa privada e os empreendedores potenciais percebem que vale a pena correr riscos, porque há uma chance razoável de recuperar seu investimento com lucro. Uma parte importante dessa percepção dos empreendedores depende das condições criadas pelo governo.

Por exemplo:

- *Carga tributária justa*. O governo pode diminuir os riscos dos novos negócios por meio da redução da carga tributária. O excesso de tributos estrangula e afugenta os empreendedores, que procuram as condições mais favoráveis para o retorno do investimento. As locadoras de automóveis preferem estabelecer-se no Paraná, onde o IPVA é menor, do que no estado de São Paulo, que tem o maior mercado. As empresas prestadoras de serviços fogem para as cidades ao redor da capital de São Paulo, em virtude do ISS menor. Quando não há alternativa, o retorno do investimento não compensa o risco, o que pode levar os empreendedores para a informalidade.

- *Combate à corrupção.* A corrupção prejudica os negócios de diversas maneiras. As violações da lei são estimuladas, os custos aumentam e as condições de concorrência tornam-se desequilibradas sempre que alguém cria dificuldades para vender facilidades ou quando alguém recebe dinheiro para promover a ilegalidade. No extremo, a sociedade se desagrega. Uma das contribuições mais importantes que o governo pode oferecer à sociedade é combater a corrupção no mundo dos negócios e entre os funcionários públicos.
- *Estabilidade legal.* A terceira condição que compõe um ambiente econômico saudável é a estabilidade da legislação e do funcionamento da justiça. Se os contratos não são respeitados, se a aplicação da lei depende dos caprichos dos governantes ou se as leis mudam a todo momento, o ambiente torna-se ameaçador para o empreendedorismo. Sai um ministro e entra outro que, logo no primeiro dia, manifesta-se contra uma regra criada ou respeitada por seu antecessor. A Polícia Federal presta-se a operações cinematográficas de prisão de empresários, no momento em que é divulgada a corrupção em larga escala no governo. Um sistema legal estável e eficaz é componente essencial de um ambiente econômico favorável aos investimentos em negócios.
- *Atitude positiva em relação ao empreendedorismo.* Encarar os empreendedores de forma positiva, como promotores do desenvolvimento e não como infratores em potencial, é essencial para estimular novos negócios e o crescimento econômico. A iniciativa privada e o lucro precisam ser vistos como ferramentas para recompensar a tomada de riscos e como direitos dos cidadãos. Ao mesmo tempo, o empreendedorismo deve ser apresentado como uma opção de carreira. Se a educação incentiva a busca do emprego, o espírito empreendedor é cerceado. Felizmente, a oferta de cursos de empreendedorismo nas escolas técnicas e nos cursos universitários é uma tendência que atende aos estudantes com motivação para criar novos negócios.

3.2 Condições do ambiente econômico

Em termos objetivos, o ambiente econômico compreende basicamente três condições: conjuntura econômica, conjuntura do mercado e conjuntura global. Para iniciar o estudo desses três aspectos do ambiente, é importante recapitular alguns conceitos básicos de economia. Os conceitos básicos que todo empreendedor deve conhecer são: mercado, concorrência, demanda e oferta.

3.2.1 Conceitos básicos de economia[1]

Mercado

Mercado é o mecanismo de troca entre compradores e vendedores de bens e serviços. A demanda é determinada pelos compradores e a oferta, pelos vendedores. O mercado é um conceito onipresente no mundo dos negócios. A maioria dos mercados é competitiva, com muitos compradores e vendedores. Nesses casos, as ações isoladas de agentes, em um dos dois lados, não influenciam o comportamento do mercado.

Concorrência

Para a teoria econômica, há quatro níveis de concorrência: concorrência perfeita, concorrência monopolística, oligopólio e monopólio.

- *Concorrência perfeita.* Ocorre quando os bens oferecidos são iguais e os compradores e vendedores são numerosos, a ponto de não influenciarem os preços individualmente. Alguns produtos agrícolas podem ser usados como exemplos, pois há centenas ou milhares de produtores e milhões de compradores.

- *Concorrência monopolística.* Ocorre no mercado em que existem muitos consumidores e um número reduzido de produtores, que oferecem produtos semelhantes. Por causa disso, os produtores podem, de certa forma, determinar os preços de seus produtos. Exemplos desse tipo de concorrência ocorrem na indústria automobilística e no fornecimento de derivados de petróleo.

- *Oligopólio.* Ocorre quando há poucos vendedores que não têm intenção de concorrer entre si. A indústria de cigarros é um exemplo desse tipo de concorrência.

- *Monopólio.* Ocorre quando apenas um produtor ou prestador de serviços controla os preços. São exemplos as companhias de energia elétrica locais e as concessionárias de rodovias privatizadas.

Demanda

A demanda caracteriza o comportamento dos compradores. A quantidade demandada de um bem ou serviço é a quantidade que os compradores desejam e podem comprar. A demanda de mercado é o somatório das quantidades individuais demandadas pelos membros de uma população.

Vários fatores influenciam a demanda por determinados bens. O mercado de refrigerantes fornece um bom exemplo. Refrigerantes são consumidos praticamente todos os dias pela maioria da população e refletem adequadamente cada um dos aspectos que influenciam a demanda individual. Os principais fatores que influenciam a demanda são: preço, renda, preço de bens relacionados e gosto.

- *Preço.* É a variável que mais influencia a quantidade demandada de um bem. Compõe o que é chamado pelos economistas de **Lei da demanda** — o princípio de que os consumidores comprarão mais se o preço diminuir e menos se o preço aumentar. Poucas pessoas estariam dispostas a comprar um litro de refrigerante a

1 MANKIW, N. G. *Introdução à economia.* Rio de Janeiro: Campus, 1999.

R$ 100,00, mas, se o preço do litro fosse R$ 0,50, o número de consumidores ou o número de litros adquiridos por consumidor aumentaria.

- *Renda.* Se, por algum motivo, o orçamento familiar fosse prejudicado pela diminuição da renda, a demanda pela maioria dos bens, principalmente supérfluos, como os refrigerantes, tenderia a diminuir.

- *Preço de bens relacionados.* Se o preço dos refrigerantes permanecesse constante e o de um sucedâneo, como suco natural de frutas, diminuísse, provavelmente a demanda de refrigerantes diminuiria e a de sucos naturais aumentaria. Ambos atendem ao mesmo tipo de consumidor, têm características semelhantes, e o suco ainda tem a vantagem de ser mais saudável. O mesmo aconteceria se o preço do refrigerante aumentasse e o do sucedâneo permanecesse estável ou diminuísse.

- *Gosto.* O gosto é o mais importante aspecto para compor a demanda. De nada adiantaria lançar um refrigerante que custasse R$ 0,50 o litro, mas que não agradasse os compradores. Do ponto de vista do preço, seria um produto interessante. Entretanto, dificilmente haveria demanda para um produto sem sintonia com seus compradores potenciais. Talvez seja essa a razão pela qual determinados produtos, como as pizzas da franquia Pizza Hut, nunca tiveram sucesso em São Paulo, onde há milhares de fornecedores de alta qualidade e um público com gosto muito definido.

Oferta

A oferta de qualquer bem ou serviço é a quantidade que os vendedores estão dispostos e podem vender. A oferta de mercado é o somatório das quantidades individuais oferecidas pelos fornecedores de determinados produtos ou serviços. Assim como ocorre com a demanda, diversos fatores influenciam a oferta. Preço de venda, preço dos insumos e tecnologia são os principais deles.

- *Preço de venda.* É um dos principais fatores determinantes da quantidade oferecida. Quando o produto é oferecido a preço atraente para os vendedores, em relação ao custo de fabricação, sua venda é lucrativa. Isso estimula o oferecimento de maior quantidade desse produto. Se o produto for oferecido a preço baixo, comparado ao custo de fabricação, a venda deixa de ser lucrativa e a quantidade oferecida será menor. Há formas de apurar até que ponto a fabricação é vantajosa e em que ponto ela deixa de ser viável, sendo a melhor opção interrompê-la. A variável preço também compõe a chamada **Lei da oferta**, segundo a qual a quantidade oferecida de um bem ou serviço aumenta quando seu preço aumenta.

- *Preço dos insumos.* A produção de refrigerantes requer inúmeros insumos: garrafas, água gaseificada, xaropes, essências, aromatizantes, corantes, máquinas para misturar os ingredientes e engarrafar o produto, recipientes para estocagem, mão de obra e assim por diante. Quando o preço de algum dos insumos aumenta, a oferta do produto diminui, porque a produção se torna menos lucrativa.

- *Tecnologia.* Quando um produtor de refrigerantes desenvolve uma máquina que diminui o desperdício durante o envasamento ou um novo reagente que acelera a produção, o custo diminui e a quantidade oferecida aumenta, pois o processo se torna mais lucrativo.

Curvas de demanda e oferta

Para estudar as propriedades da demanda e da oferta, acompanhe agora um exemplo do que acontece quando o preço varia e os demais fatores permanecem constantes (Tabela 3.1 e Figura 3.1). Ao preço de R$ 0,50 por litro, há uma demanda de dez mil litros de refrigerante. Não há, porém, nenhum produtor disposto a vender por esse preço. Se o preço aumentar para R$ 1,50 por litro, haverá uma demanda de seis mil litros, mas por esse preço os produtores só estão dispostos a vender dois mil litros. Já se o preço subir para R$ 2,50 por litro, os produtores estarão dispostos a vender seis mil litros, mas os consumidores só estarão dispostos a comprar dois mil litros. E, por último, se o preço estipulado for de R$ 3,50 por litro, os produtores ficarão dispostos a vender dez mil litros de refrigerante, mas os consumidores não estarão dispostos a comprar nenhum litro por esse valor.

A partir desses dados, pode-se montar um gráfico para visualizar a relação entre a oferta e a demanda. No eixo das abscissas são colocadas as quantidades e, no eixo das ordenadas, o preço de venda. Na Figura 3.2, a curva da demanda mostra quantos litros de refrigerante os consumidores estarão dispostos a comprar em função do preço. Ou seja, a demanda aumenta à medida que os preços diminuem. Na Figura 3.3, a curva da oferta mostra quantos litros de refrigerante os produtores estão dispostos a vender em função do preço. Ou seja, a oferta aumenta à medida que os preços aumentam.

Quando os dois gráficos são postos no mesmo plano (Figura 3.3), o ponto de interseção recebe o nome de **ponto de equilíbrio**, ou **preço de mercado**. Esse é o ponto em que a quantidade de bens ou serviços demandados e a quantidade de bens ou serviços ofertados são iguais. No exemplo utilizado, o preço de equilíbrio é R$ 2,00 e a quantidade de equilíbrio, quatro mil litros.

3.2.2 Conjuntura econômica[2]

Há três fatores macroeconômicos que afetam o desempenho de qualquer negócio: crescimento econômico, inflação ou deflação e taxa de juros (Figura 3.4).

Tabela 3-1 **Preços e quantidades**

Preço do litro de refrigerante (R$)	Quantidade demandada	Quantidade oferecida
0,50	10.000	0
1,00	8.000	0
1,50	6.000	2.000
2,00	4.000	4.000
2,50	2.000	6.000
3,00	0	8.000
3,50	0	10.000

2 MADURA, Jeff. *Business*. Cincinnati: South-Western, 2001. BOVÉE, Courtland L. & THILL, John V. *Business in action*. Upper Saddle River: Prentice Hall, 2001.

Figura 3-1 **Curva de demanda**

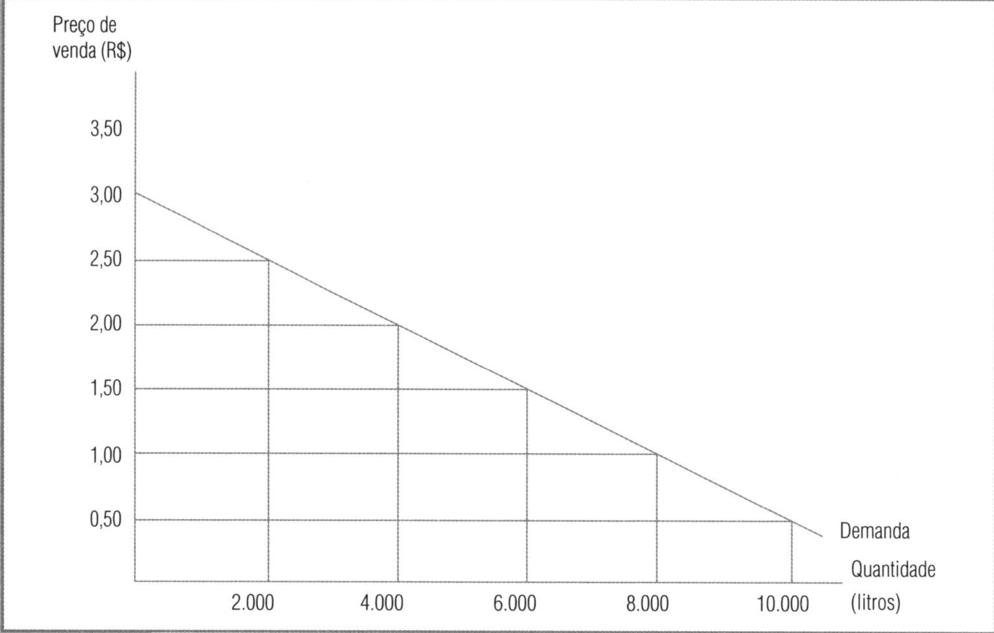

Figura 3-2 **Curva de oferta**

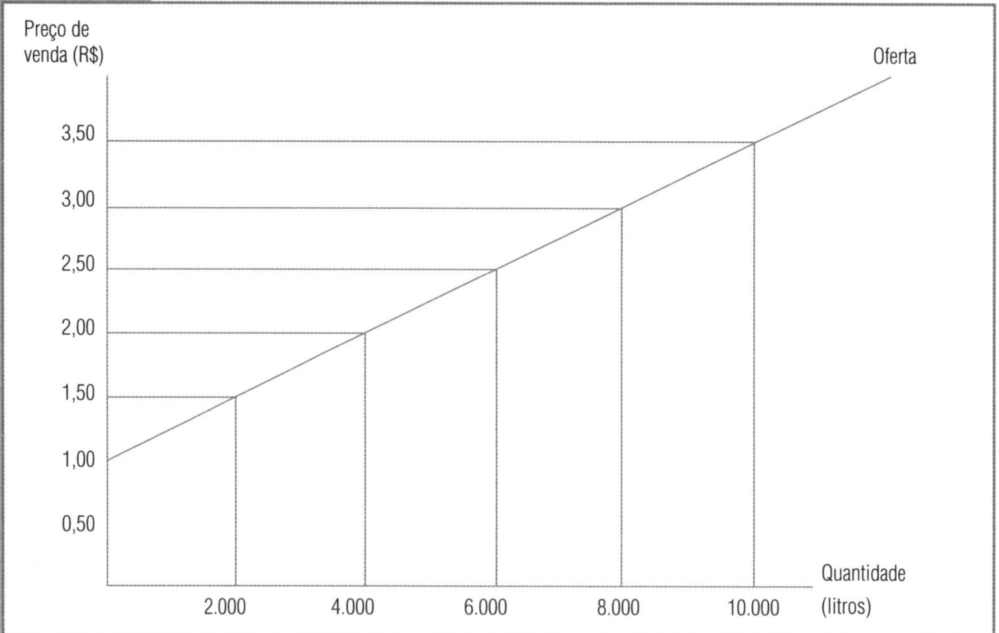

Figura 3-3 **Ponto de equilíbrio**

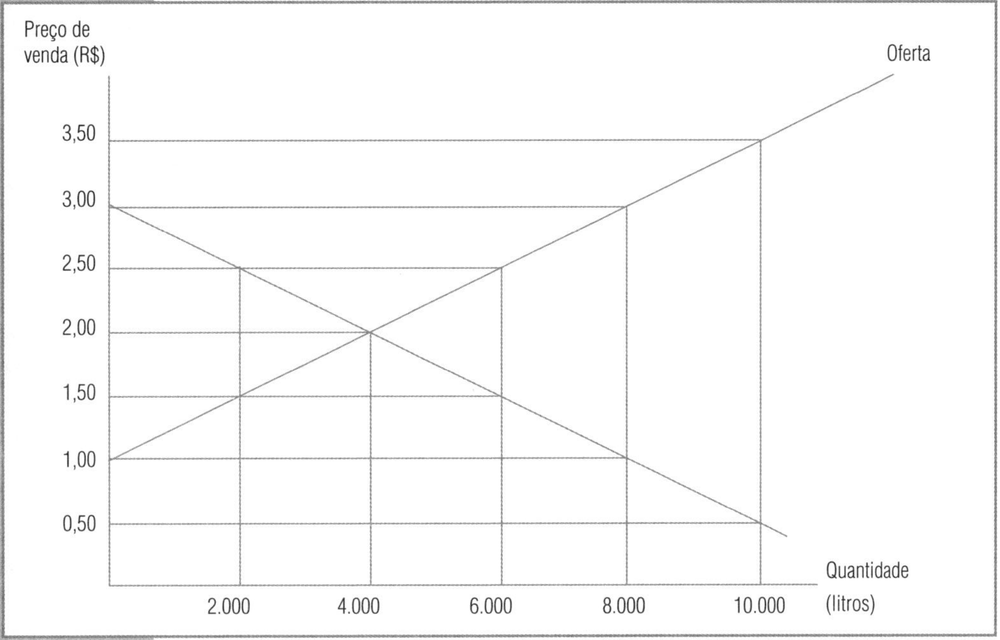

Figura 3-4 **Fatores macroeconômicos que afetam o desempenho do negócio**

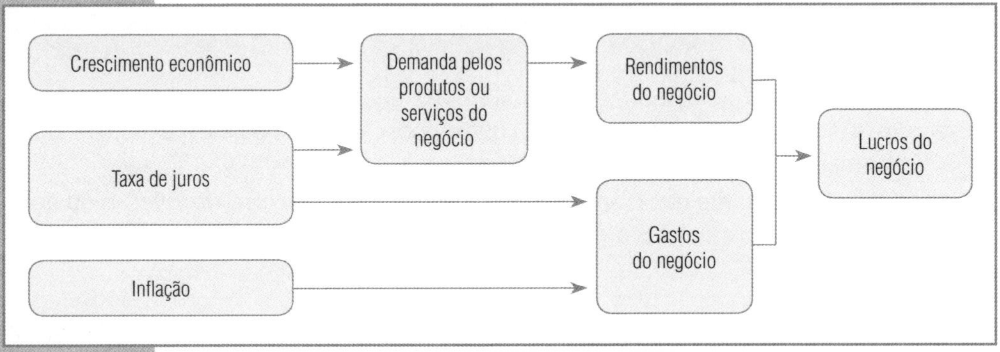

Crescimento econômico

Um dos principais fatores econômicos que influenciam o desempenho das empresas é o crescimento econômico ou a mudança no nível geral da atividade econômica. A forma mais comum de medir o crescimento da economia é o PIB (Produto Interno Bruto). O PIB é o valor de mercado de todos os bens e serviços finais produzidos em um país em dado período de tempo. Assim, o aumento ou a porcentagem de aumento do PIB, de um período para outro, representa o crescimento econômico. Uma medida alternativa que indica o crescimento econômico é o nível de desemprego do país. Quanto menor o nível de desemprego, maior é o crescimento econômico que absorve mão de obra. Em contrapartida, quanto maior o nível de desemprego, menor é o crescimento econômico. Quando o crescimento econômico é negativo por dois trimestres consecutivos, o período é chamado de recessão.

Um dos elementos que fazem parte do PIB é o consumo, que representa as despesas das famílias com bens e serviços. Por isso, um elevado crescimento econômico aumenta o bem-estar econômico e, dessa forma, os rendimentos dos empreendedores. Por outro lado, a ausência ou a fragilidade do crescimento econômico resulta em baixa demanda por produtos e serviços, que reduz as receitas e os lucros dos negócios.

Algumas empresas são mais sensíveis do que outras às condições econômicas, em decorrência do impacto sobre a demanda de seus produtos e serviços. Por exemplo, a demanda por arroz e feijão é menos suscetível às condições econômicas, pois as pessoas não podem parar de comprar esses alimentos básicos mesmo que a economia esteja fraca e sua renda caia. Por outro lado, quando o crescimento econômico está em baixa, a demanda por automóveis declina.

É desnecessário enfatizar que os empreendedores devem monitorar as variações do crescimento econômico a fim de administrar adequadamente o empreendimento.

Inflação ou deflação

As mudanças de preços, especialmente o aumento destes, representam outro importante indicador econômico. Em um período de aumento de preços, o poder aquisitivo da moeda cai, ou seja, compram-se menos itens em um período do que se compravam no período anterior. Esse fenômeno é a inflação.

A inflação é o aumento geral do nível dos preços de produtos e serviços em um certo período de tempo. A inflação pode afetar toda a atividade operacional do empreendimento ao aumentar os custos de materiais, insumos e salários dos funcionários. Além disso, o aumento dos custos de produção acarreta aumento nos preços dos produtos e serviços aos clientes finais.

A deflação, por outro lado, é um declínio substancial no nível geral dos preços de bens e serviços. Ao contrário da inflação, significa que o poder aquisitivo da moeda aumenta: pode-se comprar mais amanhã do que se compra hoje.

É muito importante que o empreendedor esteja atento ao nível de inflação ou deflação, pois esses índices econômicos afetam todo o custo da produção e dos serviços.

Taxa de juros

A taxa de juros representa o custo do empréstimo de dinheiro. Os empreendedores devem estar sempre atentos à taxa de juros, que determina o quanto se pagará por um empréstimo. Além disso, a taxa de juros também afeta os rendimentos do empreendimento. Por exemplo, um empreendimento comercial, com o aumento da taxa de juros, tem de repassar esse aumento para as parcelas de pagamentos a prazo, o que causa redução da demanda.

Por representar o custo da obtenção de empréstimos, a taxa de juros pode ser um fator determinante na viabilização de empreendimentos. Taxas de juros elevadas podem impedir a criação de empreendimentos, pois o retorno do investimento pode não cobrir os custos do financiamento. No Brasil, a taxa básica de juros é a taxa Selic, determinada pelo Banco Central brasileiro. Existe uma reunião mensal na qual se determina a mudança ou a manutenção dessa taxa.

3.2.3 Conjuntura de mercado

A conjuntura do mercado compõe-se de quatro fatores: demanda de produtos e serviços, competição no mercado, mercado de trabalho e regulamentação governamental.

Demanda de produtos e serviços

A demanda por produtos e serviços tem influência significativa no desempenho do empreendimento. A demanda pode ser afetada pelo ambiente macroeconômico, como foi explicado anteriormente. Há outros fatores que influenciam a demanda de produtos e serviços e que precisam ser monitorados pelos empreendedores, como a renda e as preferências do consumidor. Um exemplo claro da importância desses fatores ocorreu nos últimos anos com a indústria automobilística. A preferência dos consumidores dirigiu-se substancialmente para as minivans, o que favoreceu as montadoras que vendem esses modelos de veículos.

Competição no mercado

Cada empresa atua em um determinado segmento ou subconjunto do mercado e do ambiente (também chamado ***nicho***), que reflete a definição de seu **modelo de negócio** e de seus padrões de qualidade. Em cada ramo de atividade e em cada nicho, várias empresas competem por consumidores para seus produtos. O nível de competitividade varia com a quantidade de empresas e suas vantagens competitivas. Quando o empreendimento enfrenta poucos concorrentes, a lucratividade tende a ser maior. Se existe alta competição no mercado, o efeito é oposto.

O empreendedor deve conhecer os concorrentes no mercado no qual pretende ingressar e determinar as chances reais de obter êxito no empreendimento e sobreviver. Portanto, o empreendedor deve ter muita clareza em relação ao ***nicho*** no qual atua, para acompanhar seus concorrentes e suas vantagens competitivas e desenvolver as suas próprias.

Mercado de trabalho

Algumas empresas têm características especiais em sua força de trabalho. Os custos de mão de obra são maiores em setores específicos, como o da saúde, que requerem habilidades específicas. A existência de sindicatos também aumenta os custos da força de trabalho, além de possibilitar a ocorrência de greves. Conhecer o mercado de mão de obra de que o empreendimento necessitará pode ajudar o empreendedor a estimar os custos do negócio.

Regulamentação governamental

Todas as atividades produtivas, comerciais e prestadoras de serviços estão sujeitas a algum tipo de regulamentação. A regulamentação pode ser mais restrita em alguns ramos de atividade do que em outras. A indústria química, por exemplo, sofre maior regulamentação por causa de seus efeitos sobre o meio ambiente e das condições de trabalho.

Um empreendedor que deseja entrar em uma determinada atividade deve examinar todas as regulamentações impostas na atividade escolhida. Além disso, deve estar atento a uma possível mudança nas normas.

3.2.4 Conjuntura global

Muito da palavra **globalização** significa o aumento da competição internacional e do livre comércio entre países. Já faz tempo que produtos com marcas americanas e europeias são fabricados por empresas do Sudeste Asiático e distribuídos em todo o mundo. Roupas italianas e facas de cozinha alemãs são *made in China*. Automóveis americanos, europeus, japoneses e coreanos são trocados entre os países do Mercosul, em nome da integração. Há churrascarias brasileiras em todo o mundo (algumas delas de proprietários estrangeiros), assim como aviões da Embraer. Nada disso seria possível sem a liberdade comercial e sem vantagens competitivas, principalmente alta qualidade e preço baixo.

A concorrência global devastou empresas em todo o mundo, mas seus benefícios são imensos. Ninguém ficou parado. Os padrões de qualidade e eficiência criados por americanos e japoneses tornaram-se universais, trazendo consigo a preocupação com a qualificação da mão de obra e com o melhor aproveitamento dos recursos. A ideia do aprimoramento contínuo fez nascer uma busca sem fim pela elevação dos padrões em todas as áreas da administração das empresas. Além disso, as empresas aprenderam a buscar o melhor em qualquer lugar e a colaborar, formando parcerias que ficam acima de diferenças e mesmo de rivalidades tradicionais.

Globalização e concorrência

Dificilmente uma empresa pode ficar à margem do processo de globalização. Com a liberalização do comércio, vem a liberdade de acesso a bens e serviços por parte dos consumidores, que (felizmente) podem escolher, ao contrário do que ocorre em economias fechadas ou dominadas por monopólios estatais. Com a liberdade de escolha, o consumidor acostuma-se com o melhor, o que se torna uma motivação para a concorrência. Para ter sucesso, o empreendedor, em praticamente qualquer ramo de negócios, precisa orientar-se pelos padrões da *empresa de classe mundial*. Se você resolve abrir uma lanchonete, seu concorrente é o McDonald's, porque o consumidor pode escolher entre os dois. Ou seja, em muitos casos, para ter sucesso localmente a empresa precisa ter atributos que a tornariam competitiva em qualquer lugar do planeta.

Se a empresa decide lançar-se no mercado internacional, o cenário fica mais complexo. Participar do mercado internacional é uma perspectiva concreta para muitos empreendedores. Basicamente, o empreendedor pode participar do mercado internacional de duas formas: exportação e importação. A importação refere-se à aquisição de produtos e serviços estrangeiros; a exportação é a venda de produtos e serviços para compradores residentes em outros países. Há outras modalidades que podem ser consideradas, como a parceria com empresas estrangeiras ou a compra de empresas no exterior.

Quando o empreendedor se empenha em entrar no mercado internacional, deve considerar as seguintes características do país com o qual quer negociar: cultura, condições econômicas, taxa de câmbio, legislação e política.

Cultura

O empreendedor deve aprender a cultura do país no qual pretende fazer negócios, de forma a produzir produtos e oferecer serviços adequados aos futuros consumidores e clientes. Uma decisão que não considere fatores culturais pode ser determinante para o fracasso do negócio.

A manifestação mais visível e concreta da cultura é a língua. Algumas mudanças exigidas pela diferença de idioma são óbvias, como os ajustes nas embalagens, símbolos e logos. No entanto, a comunicação efetiva com clientes do exterior exige o completo domínio de seu idioma. Isso pode exigir a contratação de pessoas nativas dos países com os quais há transações, para desempenhar tarefas principalmente de negociação.

Outras diferenças culturais são determinadas por hábitos, crenças e atitudes em relação aos produtos. O McDonald's, por exemplo, vende hambúrguer vegetal na Índia, em vez do tradicional hambúrguer de carne bovina. No Brasil, por sua vez, os exportadores de frango beneficiam a carne direcionada a Meca, para poder atuar nos mercados muçulmanos do Oriente Médio. Ao trabalhar com a carne que vai ser exportada para os mercados muçulmanos, os açougueiros têm de estar em direção à Meca.

Além disso, um amplo e variado valor de diferenças culturais sutis pode afetar as operações internacionais. Por exemplo, no Brasil as compras de mantimentos são predominantes nos fins de semana, ao passo que, na Europa, constituem uma atividade diária.

Condições econômicas

Para prever a demanda por seus produtos, o empreendedor deve estar atento às condições econômicas do país ou dos países com os quais negocia, como fazem no monitoramento das condições econômicas nacionais.

Os principais fatores econômicos a serem monitorados pelo empreendedor são o crescimento econômico e a inflação nos países com os quais têm negócios.

Taxa cambial

Cada país tem sua moeda, mas a moeda comercial do planeta Terra é o dólar dos Estados Unidos da América. Assim, toda moeda tem sua cotação em relação ao dólar, e essa cotação varia constantemente. O empreendedor que participa do mercado internacional sempre precisa verificar a variação da moeda em relação à moeda do país com o qual negocia. Por exemplo, o valor em reais de que uma empresa brasileira necessita para comprar suprimentos pode mudar, mesmo que o atual preço dos suprimentos não tenha mudado. Essa variação de preço em reais dos suprimentos comprados em outros países é decorrente da taxa cambial entre as moedas.

Legislação e política

Os governos podem interferir nos negócios internacionais de várias formas. Podem, por exemplo, impor certas condições nos negócios entre suas fronteiras ou mesmo proibir certos negócios. Além disso, podem controlar o fluxo de capital e usar taxas legais para encorajar ou desencorajar a atividade internacional. Algumas formas legais e políticas dos governos sobre os negócios internacionais são as seguintes:

- *Cota*. Imposição que restringe o número de produtos de certos tipos que podem ser importados para o país. É uma forma de proteger os produtores domésticos.
- *Embargo*. Ordem de proibir a exportação e/ou a importação de determinado produto ou mesmo de todos os produtos de um certo país. Muitos países utilizam-se do embargo ao proibirem certos produtos agrícolas, com o objetivo de se defender de bactérias e doenças.

- *Tarifas*. É a taxa de importação de produtos. As tarifas aumentam diretamente os preços dos produtos importados. Podem ser tarifas para arrecadação do governo ou tarifas protecionistas, que dificultam a importação de certos produtos.
- *Subsídios*. Colaboração financeira dos governos para ajudar os empreendedores nacionais a competir com empresas estrangeiras. Os subsídios diminuem os preços dos produtos nacionais em relação aos produtos similares importados.

Além das formas legais de cada país, o empreendedor deve estar atento às condições políticas dos países com os quais negocia. **Risco político** representa o risco de que a situação política de um país afete os negócios de forma adversa. Crises políticas têm ocorrido em muitos países da América Latina, do Leste Europeu e do Sudeste Asiático.

Os empreendedores devem entender como as características de governos do exterior podem afetar seus negócios em outros países. Governos podem impor inesperadamente taxas para envio dos rendimentos de subsidiárias para as empresas matrizes, impor taxas extras ou, ainda, aumentar as taxas alfandegárias. Além disso, crises políticas que ponham em risco a estabilidade do país dificultam a manutenção de qualquer negócio. Em hipótese extrema, os governos podem também confiscar as propriedades locais de companhias estrangeiras.

Questões para seu plano de negócios

1. Quais são as principais variáveis econômicas que afetam sua empresa — mercado, concorrência etc.?
2. De que maneira essas variáveis afetam seu negócio?
3. Onde estão as principais fontes de informação sobre essas condições?

Questões para estudo

Usando suas próprias palavras, responda às questões a seguir. Se possível, entreviste empreendedores para ajudar você nas respostas.

1. Defina monopólio e cite um exemplo.
2. Quais fatores influenciam a demanda individual? E a oferta individual?
3. O que estabelece o preço de mercado ou ponto de equilíbrio?
4. Como se mede o crescimento econômico de um país?
5. Qual a importância da taxa de juros para o empreendedor?
6. Quais são os dois fatores aos quais os empreendedores devem estar atentos para competir de forma adequada em seu ramo de atividade? Explique.
7. Cite um exemplo de como a cultura de um país externo influencia os negócios com um empreendedor local na forma de produzir e servir.
8. Qual a importância da taxa cambial para um empreendedor que participa do mercado internacional?
9. Como os governos podem interferir nos negócios internacionais?
10. Explique como as tarifas ou cotas afetam os preços dos produtos importados.

Estudo de caso — SoluCia[3]

Os 180 funcionários da unidade da Basf de Resende, no estado do Rio de Janeiro, realizaram o que é provavelmente o sonho de muitos profissionais: comandar um negócio próprio.

O complexo industrial de Resende foi adquirido pela Basf da American Cyanamid em 2001. Após a avaliação do potencial da unidade, a Basf concluiu que não estava no foco de ações da empresa. A opção foi investir na unidade de Guaratinguetá, em São Paulo. As alternativas eram fechar ou vender a fábrica. Depois de dois anos tentando encontrar um comprador, a Basf viu surgir a possibilidade de vender a empresa para os próprios funcionários. Foi então desenvolvido o Projeto EBO (***Employees Buy Out***), com o time de líderes da fábrica.

Participação e gestão

No dia 2 de fevereiro de 2004, a Basf anunciou a venda dessa unidade para seus funcionários. Todos os 180 empregados aderiram e usaram parte de seu FGTS e da verba de rescisão de contratos para comprar ações da nova empresa, chamada SoluCia. O acordo foi finalizado um dia antes. O BNDES decidiu financiar a compra, classificando o projeto como inclusão social. O diretor de manufatura da Basf para a América Latina, que comandava a fábrica, tornou-se o presidente da SoluCia. Todos os gerentes foram promovidos a diretores. Tiveram de ser criadas áreas antes centralizadas na Basf, como recursos humanos e comunicação.

A participação dos funcionários na empresa foi definida de acordo com o volume de ações. Todos os funcionários, desde o auxiliar de produção até o presidente, tinham ações. A distribuição dos papéis foi proporcional à folha de pagamento. A empresa continuou sendo de capital fechado e, se um funcionário saísse, precisaria vender sua participação. Para os novos funcionários, haveria uma carência de três anos até que se comprovasse o interesse de sua permanência, tornando-os elegíveis para a compra de papéis com desconto sobre o valor de mercado. A SoluCia criou um conselho consultor, formado por funcionários eleitos de todas as áreas da empresa, para aprovar as decisões da administração. O conselho faria sugestões e aprovaria os desligamentos, à semelhança das empresas alemãs com comissões de fábrica.

Segundo o presidente, "este modelo torna os empregados acionistas. Com o tempo, estes papéis irão se valorizar imensamente e o funcionário poderá formar um patrimônio, tendo participação nos lucros e recebendo os dividendos da empresa. O acordo inédito entre Basf e seus funcionários da Unidade Resende revelou grande importância social por assegurar a manutenção do quadro de trabalhadores e criar um ambiente que permite a participação de cada colaborador no crescimento da SoluCia. Esse processo estabelece uma companhia sustentável, preserva salários e benefícios e possibilita a abertura de novos postos de trabalho já ao longo do ano."

Modelo de negócio

A Basf seria o principal cliente da empresa, com 50 por cento das vendas, mas já estavam sendo negociados contratos com outras empresas, nacionais e multinacionais. A empresa seria uma prestadora de serviços para indústrias de produtos agroquímicos, intermediários para os ramos alimentício e farmacêutico. Com excelência em serviços de manufatura, seria especializada

---

3 Adaptado e desenvolvido com base em: <http://www.estadao.com.br/agronegocios/noticias/index.htm?NotCodigo=1000>, <http://www.basf.com.br/item.asp?id=41272> e FALEIROS, Marina. Fábrica da Basf é dos empregados. *O Estado de S. Paulo*, caderno Economia e Negócios, quinta-feira, 3 fev. 2005, p. B22.

em formulação, envase e embalagens de produtos, e no desenvolvimento de formulações de princípios ativos, entre outras atividades.

A SoluCia já era uma fábrica de padrão internacional, certificada pelos principais órgãos de qualidade internacionais, sendo a única no Brasil a reunir, em uma mesma área fabril, um portfólio completo de serviços que incluía síntese de compostos químicos e formulação de produtos agroquímicos, bem como incineração e tratamento de efluentes de resíduos industriais.

No dia 1º de março de 2004, a SoluCia começaria a operar oficialmente em Resende como uma empresa 100 por cento nacional, com nova razão social e uma grande carteira de contratos. Em 2005, a empresa deveria alcançar um faturamento em serviços de R$ 50 milhões.

Estimava-se na época que, no decorrer dos próximos dois anos, seu parque industrial receberia R$ 24 milhões em investimentos para ampliar a capacidade produtiva. Pesquisa e desenvolvimento, no campo de sínteses e formulações, seriam as prioridades para atender às necessidades dos parceiros da SoluCia.

O presidente Ulli Meier, de nacionalidade alemã, 53 anos, era químico e estava no Brasil havia 26 anos, 20 deles como funcionário da Basf. Meier, junto com o time gerencial, dirigiria a SoluCia com amplo *know-how* em química industrial. "Seremos uma empresa independente e neutra, provedora de serviços, com tecnologia própria de ponta e recursos de um complexo químico de padrão internacional que prima por excelência de serviços e pelo respeito à propriedade intelectual e patentes". A SoluCia daria continuidade aos princípios e valores de sua antecessora Basf, em responsabilidade social, garantia de qualidade e segurança, saúde e meio ambiente. Nas áreas de segurança, saúde e meio ambiente, a SoluCia ocuparia posição de destaque. Em nove anos, a fábrica não registrou acidentes com afastamento, resultado da política de segurança em vigor no complexo industrial. A empresa possuía o maior incinerador de resíduos líquidos do Brasil, com capacidade para 18 mil toneladas. Uma estação de tratamento de efluentes, que teria condições de atender a uma cidade com 150 mil habitantes, operava no complexo. "A infraestrutura existente permite um crescimento de 150 por cento em nossos negócios", afirmava Meier. A empresa herdou as certificações ISO 9001 e ISO 14001, continuaria a participar do Programa Atuação Responsável da Associação Brasileira da Indústria Química (Abiquim) e, em 2005, deveria iniciar os processos para obtenção da certificação SA 8000 e OHSAS 18001.

Ao completar um ano de atuação, a SoluCia mudou seu nome para Servatis. Durante o primeiro ano de trabalho, a empresa ampliou a unidade de sínteses para incorporar dois ativos à linha de produtos, além da construção de novas instalações para formular inseticidas, fungicidas e acaricidas (para agricultura), agora com capacidade para cinco milhões de litros por mês de líquidos em geral. O novo nome, Servatis, salienta o aspecto de prestação de serviços aos clientes, além de eliminar uma confusão com o nome da Solutia, produtora de plásticos para vidros laminados e especialidades químicas, negócio antes pertencente à Monsanto.

Cinco anos depois, em 2010, a Servatis se apresentava na Internet (<www.servatis.com.br>) como — empresa de industrialização para empresas agroquímicas e de química fina, além de serviços ambientais, tais como tratamento de efluentes e incineração, que completam o seu portfólio de serviços oferecidos aos clientes. Regularizada de acordo com as leis federais, estaduais e municipais do país, possui certificações BPL, Reblas, Mapa, ISO 9001, ISO 14000, além de ser associada à Abifina — Associação Brasileira das Indústrias de Química Fina, Biotecnologia e suas Especialidades — e ao D & B — Dun and Bradstreet International Ltda. Buscar soluções é a nossa natureza.

Questões:

1. Que fatores foram determinantes na decisão de criar a Servatis?
2. Com base nas informações disponíveis nesse relato, o que se pode deduzir sobre o perfil comportamental dos empreendedores?
3. Como você avalia os determinantes do sucesso da empresa?
4. O que se pode deduzir sobre a empresa Servatis como sistema? Quais são seus insumos, processos e resultados?
5. Quais foram as principais etapas no processo de criação da empresa? Que avaliação os empreendedores fizeram para decidir lançar o empreendimento?
6. Quais são as vantagens competitivas da Servatis?
7. Quais são os principais componentes da conjuntura para a Servatis? Que indicadores seus administradores devem acompanhar?
8. O que se aprende sobre empreendedorismo com esse caso?

CAPÍTULO 4

PLANEJAMENTO E ESTRATÉGIA

Você pode não estar interessado na estratégia,
mas a estratégia está interessada em você.
Trotsky

OBJETIVOS

Ao completar o estudo deste capítulo, você deverá ser capaz de explicar e utilizar as seguintes ideias:

- Planejamento.
- Estratégia.
- Planejamento estratégico.
- Implementação da estratégia.

4.1 O que é planejamento?

Você já deve ter lido que o sucesso de um novo negócio depende muito de planejamento. Mas, o que é planejamento? Peter Drucker disse que a finalidade do processo de planejamento é enfrentar a incerteza do futuro. Na verdade, apenas uma parte do futuro é incerta ou desconhecida. Outra parte é conhecida e previsível. Planejamento, em suma, serve para enfrentar o futuro, com suas certezas e incertezas. Se a empresa não se preparar, será atropelada pelos acontecimentos.

Planejar consiste em tomar três tipos de decisões (Figura 4.1):

- Definir o objetivo (ou objetivos) — qual situação deverá ser alcançada.
- Definir um ou mais cursos de ação — caminhos para atingir o objetivo.
- Definir meios de execução — previsão dos recursos necessários para realizar o objetivo.

Figura 4-1 **Três decisões básicas do processo de planejamento**

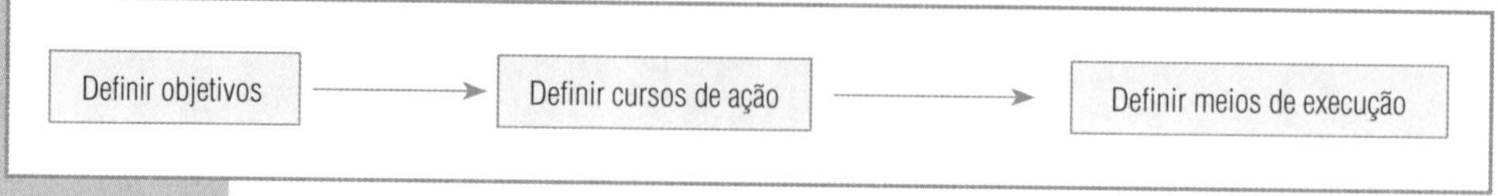

Essas decisões se repetem até que se esclareça como os objetivos finais serão atingidos. O processo de planejamento é uma cadeia de objetivos e meios (Figura 4.2). Quando essas decisões afetam a empresa e seu futuro, trata-se de planejamento estratégico. "Estratégico" significa tudo o que é importante para a realização dos objetivos de mais alto nível da empresa — ou seja, sua missão, sua sobrevivência, sua competitividade... Dessa forma, há fornecedores estratégicos, clientes estratégicos, instalações estratégicas, suprimentos estratégicos e assim por diante. A perda de um fornecedor, cliente, instalação ou fonte de suprimentos estratégicos ameaça os objetivos mais importantes da empresa e pode impossibilitar sua realização.

Todas as empresas, desde os pequenos negócios informais até as grandes corporações, têm estratégia e planejamento estratégico, de forma explícita ou implícita. Quando o empreendedor decide iniciar um negócio, a partir de uma ideia de produto ou serviço, já está fazendo planejamento estratégico. A base do planejamento estratégico é a escolha de um negócio — um produto ou serviço destinado a um mercado ou cliente. À medida que a empresa cresce, as práticas de planejamento estratégico evoluem, para sustentar seu desenvolvimento. A entrada em novos mercados, a criação de novos produtos ou o aprimoramento da competitividade e dos sistemas internos passam a ser as decisões dos planos estratégicos.

4.2 Estratégia e planejamento estratégico

Planejamento estratégico é o processo de definir a estratégia da empresa, englobando, essencialmente:

Figura 4-2 **Planejamento como sequência de meios e fins**

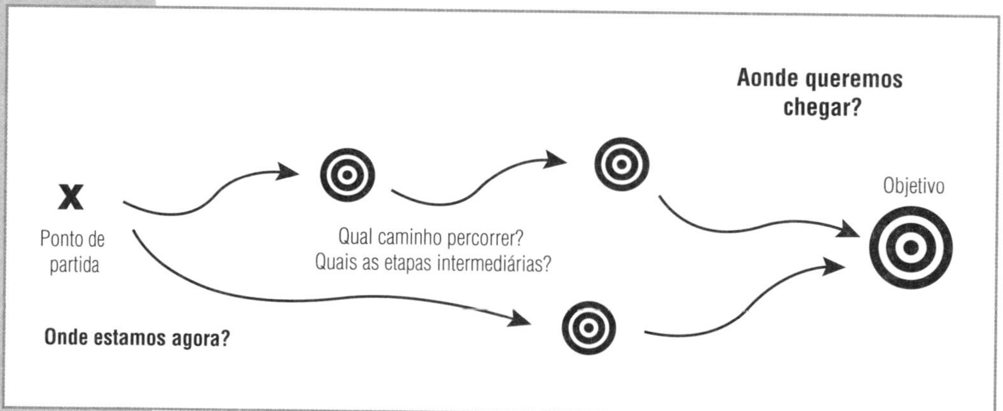

- Escolha de uma missão ou negócio, dentro de uma área de atuação ou ramo de negócios — especificamente, a escolha de um produto ou serviço destinado a um mercado ou tipo de cliente. A missão ou negócio é também chamada *proposição de valor* — como o nome indica, é a proposta que você faz aos clientes e mercados para que eles se motivem a oferecer dinheiro em troca. Missão, negócio ou proposição de valor, por exemplo, é a venda de detergentes e outros produtos de limpeza a granel. Os empreendedores que se dedicam a esse tipo de negócio circulam em caminhões com esses produtos e os vendem por volume, de porta em porta. É fácil testemunhar que muitas pessoas aceitam essa proposição de valor e os empreendedores conseguem concorrer com os supermercados. Outro exemplo de negócio, este muito comum: um restaurante de cozinha italiana — um produto específico dentro do ramo de negócios da alimentação. Quando o empreendedor define o negócio de sua empresa, já está fazendo planejamento estratégico. Se você pretende ingressar em um novo mercado, como os proprietários de uma escola infantil que decidem abrir uma faculdade, idem. A missão ou negócio escolhido representa o objetivo mais importante da empresa: sua principal fonte de receitas. Essa decisão é a essência da estratégia.
- Definição de objetivos específicos de desempenho dentro da estratégia — como ser o líder de vendas no ramo de negócios, ser a empresa mais lembrada quando os consumidores pensam em adquirir o produto ou serviço, desenvolver-se dentro de um novo mercado, abrir uma filial ou aumentar a linha de produtos e serviços. Pense nas grandes empresas — veja a Toyota batalhando pelo primeiro lugar, ou a Mercedes-Benz disputando prestígio com a BMW.
- Definição de como realizar a estratégia escolhida. Essa é a parte conhecida como implementação — ou **estratégias de implementação**. Para implementar a estratégia e os objetivos específicos de desempenho, você precisa de estruturas e mobilização de recursos e de vantagens competitivas para lidar com as empresas que disputam os mesmos objetivos que a sua... Ou seja, implementar é definir e acionar os recursos para fazer a estratégia funcionar, atuando com vantagem no mercado. Por exemplo, oferecer produtos de limpeza a preços mais baixos que o supermercado, ou trazer um chef da Itália para ensinar o pessoal do restaurante a fazer a legítima pizza napolitana — e fazer muita propaganda disso.

Os planos estratégicos podem ter diferentes graus de formalidade, abrangência, periodicidade de preparação e muitos outros atributos. Não há receitas nem procedimentos padronizados para lidar com o planejamento estratégico. Use as ideias apresentadas a seguir na ordem que lhe parecerem mais convenientes (Figura 4.3). Você pode começar por onde quiser, excluir alguns dos itens a seguir ou incluir outros, dependendo da situação e do momento do ciclo de vida em que sua empresa se encontra.

4.3 Defina e entenda o negócio e a missão

O elemento mais importante da estratégia é o negócio ou a missão. Negócio e missão são termos que contêm diferenças importantes de significado no mundo das organizações e das empresas.

Figura 4-3 **Processo de elaboração do plano estratégico**

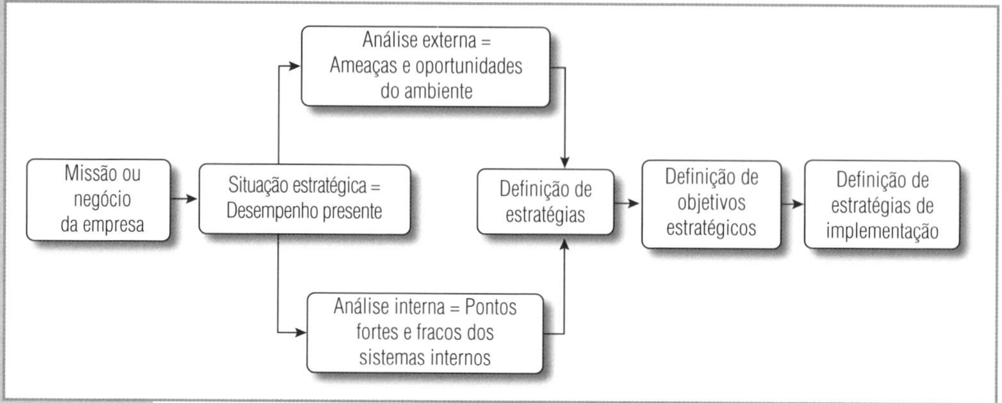

- Negócio é o que sua empresa oferece em troca do dinheiro dos consumidores. É o que você vende e as pessoas compram. Concretamente, o negócio compreende os produtos e serviços que você oferece aos mercados e consumidores. Alternativamente, o negócio pode ser chamado de escopo.
- Missão é o negócio definido em termos de sua utilidade, que dá aos consumidores a motivação para trocar o dinheiro deles pelos produtos e serviços que você tem a oferecer. Identificar ou definir a missão significa entender qual necessidade do mercado a empresa satisfaz. Missão é similar a proposição de valor, que engloba os benefícios que os consumidores encontram em seus produtos e serviços. Para definir a missão, ou a proposição de valor, é preciso perguntar:
  - Para que serve nossa empresa? Qual a nossa utilidade para os clientes? Quais necessidades estamos atendendo?
  - Que benefícios temos a oferecer aos consumidores por meio de nossos produtos e serviços?
  - Qual problema nossa empresa resolve para seus clientes?
  - Que responsabilidades estamos cumprindo na sociedade?

Muitas empresas não têm missões explícitas nem se preocupam em defini-las. Outras apenas sugerem sua missão. Em muitos casos, a palavra negócio é preferida. A ideia de negócio, para definir um ramo empresarial de atuação, é mais prática. Missão, de fato, é uma ideia que se aplica com mais propriedade a organizações militares, religiosas ou não lucrativas.

Inúmeras empresas declaram explicitamente seu negócio. Outras parecem achar que seu negócio é tão óbvio que não precisa ser explicitado. As editoras, por exemplo, declaram estar no negócio da informação e da educação, em lugar de produção e venda de livros. Cultura, entretenimento e diversão são os negócios das empresas de cinema e teatro. As companhias de aviação, os bancos e as redes de televisão, no entanto, atuam em negócios tão óbvios que não sentem a necessidade de explicitá-los. *My business is making people, especially children, happy* ("Meu negócio é deixar as pessoas felizes, especialmente as crianças"), dizia Walt Disney. Isso não é bem um negócio, mas uma missão, concorda?

Eis alguns exemplos de missão ou negócio:

- Uma empresa fabricante de catalisadores declara que "ar limpo é o nosso negócio".
- "Xerox é a companhia da informação."
- "IBM trabalha com as palavras."
- "Fornecemos soluções para acondicionar os produtos de nossos clientes."

Repetindo: negócio ou missão é o coração da empresa e do plano estratégico. O negócio define quais produtos e serviços a empresa pretende fornecer para quais mercados e clientes, no presente e no futuro. Dito com outras palavras, define a área de atuação ou os ramos de negócios nos quais a empresa pretende atuar. Essa é a essência da estratégia — a escolha do modelo de negócios ou escopo da empresa. A definição de um negócio ou missão é a base de todo o planejamento da estratégia.

O planejamento estratégico frequentemente altera a missão ou negócio: as companhias de petróleo passaram a se dedicar aos negócios da energia, tantas as incertezas de seu negócio original; as empresas cinematográficas há muito tempo migraram para a televisão.

4.4 Análise SWOT

A escolha de um negócio ou missão pode surgir de diferentes maneiras, até mesmo por acaso. Provavelmente, de forma consciente ou inconsciente, o empreendedor faz o que os especialistas em estratégia recomendam: procura entender o que tem de enfrentar e, ao mesmo tempo, avalia os recursos com os quais pode contar. No campo da estratégia empresarial, isso é conhecido como análise SWOT.

Você deve verificar o ambiente interno e verificar as forças (*Strenghts*) e as fraquezas (*Weaknesses*); em seguida, olhe para o ambiente externo da empresa, procurando identificar as oportunidades (*Opportunities*) e as ameaças (*Threats*). As iniciais dessas palavras em inglês dão nome ao conjunto de ferramentas conhecido como análise SWOT, que visam à preparação de planos estratégicos

4.4.1 Oportunidades e ameaças do ambiente

A empresa é uma ilha cercada de ambiente por todos os lados. O ambiente é feito principalmente de mercado, concorrência e muitos outros elementos, todos eles oferecendo ameaças e oportunidades: conjuntura econômica, ação do governo, mudanças tecnológicas e muitos outros que o empreendedor deve monitorar constantemente. Quanto mais complexos esses elementos ou mais rápida a mudança, mais necessário se torna o planejamento estratégico. Consideremos em seguida dois segmentos do ambiente: os consumidores e os concorrentes.

Mercado e consumidores

O mercado é o "alvo" que você quer atingir. É um conceito amplo, que detalharemos quando estudarmos marketing. Você encontrará as oportunidades e ameaças no mercado analisando:

- Dados sobre os consumidores: quantidade, distribuição geográfica, poder aquisitivo, sazonalidade das compras etc.
- Poder dos consumidores sobre as empresas que atuam no mercado.
- Comportamento dos consumidores: atitudes e preferências, estilos de vida, expectativas e medos coletivos, tendências e hábitos.
- Tendências sociais.

Concorrência

Se os consumidores são o "alvo", o "inimigo" é a concorrência. A situação clássica de estratégia ocorre quando alguém pretende realizar um objetivo, mas há um concorrente. Você quer derrotar um adversário, mas ele quer fazer o mesmo com você. O mundo dos negócios é igual ao dos esportes e guerra: você quer ganhar e o outro também. Você quer vender sabão em pó para as donas de casa — você e um exército de outros fornecedores. Quem a dona de casa vai escolher? Isso depende das vantagens competitivas dos concorrentes. Para identificar as ameaças e oportunidades oferecidas pela concorrência, estude:

- Dados sobre as empresas que atuam no mercado: participação nas vendas, volume de produção, faturamento, número de funcionários, localização etc.
- Linhas e características dos produtos das empresas que atuam no mercado.
- Pontos fortes e fracos dos concorrentes — suas vantagens competitivas, seus modelos de administração, seus recursos, por que os consumidores os preferem.
- Facilidade de entrada de novos concorrentes.
- Possibilidade de entrada de produtos ou serviços substitutos, que poderão tornar o seu e os dos concorrentes obsoletos.

4.4.2 Análise interna

Mesmo antes de abrir a empresa, você pode estudar seu desempenho à procura de pontos fortes e fracos. Procure-os nos recursos, nas fontes de desperdício, nos motivos de insatisfação dos funcionários, nas opiniões dos fornecedores, nas reclamações dos clientes, nas competências que destacam a empresa e nos focos de problemas em suas áreas funcionais. Compare-a com outras empresas e com as "melhores práticas" do mercado.

No início do empreendimento, é provável que os pontos fortes e fracos não sejam muito numerosos e você consiga fazer essa análise com facilidade. No entanto, à medida que a empresa se desenvolve, você terá mais informações sobre eles. Da mesma forma que o mercado, devem merecer a constante atenção do empreendedor.

Os itens a seguir podem ser examinados em uma análise interna:

Desempenho financeiro

Um dos principais interesses em qualquer diagnóstico de empresa é a análise dos indicadores financeiros. Para empresas em crescimento, os seguintes indicadores podem ser usados:[1]

- Evolução da receita.
- Percentual da receita gerado por novos produtos, serviços e clientes.
- Receita por funcionário.
- Investimento como percentual das vendas.
- Pesquisa e desenvolvimento como percentual das vendas.

Outras medidas de desempenho serão analisadas no Capítulo 10 ("Contabilidade e finanças para empreendedores").

Participação dos clientes no faturamento

Identifique os clientes (ou segmentos do mercado) e o volume de negócios que têm com a empresa. Faça isso dividindo as compras de cada cliente pelo total das vendas de sua empresa, em dinheiro ou quantidade de itens. Os dados assim produzidos mostram qual a contribuição de cada cliente ou grupo de clientes para as receitas, quais as suas preferências e quem são os clientes mais importantes. Com o tempo, esses dados revelarão tendências no comportamento dos clientes; por exemplo, se seus negócios com a empresa estão aumentando ou diminuindo.

Participação dos produtos e serviços no faturamento

Identifique o volume de vendas de cada produto ou serviço em relação ao total de suas vendas. Faça isso dividindo as vendas de cada produto ou serviço pelo total das vendas, em dinheiro ou em quantidades de itens. Os dados assim produzidos mostram o quanto cada produto ou serviço contribui para as receitas e também para as preferências dos clientes. Faça essa análise da mesma forma que a anterior — considerando a evolução dos dados ao longo de um período. Cada empresa deve encontrar indicadores específicos para seu ramo de negócios. Por exemplo:

- Valor médio da compra de cada cliente (chamado valor do ticket).
- Participação média de cada produto nas compras de cada cliente.
- Frequência média das compras dos clientes.

Participação no mercado

Um dos principais indicadores de desempenho da empresa é a participação no mercado. A participação no mercado (***market share***) é a porcentagem, proporção ou parcela do mercado total ou do segmento de mercado que a empresa controla. A participação é medida em termos de receitas de vendas ou de números absolutos, dividindo-se: a) as vendas da empresa pelo total de vendas efetuadas no mercado ou segmento de mercado ou b) a quantidade de itens vendidos pela empresa pelo total de itens vendidos por todas as empresas no mercado ou segmento de mercado.

---

1 KAPLAN, Robert S.; NORTON, David P. *A estratégia em ação*: balanced scorecard. Rio de Janeiro: Campus, 1997, p. 55.

A participação mostra a colocação de todos os concorrentes na disputa pelo mercado. É um dado usado como base para analisar desempenho e definir objetivos. O aumento da participação no mercado é um dos objetivos estratégicos de muitas empresas.

4.5 Definição de objetivos estratégicos

Em termos genéricos, objetivos são resultados desejados ou estados futuros que a empresa pretende alcançar, por meio da aplicação de esforços e recursos. Dizem que os objetivos são o que há de mais importante na administração e que "sem objetivos, não há administração". Os objetivos definem aonde você quer chegar. "Se você não sabe para onde vai, qualquer caminho serve" (essa é uma frase bem conhecida do livro *Alice no País das Maravilhas*).

Os objetivos estratégicos detalham as estratégias, definindo os resultados mais importantes desejados pelo empreendedor, e fornecem o roteiro para as pessoas agirem. Esses objetivos abrangem áreas do desempenho, anteriormente analisadas, e outras, tais como: posição no mercado, volume de negócios, inovação, responsabilidade social e imagem na comunidade, competências dos recursos humanos, valor e eficiência dos recursos físicos, investimentos e resultados financeiros globais, entre outros. As estratégias sempre estão associadas a objetivos estratégicos — os resultados que a empresa pretende realizar. Eis exemplos de objetivos estratégicos:

- Manter posição de liderança entre as empresas de um ramo de negócios.
- Suplantar o líder entre as empresas de um ramo de negócios.
- Manter ou aumentar a participação no mercado.
- Entrar em um mercado específico, como um país ou cidade.
- Diversificar a linha de produtos.
- Estabelecer uma data para iniciar operações em um mercado.
- Investir em uma nova unidade produtiva.

Os objetivos estratégicos podem ser qualitativos, como os anteriormente citados, ou quantitativos (porcentagem de retorno sobre o investimento ou porcentagem de participação no mercado, por exemplo). Qualitativos ou quantitativos, os objetivos transformam-se em indicadores críticos de desempenho (ou KPIs — ***key performance indicators***).

Para pensar nos indicadores de desempenho de forma organizada, crie um ***scorecard*** — um painel de controle, como o de seu carro. O painel de controle permite que você organize os KPIs em categorias, como satisfação dos acionistas, satisfação dos clientes, satisfação dos empregados, inovação, eficiência dos processos e impacto sobre a sociedade, entre outras coisas. Essas categorias dividem-se sucessivamente em medidas específicas e indicadores, como mostra o Quadro 4.1.

Crie seu painel de controle de acordo com suas conveniências. Você pode buscar inspiração nos diferentes modelos de *scorecard* que existem — o ***balanced scorecard*** de Kaplan e Norton, o Prêmio Europeu da Qualidade ou os de outras empresas.

Quadro 4-1 Como subdividir as categorias em indicadores específicos de desempenho (exemplos de empresas diferentes)

Satisfação dos acionistas	Crescimento rentável	Nível desejado de rentabilidade — numérico
	Presença no mercado	Exportação para os EUA e a Europa
Satisfação dos clientes	Nível de satisfação dos clientes	Atingir nota acima de 8,0
	Retorno dos clientes	Sermos a opção preferencial dos clientes no caso de repetição da compra
	Imagem	Sermos lembrados como a empresa de qualidade mais alta no segmento
Inovação	Lançamento dos produtos planejados	Dentro do prazo
	Receitas com produtos lançados nos últimos três anos	Como % das vendas
	Renovação da linha de produtos	Liderança na inovação
	Investimento em pesquisa e desenvolvimento	Como % das receitas
Satisfação dos funcionários	Rotatividade	% máxima aceitável
	Absenteísmo	% máxima aceitável
	Clima organizacional e qualidade de vida no trabalho	Nota 8,0 pelo menos em todos os quesitos da pesquisa

4.6 Vantagens competitivas

Repetindo: sua empresa e as concorrentes estão trabalhando para conquistar os mesmos objetivos. Para superar a concorrência, você precisa de vantagens competitivas. Mesmo que sua empresa não tenha concorrência, mesmo que seja líder do mercado, as vantagens competitivas garantem sua posição e sua capacidade de realizar seus objetivos. As vantagens competitivas, para alguns autores, são a essência da estratégia.

Vantagens competitivas são os atributos que fazem um produto, serviço ou empresa ter a preferência dos clientes e superioridade sobre os concorrentes. As principais vantagens competitivas que uma empresa pode desenvolver são apresentadas a seguir, com exemplos. As empresas podem utilizar mais de uma delas.

4.6.1 Qualidade de projeto e ausência de deficiências

Já tratamos desse assunto no Capítulo 1 ("Espírito empreendedor"). Uma das vantagens competitivas mais importantes é a qualidade intrínseca do produto ou serviço e sua adequação a um determinado mercado ou tipo de uso. Todos os produtos e serviços de grande sucesso exemplificam essa vantagem. Nos países emergentes, os carros pequenos e de baixo consumo são produtos perfeitamente adequados, em função da renda de sua população. O sapatênis é um produto que ganhou a preferência de inúmeros compradores em todo o mundo por ser uma ideia inteligente e simples. No entanto, as pessoas que compram sapatênis ou automóveis de qualquer tipo esperam que eles funcionem adequadamente, tenham durabilidade e não se deteriorem com facilidade. Ou seja, além de qualidade de projeto, os produtos não devem ter deficiências de fabricação. Em resumo, os produtos e serviços com adequação ao uso são competitivos.

4.6.2 Eficiência e baixo custo das operações e dos recursos

Existe mercado para os produtos de luxo e alto preço. Há consumidores que podem perguntar quanto custa somente depois de comprar. No entanto, ao comprar um produto que tem marcas diferentes e qualidade similar em todas elas, pode haver uma tendência a procurar o mais econômico. Uma prova histórica dessa tendência é o sucesso dos automóveis japoneses, com sua alta qualidade, consumo reduzido e preço baixo. Níveis superiores de desempenho com preço baixo somente são possíveis quando as operações são eficientes e, portanto, de baixo custo. A falta de eficiência e o desperdício são gastadores inúteis de dinheiro, que pavimentam o caminho para o insucesso da empresa.

4.6.3 Liderança na inovação

Pessoas, empresas e institutos de pesquisa investem continuamente no desenvolvimento de ideias. Junto com outros fatores, como a escassez de matérias-primas ou de mão de obra, esse movimento produz a inovação tecnológica e a rápida obsolescência de produtos e serviços. Uma das principais razões para o sucesso é a capacidade de inovar e chegar primeiro ao mercado com a inovação. Exemplos que todos conhecem são os computadores pessoais, os telefones celulares e a computação gráfica no cinema. Algumas empresas têm uma política de inovação como estratégia para manter e aumentar sua presença no mercado. Outras preferem ser seguidoras e esperar que os outros inovem primeiro para então copiá-los.

4.6.4 Disponibilidade e desempenho da assistência técnica ou dos serviços pós-venda

Nenhum produto ou serviço dura para sempre nem funciona indefinidamente sem necessidade de manutenção. Você certamente não gostaria de comprar um produto que não pudesse ser usado por falta de assistência técnica ou peças de reposição. Você também já deve ter lido reclamações, nas colunas de direitos do consumidor, sobre empresas que abandonam seus clientes logo depois da compra. Para o cliente, a segurança de que terá assistência e socorro, se necessário, é uma grande vantagem competitiva do vendedor.

4.7 Implementação da estratégia

Repetindo: o planejamento de uma estratégia é uma cadeia de meios e fins. Para ser colocada em prática, a estratégia desdobra-se em outros planos e meios, os quais se desdo-

Figura 4-4 Formas de implementação da estratégia

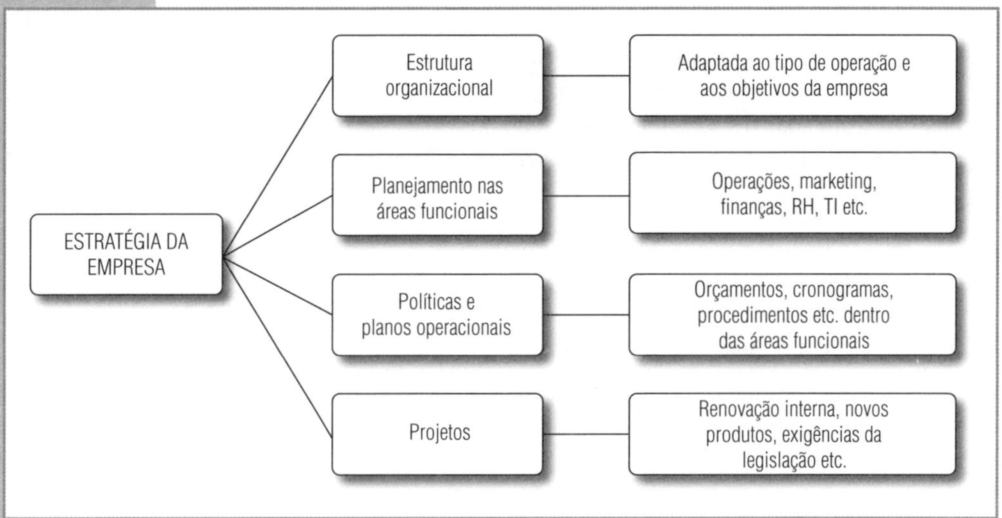

brarão em outros objetivos e meios, e assim sucessivamente, até que os objetivos originais sejam realizados. Os principais meios para a realização da estratégia são: estrutura organizacional, planejamento nas áreas funcionais, políticas, planos operacionais e projetos (Figura 4.4). Esses mecanismos serão analisados individualmente a seguir.

4.7.1 Estrutura organizacional

Alfred Chandler popularizou o princípio de que "a estrutura segue a estratégia". Isso significa que a organização das pessoas e dos recursos é o principal instrumento para a realização da estratégia. A estrutura permanente, desenhada no organograma, com suas unidades de negócios e áreas funcionais, é o retrato da estratégia explícita ou implícita. O organograma mostra as áreas em que a empresa está atuando e as formas de lidar com os mercados e clientes. As descrições de cargos refletem as atividades que as pessoas devem executar, orientadas pelas políticas e planos operacionais.

Adiantando o que detalharemos no Capítulo 5 ("Organização da empresa"), eis alguns exemplos do ajuste entre a estrutura e a estratégia:

- Se a estratégia é oferecer um único produto ou serviço, em uma única instalação, para todos os mercados, a estrutura apropriada divide a empresa nas funções básicas (produção ou operações, marketing e vendas, finanças e administração).
- Uma estrutura do tipo unidades de negócios, mesmo que a empresa seja pequena, é apropriada quando a estratégia focaliza diferentes produtos ou mercados.
- Uma estrutura projetizada ou matricial é apropriada quando a empresa trabalha por encomendas.

4.7.2 Planejamento nas áreas funcionais

Os planos de ação que colocam em prática a estratégia corporativa são desenhados e executados pelas áreas funcionais da organização: produção ou operações, finanças e administração, recursos humanos, marketing e vendas. Dentro dessas áreas funcionais, as pessoas, com suas responsabilidades definidas pelas decisões sobre a estrutura organizacional, definem ações específicas e as realizam por meio da utilização dos recursos (Figura 4.5).

Por exemplo:

- O objetivo estratégico de desenvolver novos produtos requer uma função de pesquisa e desenvolvimento P&D dentro da estrutura organizacional, assim como ações específicas de gestão de pessoas, como recrutamento, seleção e sistemas de carreira para engenheiros e pesquisadores.
- O lançamento dos mesmos produtos requer o planejamento e a execução de ações de marketing como esforço promocional, definição de preço, canais de distribuição, e assim por diante.

4.7.3 Políticas

Políticas são decisões programadas que orientam outras decisões no dia a dia da administração. As políticas orientam pessoas, atividades e decisões dentro da organização, para que as estratégias possam ser realizadas. De forma geral, as políticas focalizam o comportamento das áreas funcionais e as relações da organização com seus funcionários, clientes, competidores ou qualquer outro aspecto de sua atuação. A própria escolha de um ramo de negócios é uma política — política de negócios.

Figura 4-5 **Planejamento nas áreas funcionais**

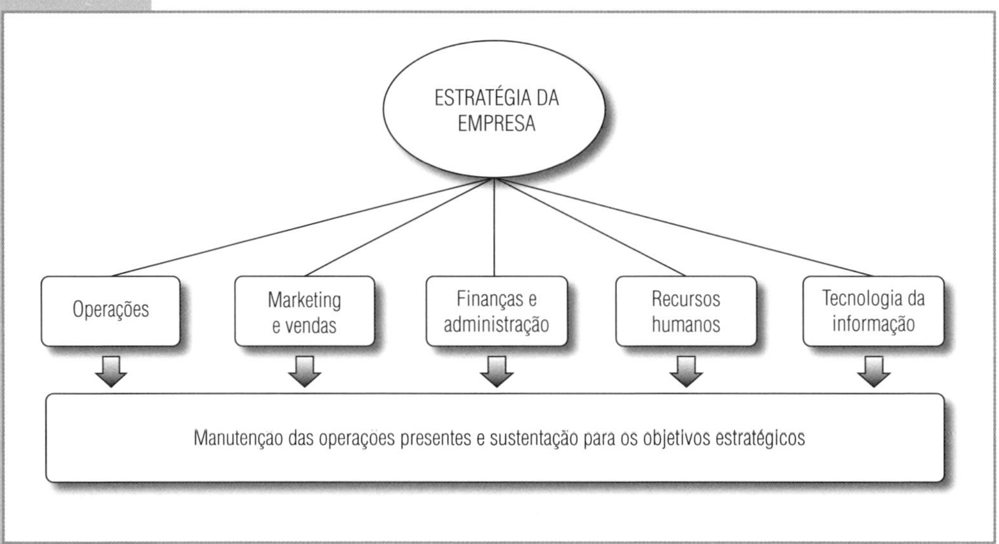

São exemplos de políticas:

- Não fazer negócios com o governo ou com determinadas empresas.
- Não comprar produtos de madeira que não venham de áreas com manejo sustentável.
- Admitir pessoas exclusivamente por meio de programas de trainees.
- Realizar projetos somente depois de análises de viabilidade econômica, ambiental e social.

4.7.4 Planos operacionais

Detalhando as políticas e os planos funcionais, os planos operacionais são instrumentos para a implementação da estratégia. Cronogramas, decisões, orçamentos e outros tipos de planos, como normas e procedimentos, são todos instrumentos para a tomada de decisões sobre o futuro, que procuram colocar em práticas as estratégias explícitas e implícitas.

São exemplos de planos operacionais:

- Manuais de procedimentos.
- Tabelas de salários com critérios para a promoção de pessoas.
- Orçamentos.
- Cronogramas.

4.7.5 Projetos

Projetos são atividades temporárias, com começo, meio e fim programados, que têm como objetivo fornecer um produto singular. O resultado de um projeto pode ser um produto físico — como uma nova fábrica; um conceito — como um novo sistema de informações; ou um evento — como a festa de lançamento de um produto. Muitos projetos são combinações desses três tipos de produtos. No Capítulo 11 voltaremos ao estudo da gestão de projetos.

4.8 Acompanhamento e controle da estratégia

Depois de implementar e executar as estratégias, você quer saber se tudo está funcionando como planejou. Para isso, é preciso monitoramento e controle — dois processos interligados.

- Monitorar consiste em acompanhar a execução da estratégia, por meio do levantamento de dados.
- Controlar consiste em comparar os dados com os objetivos, para verificar se há conformidade.

Portanto, monitoramento e controle são feitos com base nos mesmos indicadores de desempenho usados para definir os objetivos estratégicos da empresa. Além do monitoramento e controle dos KPIs, é preciso fazer o acompanhamento constante das ameaças e oportunidades do ambiente interno e externo — a análise SWOT é feita todos os dias. Em um ambiente em constante mudança, e com ameaças concretas, os números podem não ser suficientes para mostrar o que está além do horizonte.

4.9 Reinício do ciclo

A administração estratégica é um processo contínuo, não um procedimento automático, com datas certas para começar e terminar. A qualquer momento, um fato novo pode comprometer a realização dos objetivos e provocar sua redefinição. Os sistemas internos, assim como o ambiente, são dinâmicos e propõem desafios constantemente. Pontos fracos e fortes surgem e evoluem, exigindo a intervenção da administração.

A cada momento, como indica a Figura 4.6, o ciclo de planejamento pode ser reiniciado, com base nas informações de controle. O controle pode indicar que a estratégia funciona corretamente, se os objetivos estiverem sendo atingidos. Um desempenho superior ao esperado mostra que a estratégia está sendo extremamente bem-sucedida. Um desempenho aquém dos objetivos mostra incoerência entre os desafios e a estratégia. Sejam quais forem os resultados, o processo de controlar e avaliar a execução da estratégia é o ponto de partida para a revisão de todas as definições.

Figura 4-6 **Reinício do ciclo com base na avaliação do funcionamento da estratégia**

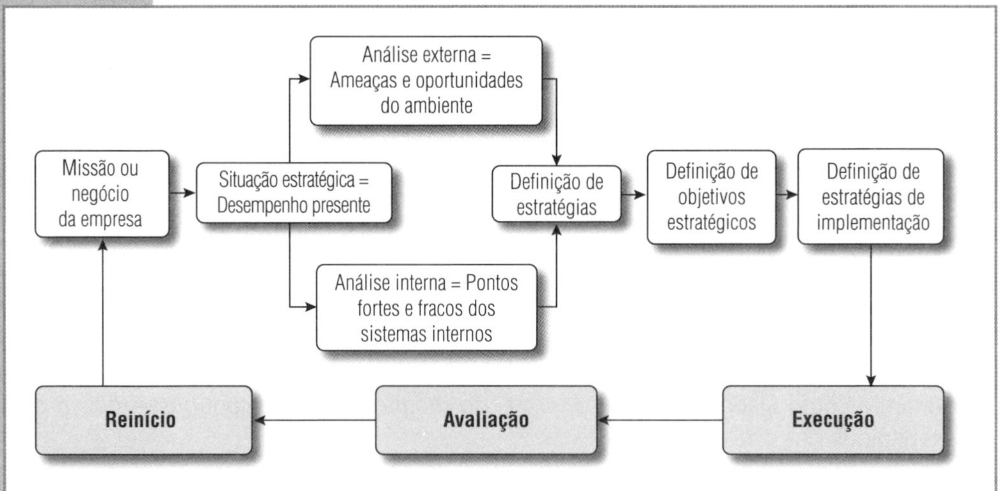

4.10 Estratégias genéricas

Para terminar o capítulo, vamos dar uma olhada na ideia das estratégias genéricas, muito popular entre os estudiosos do assunto. Essa ideia é, essencialmente, uma tentativa de catalogar todas as (ou a maioria das) estratégias das empresas.

As estratégias genéricas são assim chamadas porque se aplicam a qualquer empresa. Estude essas alternativas de estratégias, descritas a seguir, para enriquecer sua visão e suas decisões ao lidar com as estratégias de sua empresa (Quadro 4.2). No entanto, atenção: não há uma lista exaustiva de todas as estratégias possíveis. Na verdade, repetindo: não há receitas de estratégias que resultam de criatividade e não de procedimentos formais.

4.10.1 Estratégias competitivas de Porter

Um aspecto importante a considerar no planejamento da estratégia é a forma de lidar com a concorrência. Michael Porter, um dos mais conhecidos autores que trataram desse assunto, propõe três estratégias competitivas: foco, diferenciação e liderança do custo.

Foco

A estratégia empresarial do foco, também chamada estratégia de nicho ou de concentração, ou, ainda, estratégia de escopo estreito, consiste em escolher um tipo específico de cliente. Se quiser adotar a estratégia do foco, escolha um nicho ou segmento do mercado e concentre-se, procurando entender quais são as necessidades dos clientes que nele se encon-

Quadro 4-2 **Um catálogo de estratégias genéricas**

Estratégias competitivas de Porter	Foco = estratégia de nicho ou concentração	Produtos ou serviços
		Grupos de clientes
		Mercados geográficos
	Diferenciação = projeção de forte identidade própria	
	Liderança do custo = produto ou serviço de menor preço	
Estratégias de crescimento de Ansoff	Penetração no mercado = exploração de mercados existentes com produtos existentes	
	Desenvolvimento de mercado = exploração de novos mercados com produtos existentes	
	Desenvolvimento de produto = exploração de mercados existentes com novos produtos	
	Diversificação = exploração de novos mercados com novos produtos	
Inovação	Liderança do processo de criação de novos produtos	
Oportunidade	Aproveitamento de determinadas situações ou períodos	
Estabilidade	Manutenção do nível de desempenho atual	
Redução de despesas	Diminuição de custos e eliminação de desperdícios	
Reação	Ação dependente do comportamento dos concorrentes	
Cooperação	União de forças com os concorrentes	

tram. Dentro do nicho, você ainda precisa concorrer com base em estratégias de marketing. Essas estratégias de marketing serão estudadas no Capítulo 6. A estratégia do foco é, em outras palavras, a especialização no atendimento de um grupo muito específico de clientes, por meio da oferta de produtos e serviços alinhados com suas particularidades.

São exemplos de estratégias de nicho:

- Lojas de produtos naturais, alfaiatarias, vendedores de lenha para lareiras, administradoras de condomínios, vendedores de livros técnicos.
- Empresas especializadas em prestação de serviços ou venda de produtos para a terceira idade, vendedores de equipamentos para dentistas, agências de viagens que organizam excursões para solteiros e descasados.
- Empresas que se especializam em obter patrocínio para promover eventos esportivos e artísticos nas praias, no verão; lojas que vendem alimentos para a comunidade de origem japonesa, como alimentos importados do Japão.

Diferenciação

A estratégia da diferenciação consiste em procurar projetar uma forte identidade própria para o serviço ou produto, que o torne nitidamente distinto dos produtos e serviços concorrentes. Para isso, é preciso criar e divulgar uma ou mais vantagens competitivas, como qualidade do produto ou serviço, atendimento, prestígio para o consumidor, estilo do produto ou aspecto das instalações. Por exemplo: as lojas que trabalham com produtos exclusivos ou de luxo (automóveis Mercedes-Benz, relógios Rolex, cafés selecionados ou raros, calçados ingleses feitos sob encomenda), as empresas que se tornaram sinônimos de seus produtos, ou que montaram esquemas de distribuição com base em redes sociais, como a Avon.

Em sua forma extrema, a diferenciação consiste em uma característica difícil ou impossível de copiar, que se baseia em uma patente ou uma competência técnica única. É o caso dos restaurantes com *chefs* renomados, dos estúdios de computação gráfica e das editoras que publicam obras exclusivas.

Liderança do custo

Na estratégia que busca a liderança por meio do custo, o objetivo não é diferenciar-se dos concorrentes, mas oferecer um produto ou serviço mais barato. Essa estratégia é amplamente utilizada pelos fabricantes de produtos de informática e de comunicação, à medida que a tecnologia torna os produtos muito semelhantes e barateia os componentes. Também foi a estratégia usada pelos fabricantes japoneses de automóveis e relógios digitais, que destruíram o mito de que qualidade superior significa preço mais alto. E quem quer que use um relógio Swatch deixou-se convencer pela mesma estratégia. Para usar a estratégia do custo, você precisa de:

- *Eficiência dos processos produtivos ou do projeto do produto/serviço*. Produtos e serviços padronizados e simples, que são fáceis de produzir, fornecer e distribuir, têm custos mais baixos. O ideal é que sejam produzidos em sistemas que usem poucos recursos de forma eficiente, sem desperdícios. Um exemplo bem conhecido é o supermercado e, de forma geral, todo o comércio de autoatendimento. É o máximo da eficiência — a venda sem vendedores. Os supermercados inspiraram o método de reposição das peças de acordo com o consumo do sistema Toyota, o que evita os estoques e é um dos elementos da produção enxuta.

- *Elevados volumes de produção e vendas ou giro rápido dos ativos, para aproveitar as economias de escala*. Por exemplo, restaurantes com giro rápido das mesas, hotéis com altas taxas de ocupação, companhias aéreas, empresas que fornecem produtos de consumo rápido e frequente, como café e açúcar etc. A produção de bens e a prestação de serviços em massa diluem os custos e permitem a prática de preços unitários baixos.
- *Controle da cadeia e das fontes de suprimentos*. Isso pode ser feito de diversas maneiras: comprando dos fornecedores em grandes volumes e por meio de contratos de longo prazo, orientando-os a usar as ferramentas da produção enxuta e — o que muitos grandes compradores fazem — negociando com dureza para obter preços baixos deles, ou fazendo leilões com preços competitivos. Você também pode pensar em ter o controle de uma fonte de suprimentos — como acontece com certos fabricantes e comerciantes de joias.

4.10.2 Estratégias de crescimento

Outro importante componente do planejamento da estratégia é a decisão sobre o crescimento. A estratégia do crescimento, também chamada de comportamento prospectivo, é a marca das empresas que continuamente procuram novas oportunidades no mercado e enfrentam as ameaças emergentes. Essas empresas são criadoras de exemplos, incertezas e desafios para as demais, especialmente para seus competidores. O crescimento é uma tendência natural e desejável no mundo dos negócios, que pode ocorrer em virtude da qualidade dos produtos e serviços, fazendo as pessoas quererem continuar comprando de sua empresa. À medida que a reputação de sua qualidade se espalha, mais e mais pessoas vão querer comprar de você, e, com isso, sua empresa continua crescendo. Mas outros também querem crescer, e o mercado é finito — não há lugar para todos. Portanto, nem todos crescerão como desejam; apenas os mais competentes.

O crescimento deliberado pode ser alcançado de diversas maneiras, como: investimento contínuo, capacidade de atendimento crescente de um mercado grande, compra de concorrentes, fornecedores ou distribuidores, ingresso em outros ramos de negócios (às vezes por meio da compra de empresas) e estabelecimento de parcerias com empresas de ramos de negócios complementares.

Embora muitos empreendedores queiram apenas chegar ao tamanho de uma empresa pequena, que propicie uma subsistência confortável, para outros, o crescimento é um aspecto importante do planejamento da estratégia.

A matriz de Ansoff (Figura 4.7) é uma ferramenta que analisa duas variáveis do crescimento: o produto e o mercado. Você pode usar essa ideia para estudar e entender, planejar ou administrar o crescimento de sua empresa. A matriz de Ansoff classifica as estratégias empresariais em quatro categorias: penetração no mercado, desenvolvimento de mercado, desenvolvimento de produto e diversificação.

Penetração no mercado

Penetração no mercado é a estratégia de explorar produtos tradicionais em um mercado tradicional, vendendo cada vez mais para os mesmos clientes. Por exemplo: uma agência de viagens que obtém a maior parte de suas receitas com vendas para empresas ou um restaurante de comida *light* para pessoas com problemas de saúde — os dois tentando manter e

Figura 4-7 **Matriz de Ansoff**

		PRODUTOS	
		Tradicionais	Novos
MERCADOS	Tradicionais	Penetração no mercado	Desenvolvimento de produto
	Novos	Desenvolvimento de mercado	Diversificação

ampliar negócios com seus clientes. É uma estratégia muito comum entre as empresas de produtos de consumo, da indústria da alimentação e de cartões de crédito. A penetração no mercado pode ser feita, por exemplo, por meio de esquemas de premiação de clientes fiéis e de promoção de vendas.

Desenvolvimento de mercado

Desenvolvimento de mercado é a estratégia de explorar um mercado novo com produtos tradicionais. Uma empresa de cartões de crédito que lança um produto para um público específico, como os torcedores de um time de futebol ou os adeptos de uma igreja, ou um restaurante bem consolidado em um bairro que abre uma filial em outro, assim como as companhias da Broadway que se apresentam na América Latina — estão todos fazendo desenvolvimento de mercado. Trata-se de uma estratégia apropriada quando o mercado tradicional está saturado ou quando há uma demanda não atendida — uma oportunidade — em outro mercado.

Desenvolvimento de produto

Desenvolvimento de produto é a estratégia de explorar mercados tradicionais com produtos novos. É o que faz a empresa de turismo que desenvolve novos roteiros de excursões para oferecer a seus clientes cadastrados. O desenvolvimento de produto é apropriado quando há necessidades não atendidas ou quando há poder de compra no mercado tradicional.

Diversificação

Diversificação é a estratégia de explorar novos mercados com novos produtos. Por exemplo, uma empresa de venda de passagens que entra no mercado de venda de excursões ou uma concessionária de veículos que entra no ramo da locação e administração de frotas terceirizadas. Esta é uma estratégia apropriada quando o mercado tradicional de outras empresas (como a locação de veículos) é atrativo e a empresa tem a base de competências e recursos para entrar nele.

4.10.3 Outras estratégias genéricas

Além de Porter e Ansoff, outros estudiosos da administração dos negócios identificam algumas estratégias genéricas. As mais conhecidas são descritas a seguir.

Inovação

A estratégia da inovação consiste em liderar o processo de criar novos produtos e serviços. Frequentemente é usada por empresas recém-criadas, que se baseiam em um produto ou serviço até então inexistente, para promover uma renovação de conceitos e, dessa forma, atrair clientes. Certas empresas tradicionais também têm uma estratégia explícita de renovar suas linhas continuamente. A gigante 3M, por exemplo, estabelece a proporção de seu faturamento que deve ser composta por novos produtos. As empresas dos ramos de informática, comunicações e vestuário e alimentação usam essa estratégia.

Estratégia da oportunidade

A estratégia da oportunidade consiste em aproveitar determinados períodos ou situações, como Natal, Dia dos Pais, modas ou jogos de futebol. É a estratégia dos vendedores de semáforos. Fora desses períodos, a atividade é reduzida ao mínimo ou substituída de acordo com o momento. Há empresas que têm a capacidade de aproveitar diferentes períodos, às vezes usando uma mesma instalação, na qual os produtos são trocados conforme os períodos de oportunidades se sucedem. Empresas dos ramos do vestuário, fogos de artifícios e fantasias de Carnaval usam essa estratégia.

Estratégia da estabilidade

A estratégia da estabilidade, também chamada comportamento defensivo, é característica das empresas que têm foco muito estreito, são altamente especializadas e relutam em procurar novas oportunidades ou atuar em situações diferentes daquelas às quais estão acostumadas. Às vezes, a estratégia da estabilidade é uma necessidade. Isso ocorre quando a empresa atua em um ramo de negócios que não cresce ou que não oferece novas oportunidades. Em certos casos, a estabilidade é escolhida porque o empreendedor não pretende crescer. Um exemplo é o dos pequenos hotéis familiares, que convivem, mesmo nas grandes capitais, com as gigantescas redes profissionalizadas, as oficinas de consertos de calçados e muitas empresas familiares. Se alguém pretende apenas sobreviver com algum conforto, essa é a linha de conduta recomendada.

Estratégia de redução de despesas

A estratégia da redução de despesas torna-se necessária quando a organização está ameaçada e sua eficiência está comprometida. Uma empresa pode reduzir despesas por meio das seguintes medidas (além daquelas descritas na estratégia da liderança do custo):

- Eliminação ou simplificação de linhas de produtos, redução da força de trabalho ou aumento da eficiência.
- Desinvestimento, ou venda de negócios para empresas concorrentes.
- Liquidação de negócios: encerramento de operações e venda dos ativos.

Reação

A estratégia da reação corresponde ao comportamento de agir em função do comportamento dos concorrentes. Há diferentes tipos de reação. A empresa que reage espera para ver o que fazem os líderes do mercado, ou é apanhada de surpresa pela inovação dos concorrentes e perde a competitividade e só então seus administradores tentam alcançá-los. Uma variante da reação é a imitação — uma estratégia de copiar deliberadamente um produto vencedor. Uma empresa pode ter toda uma carteira de produtos que são cópias de produtos de diversos concorrentes. As fabricantes chinesas de automóveis frequentemente são criticadas por lançar produtos sem identidade própria, porque copiam marcas japonesas e europeias, mas concorrem com relativo sucesso porque têm custos e preços muito baixos.

Parcerias

A ação orquestrada entre duas ou mais empresas, visando gerar vantagens competitivas para o conjunto, é chamada **aliança estratégica**. A aliança estratégica é uma associação em que duas ou mais empresas e outros tipos de organizações buscam alguma vantagem ou sinergia a um custo mais baixo para todas ou que apenas uma delas teria dificuldade de alcançar. Há alianças estratégicas informais — por exemplo, entre um fornecedor e um cliente habitual. No entanto, em muitos casos, provavelmente na maioria, a aliança sustenta-se em um contrato formal entre as partes. Alguns tipos de alianças estratégicas são os seguintes:

- Cooperativas de compradores para ganhar poder de barganha com os fornecedores nas compras de grandes volumes.
- Contratos de fornecimento do tipo global sourcing, em que um fornecedor compromete-se com um comprador e vice-versa. Por exemplo, um fornecedor de produtos de limpeza que tem um contrato com uma cadeia de hotéis, sendo ambas as empresas globais.
- Associações para desenvolvimento e venda de produtos, como os programas conjuntos de milhagem entre companhias aéreas.
- Associações entre distribuidor e vendedor, para entrada em novos mercados. Por exemplo, um vendedor de roupas de banho que faz um contrato de fornecimento com uma cadeia de lojas nos Estados Unidos.

As alianças estratégicas permitem ao empreendedor expandir o alcance de sua empresa sem fugir de sua especialidade e de seu ***core business***. Ao mesmo tempo, a junção de recursos multiplica as possibilidades e diminui os riscos de todos os parceiros.

Questões para seu plano de negócios

1. Quais alternativas estratégicas genéricas sua empresa pode implementar?
2. Qual seu modelo de negócios: produto ou serviço e mercado ou cliente?
3. Qual sua missão — sua utilidade para o cliente?
4. Quais seus objetivos estratégicos?
5. Qual concorrência você enfrentará?
6. Quais os pontos fortes e fracos da concorrência?
7. Quais são os pontos fortes e fracos de sua empresa?
8. Com quais vantagens competitivas você pretende enfrentar o mercado?

Questões para estudo

Usando suas próprias palavras, responda às questões a seguir. Se possível, entreviste empreendedores para ajudar você nas respostas.

1. O que é estratégia no mundo dos negócios?
2. O que significa estratégia genérica?
3. Quais são as principais estratégias genéricas?
4. Explique o que é o processo de planejamento estratégico.
5. O que são e quais são as principais vantagens competitivas no mundo dos negócios?
6. Como uma empresa pode implementar o planejamento estratégico?
7. O que é o *balanced scorecard* e como uma empresa pode usar essa ferramenta?

Estudo de caso — Señorita Maria[2]

Señorita Maria, uma concessionária da marca Seat que conta também com uma oficina mecânica, foi criada em Berlim. Sua identidade visual é o vermelho vivo, a mesma cor do símbolo do beijo, que está no logotipo que pode ser encontrado em vários locais da empresa. Nessa empresa, trabalham apenas mulheres (eram dez no meio de 2010), que estudaram administração de empresas ou mecânica e que tinham interesse em vender carros para mulheres em um ambiente feminino, no qual não tivessem de fazer o papel de homens para subir na carreira. A empresa encontrou um nicho: o das mulheres que preferem comprar de mulheres para não se sentirem enganadas pelos homens. Originalmente, a ideia era atrair os clientes do sexo masculino, com uma agência só de mulheres, mas não foi isso o que aconteceu. Atualmente, as mulheres são responsáveis por metade das vendas. Os clientes masculinos não parecem intimidados dentro do ambiente. "É mais agradável ser atendido por mulheres e, se elas estão qualificadas, tanto melhor", diz um deles.

Maria Erkner, a gerente da empresa, teve a ideia quando estava na universidade. Seu bisavô e avô foram empresários no mesmo ramo de negócios e seu pai ainda é. Queria ser enfermeira, mas, depois de conversar com funcionárias das agências de seu pai em Berlim, decidiu seguir a tradição familiar, porém por conta própria, sem trabalhar para ele. A empresa nasceu no final de 2009, com o nome em espanhol — Señorita Maria. "É mais atraente, não?", pergunta ela.

Não se vê na oficina uma única mancha de óleo no piso. As ferramentas parecem de mostruário, de tão limpas que estão. Segundo a gerente, as mulheres têm mais confiança nas vendedoras, os homens as encaram com respeito, mas todos acham que elas têm valor.

Questões:

1. Que fatores foram determinantes na decisão de criar a empresa?
2. Identifique as estratégias dessa empresa.
3. Unicamente com base nas informações disponíveis nesse relato, faça uma análise SWOT da empresa.
4. Se você fosse contratado como consultor (ou funcionário) dessa empresa e lhe pedissem para criar um *scorecard*, qual seria sua proposta?
5. O que se aprende sobre empreendedorismo com esse caso?
6. Se você pretendesse entrar nesse mercado, como concorreria com a Señorita Maria?

---

2 Adaptado de <www.cnnexpansion.com>. Publicado em 15 de maio de 2010.

CAPÍTULO 5 ORGANIZAÇÃO DA EMPRESA

OBJETIVOS

Ao completar o estudo deste capítulo, você deverá ser capaz de explicar e utilizar as seguintes ideias:

- Processo de organizar.
- Funções da empresa.
- Estrutura organizacional e critérios de departamentalização.
- Organograma linear.

5.1 Processo de organização

Qualquer empresa precisa ser organizada, não importa se tem dois ou dois mil funcionários. Organizar é definir as responsabilidades de cada pessoa ou grupo de pessoas que trabalha para a empresa. Organizando a empresa, você define quem faz o quê, evitando omissões e confusões.

Para organizar a empresa, comece pelo plano estratégico. Lembre-se do princípio de que "a estrutura segue a estratégia". Portanto, começando pelos objetivos ou missão da empresa:

1. Identifique as funções da empresa.
2. Transforme as funções em departamentos.
3. Defina as responsabilidades das pessoas.
4. Desenhe a estrutura organizacional.

Você pode começar por qual dessas etapas quiser ou achar necessário.

5.2 Funções da empresa

As funções da empresa são as tarefas principais necessárias para realizar os objetivos. Todas as empresas têm aproximadamente as mesmas funções, que são: suprimentos, operações (ou produção), marketing e vendas, finanças e recursos humanos (Figura 5.1). A coordenação dessas funções especializadas é o papel do administrador geral — que você deve desempenhar.

5.2.1 Operações

Vimos no Capítulo 1 que o objetivo básico da função de operações é fornecer o produto ou serviço da empresa. Toda empresa tem um sistema de operações, que transforma matérias-primas, componentes, mão de obra e outros recursos em bens e serviços, vendidos aos clientes. Cada tipo de empresa tem um sistema próprio de operações. Na padaria, diversos ingredientes e a mão de obra são transformados em diversos tipos de pães. No hospital, equipamentos e mão de obra são transformados em serviços para os pacientes. Na barraquinha da esquina, pães e salsichas são transformados em sanduíches. E assim por diante.

Todas as atividades (ou funções menores) necessárias para fazer a transformação estão incluídas na função de operações: identificação e contratação de fornecedores, compras, transporte de suprimentos até o local das operações, distribuição de produtos acabados e muitas outras. Todas essas atividades ou funções dispõem-se em uma *cadeia de suprimentos*, que vai desde as fontes de matérias-primas até o consumidor final. No Capítulo 7 ("Operações") esse assunto será ampliado.

Figura 5-1 **Principais funções da organização e unidades de trabalho correspondentes**

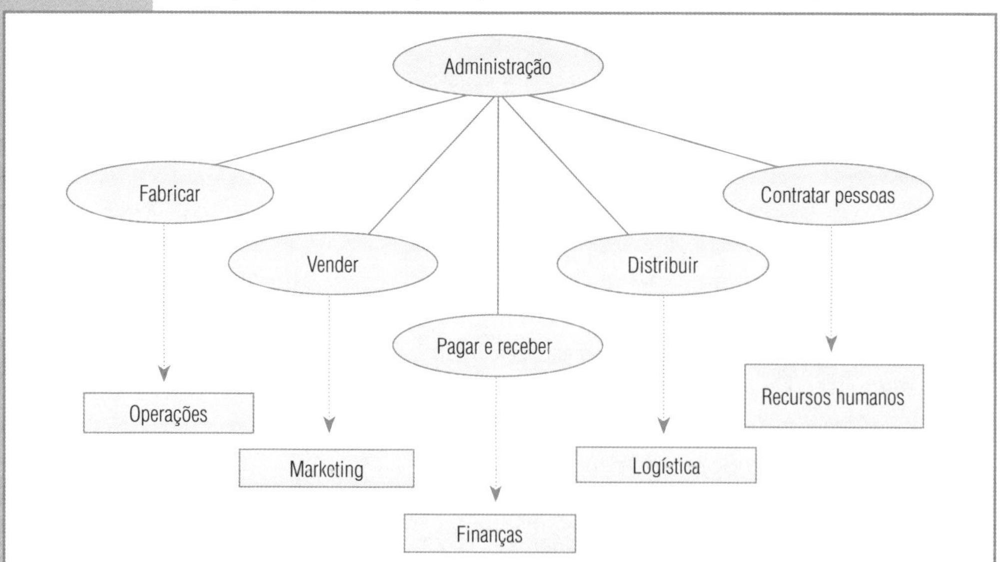

5.2.2 Marketing e vendas

Assim como ocorre com a função de operações, todas as empresas e até as organizações sem finalidade de lucro têm uma função de marketing, cujo objetivo básico é estabelecer e manter a ligação da empresa com seus clientes. A função de marketing abrange atividades (ou funções menores) como:

- *Pesquisa*: identificação dos interesses, necessidades e tendências do mercado.
- *Desenvolvimento de produtos*: criação de produtos e serviços, inclusive seus nomes, suas marcas e seus preços, e fornecimento de informações para o desenvolvimento de produtos em laboratórios e centros de pesquisa tecnológica.
- *Vendas*: oferecimento de produtos para aquisição pelos clientes.
- *Distribuição*: desenvolvimento de canais de distribuição e gestão dos pontos de venda.
- *Promoção*: comunicação com o público-alvo, por meio de atividades como propaganda, publicidade e promoção nos pontos de venda.

Marketing é o assunto do Capítulo 6.

5.2.3 Finanças

A função financeira cuida do dinheiro da empresa, para protegê-lo e promover sua utilização eficaz. Isso inclui a maximização do retorno dos investimentos e a manutenção de certo grau de liquidez, para o cumprimento das obrigações. A função financeira abrange as decisões de:

- *Investimento*: avaliação e escolha de alternativas de aplicação de recursos.
- *Financiamento*: identificação e escolha de alternativas de fontes de recursos.
- *Controle*: acompanhamento e avaliação dos resultados financeiros das operações.
- *Destinação dos resultados*: seleção de alternativas para utilização dos resultados financeiros da empresa.

A função de finanças é o assunto do Capítulo 10.

5.2.4 Recursos humanos

A função de recursos humanos, ou gestão de pessoas, procura encontrar, atrair e reter as pessoas de que a empresa precisa. Isso envolve atividades que começam antes de a pessoa ser empregada pela empresa e vão até depois que a pessoa se desliga. A função de recursos humanos tem os seguintes componentes, entre outros:

- *Planejamento de mão de obra*: definição da quantidade de pessoas necessárias para a empresa e das competências que elas devem ter.
- *Recrutamento e seleção*: localização, busca e obtenção de pessoas com as competências apropriadas para a empresa.
- *Capacitação*: aprimoramento do potencial e das competências das pessoas.

- *Administração do desempenho*: acompanhamento e avaliação do desempenho e manutenção de ações que promovam a motivação e o aprimoramento do desempenho das pessoas.
- *Administração de pessoal*: realização de atividades de natureza burocrática, como registro de pessoal, manutenção de arquivos e prontuários, contagem de tempo de serviço, folhas de pagamento e administração de carreiras.

A função de recursos humanos é o assunto do Capítulo 8.

5.3 Criação de departamentos

Definidos os objetivos e identificadas as funções, o trabalho a ser realizado é dividido em unidades ou blocos, de acordo com os critérios que sejam mais apropriados para sua realização.

- Os blocos de trabalho podem ser chamados de departamentos, gerências, unidades, setores, divisões, diretorias, áreas, e assim por diante. Esses nomes são arbitrários e cada empresa pode usar a denominação que quiser.
- O departamento pode ter uma única função da empresa (por exemplo, o departamento de administração de recursos humanos). Em outros, um departamento concentra diferentes funções (o departamento de administração de recursos humanos e de serviços gerais, por exemplo).
- Embora todas as empresas tenham aproximadamente as mesmas funções, a quantidade de departamentos varia de uma empresa para outra e depende do volume de operações e do número de funcionários. Funções são tarefas; departamentos são unidades de trabalho.

O resultado da divisão do trabalho é a especialização das pessoas. Em todas as empresas há divisão do trabalho. Em uma barraca de feira, pizzaria ou supermercado, pode-se observar os funcionários especializados em realizar tarefas distintas, como prestar o serviço, atender os clientes nas mesas, manter o suprimento de mercadorias e cuidar do caixa. Nas grandes empresas, como cadeias de pizzarias, bancos ou companhias aéreas, há muitas pessoas especializadas em realizar essas e outras tarefas, agrupadas em grandes departamentos ou diretorias.

5.4 Estrutura organizacional

Mesmo que as funções sejam as mesmas em todas as empresas, a forma específica de dividir o trabalho varia de uma para outra. Cada departamento pode ficar responsável por toda uma função, um grupo de tarefas, um tipo de cliente, um produto ou uma área geográfica. Esses e outros **critérios de departamentalização** definem a **estrutura organizacional** da empresa. O desenho da estrutura organizacional chama-se **organograma**.

A seguir, estudaremos os principais critérios de departamentalização, que são: pessoas, funções, produtos, clientes e área geográfica. Uma empresa pode usar mais de um critério de departamentalização, dependendo de sua estratégia e sua situação (Figura 5.2).

Figura 5-2 **Ajuste entre estratégia e estrutura**

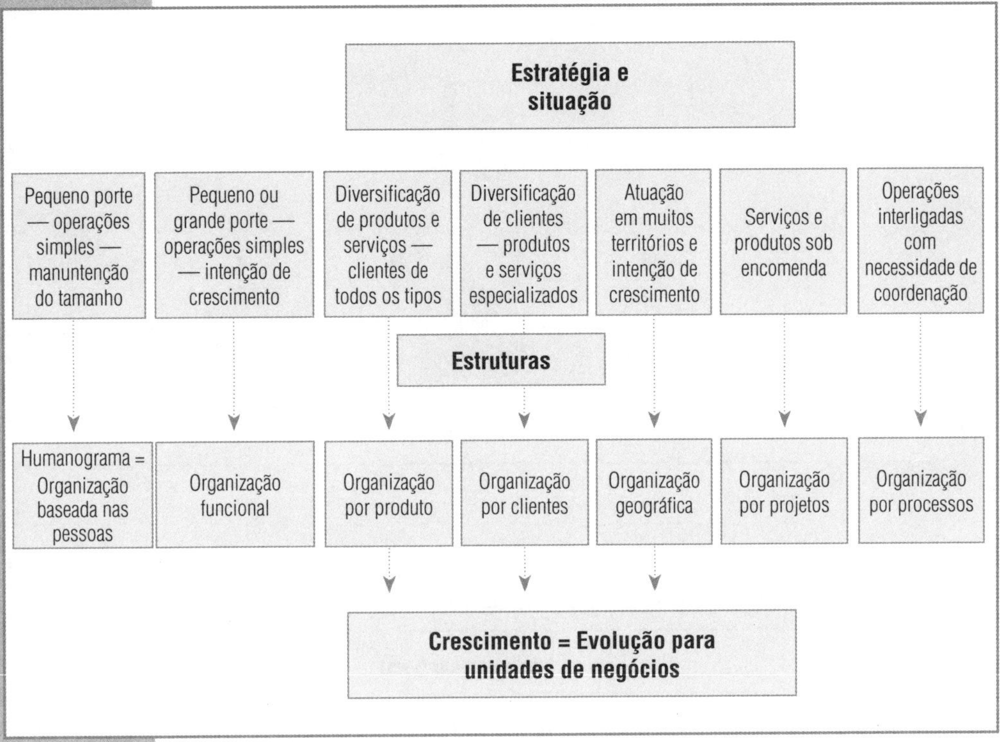

5.4.1 Organização por pessoas

A forma mais simples de montar uma estrutura organizacional é designar responsabilidades para as pessoas, de acordo com suas competências (Figura 5.3). Não há descrições formalizadas de cargos, apenas a distribuição de tarefas entre as pessoas. A estrutura organizacional muda de acordo com o deslocamento das pessoas para a execução de tarefas. Quando isso acontece, as responsabilidades são redistribuídas. Esse critério de organização é muito comum em pequenas empresas. Diz-se, em tom de brincadeira, que é um humanograma. Já que qualquer pessoa pode resolver qualquer problema e a comunicação é muito direta, essa estrutura é eficaz, mas apenas para as empresas de pequeno porte. Com o crescimento, essas vantagens tornam-se desvantagens.

5.4.2 Organização por funções

A departamentalização por funções (ou funcional) consiste em atribuir a cada departamento a responsabilidade por uma função da empresa — operações, marketing, finanças, recursos humanos e assim por diante (Figura 5.4). Em uma estrutura organizacional dividida segundo o critério funcional, o administrador geral comanda o conjunto todo e, logo abaixo, cada integrante do primeiro escalão hierárquico é responsável por uma função específica.

Figura 5-3 A organização por pessoas

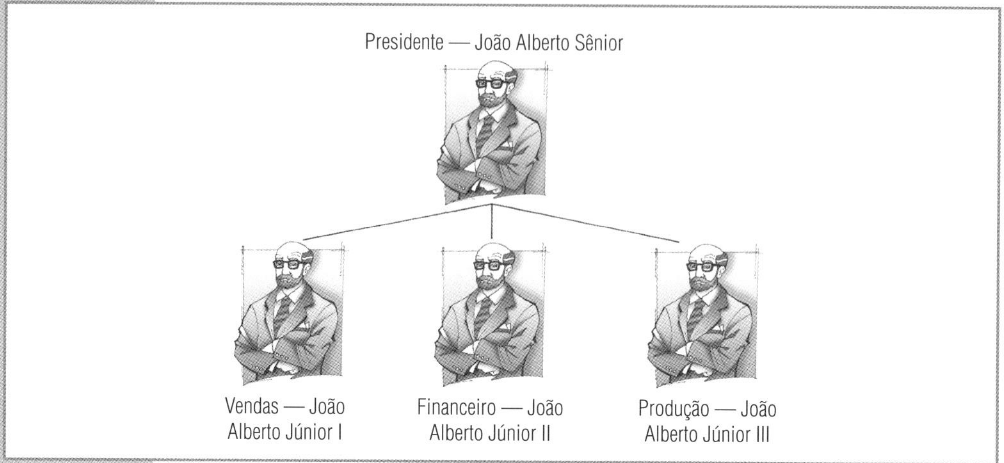

Figura 5-4 Critério funcional de organização

O modelo funcional é particularmente apropriado tanto para empresas de pequeno porte, que estão começando, quanto para as grandes corporações, quando as operações são simples — poucos produtos ou serviços, destinados a clientes que não exigem modificações radicais quando fazem encomendas. As subsidiárias das multinacionais fabricantes de veículos, por exemplo, usam esse modelo. O tratamento diferenciado para os modelos de veículos é organizado na linha de produção, sem que a estrutura, no primeiro nível, precise usar o critério da organização por produtos.

Nas empresas estruturadas por funções, nem sempre há um departamento para cada função, nem um gerente individual para cada departamento. Nas pequenas empresas, o critério funcional combina-se com o humanograma: os principais responsáveis têm de se deslocar de uma função para outra ou acumular cargos, conforme as necessidades e as competências individuais. É o caso do sócio-presidente de uma pequena empresa comercial que acumula o cargo de diretor de vendas e de vendedor.

Uma das grandes vantagens da organização funcional é a clareza das responsabilidades. Uma desvantagem importante: as pessoas podem dar mais atenção à função do que à empresa, e isso pode fazê-las perder o foco na qualidade geral do produto e na satisfação do consumidor.

5.4.3 Organização por produtos

A departamentalização por produto é adequada quando a empresa produz mais de um produto ou serviço, com diferenças significativas entre eles. Nessa estrutura, as tarefas e responsabilidades são separadas de acordo com o tipo de produto ou serviço. As concessionárias de veículos utilizam esse critério para especializar as operações de vendas: veículos novos em um departamento e veículos novos, consórcio e autopeças, em outros. As lojas dos supermercados são organizadas dessa forma: alimentos, produtos de limpeza, padaria, açougue.

Nesse tipo de estrutura, as pessoas comprometem-se com a linha de produtos de cada área. As responsabilidades pelas tarefas são claras e as necessidades de planejamento, fornecimento e distribuição de cada produto ou serviço são tratadas de forma altamente especializada.

No entanto, como nessa estrutura as decisões são descentralizadas, há um risco de duplicação de esforços e perda de eficiência.

5.4.4 Organização por cliente

Se a empresa atende a tipos diferentes de clientes, cada um deles com necessidades e características distintas, a organização por cliente é a alternativa apropriada. É uma forma segura de especializar, personalizar o atendimento e garantir a satisfação dos clientes. Por exemplo, os hospitais podem organizar seus serviços em função de casos infantis, adultos, psiquiátricos ou de emergência.

A organização por cliente pode ser utilizada em qualquer nível hierárquico e área funcional da estrutura, sempre que houver diferenças marcantes entre os clientes, justificando algum tipo de tratamento especializado. O extremo da organização por cliente é a existência de um departamento para cada cliente, ou, pelo menos, para cada um dos clientes mais importantes. Agências de publicidade e empresas prestadoras de serviços terceirizados (como segurança e limpeza) costumam empregar essa solução. Nesse caso, cada cliente tem a designação de *conta* e a pessoa responsável por seu atendimento é chamada *gerente de conta*.

5.4.5 Organização geográfica

Se a empresa trabalha em regiões distintas (bairros, cidades, estados, países), a departamentalização geográfica é a alternativa indicada. Nesse modelo de estrutura, cada unidade de trabalho corresponde a um território ou pedaço do mapa. O critério geográfico, também chamado territorial ou regional, pode ser utilizado quando é necessário disponibilizar em cada local de operações um certo volume de recursos ou uma certa autonomia.

Nos níveis que ficam abaixo do administrador principal, é muito comum usar o critério territorial para organizar as áreas de vendas e de prestação de serviços, especialmente quando a empresa concentra suas atividades produtivas e administrativas em um lugar (ou matriz), mas tem operações comerciais e de serviços em áreas dispersas.

Assim como ocorre na organização por cliente, a principal vantagem da organização territorial é a capacidade de focalizar as necessidades dos consumidores e fornecer serviços mais rápidos e especializados. A desvantagem é a duplicação de atividades, acarretando dispersão de esforços e ineficiência.

5.5 Unidades de negócios

Conforme a empresa cresce, os negócios ou áreas de atuação tendem a se diversificar, fazendo aumentar a necessidade de descentralizar as atividades e a autoridade. Se isso acontecer, o modelo das *unidades de negócios*, ou unidades estratégicas de negócios, é o critério apropriado de organização. As unidades de negócios tornam-se necessárias quando a empresa cresce e:

- Passa a atuar em diversos territórios, distantes e diferentes uns dos outros.
- Atende a clientes muito diferentes uns dos outros, cada um dos quais com necessidades muito particulares.
- Trabalha com linhas de produtos e serviços muito diferentes umas das outras.

Uma unidade de negócios é um departamento responsável por uma área geográfica, mercado ou produto (o seu negócio). A unidade de negócios tem total autonomia sobre o negócio e compreende todas as funções de operações, marketing, finanças e assim por diante. Grandes empresas muitas vezes são organizadas em áreas de negócios. No entanto, mesmo empresas de pequeno e médio porte podem usar essa ideia. O princípio é dar autonomia a cada unidade de negócios para cuidar de seu mercado, que é representado por um produto, cliente ou território. Abaixo do administrador principal, ao lado das unidades de negócios, um grupo de serviços centralizados, chamados serviços corporativos ou funções corporativas, cuida das atividades de apoio ao conjunto, como marketing, finanças e recursos humanos (Figura 5.5).

A estrutura das unidades de negócios oferece a grande vantagem de concentrar recursos especializados para possibilitar o aproveitamento de muitas oportunidades diferentes. Quanto mais a empresa se diversifica, entrando em mercados distintos, mais atraente se torna a estrutura das unidades de negócios. Além disso, a estrutura de unidades de negócios tem vantagens como:

- Maior facilidade na formulação de estratégias empresariais e prioridades para cada tipo de negócio.
- Equilíbrio entre os objetivos das unidades e entre esses e os objetivos globais da empresa.
- Maior facilidade de análise e atuação sobre o ambiente estratégico de cada tipo de negócio.
- Simplificação do processo de planejamento.

No entanto, esse tipo de estrutura pode ser dispendioso, uma vez que há tendência a duplicar recursos nas diferentes unidades. Além disso, a organização pode tentar entrar em negócios simplesmente para aproveitar oportunidades, mesmo que elas estejam distantes de sua vocação original. Há, ainda, desvantagens como:

Figura 5-5 Estruturação em unidades de negócios

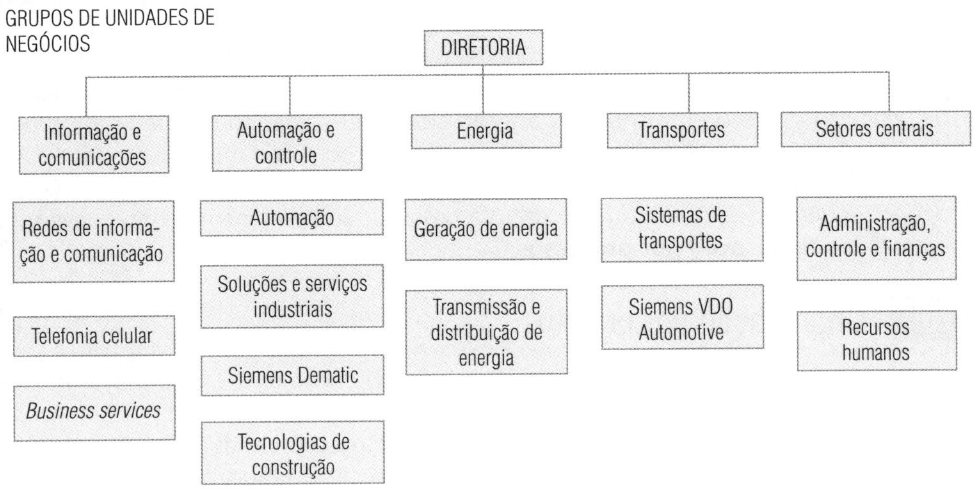

Fonte: <www.siemens.com.br>.

- Possibilidade de isolamento das unidades, gerando "canibalismo" e disputa por recursos.
- Dificuldade em manter alinhados os objetivos gerais da organização e os objetivos de cada unidade.
- Impossibilidade de certas unidades fazerem o uso comum dos recursos.
- Risco de poder excessivo das unidades e perda de controle da administração central.

5.6 Estruturas complexas

As estruturas que seguem os critérios básicos de departamentalização (funcional, produtos etc.) são apropriadas para lidar com atividades contínuas, como produção e fornecimento de bens e serviços, atendimento a clientes e processamento de documentos, entre outras.

Além das atividades contínuas, as empresas também realizam projetos — ou seja, atividades temporárias por encomenda, que envolvem diferentes departamentos permanentes em um esforço coordenado. Todas as empresas realizam projetos internos, destinados a si próprias — desenvolvimento de novos produtos, implantação de novos sistemas, recrutamento de pessoal, lançamento de operações em outros países. Algumas organizações trabalham apenas com o fornecimento de produtos e serviços sob encomenda e realizam projetos internos e externos — estes, comprados por clientes. Para lidar com projetos, tanto internos, quanto, e especialmente, externos, é apropriado usar alguma forma de **estrutura orientada para projetos**.

Por outro lado, as atividades contínuas, muitas vezes, são tão interligadas que exigem alto grau de coordenação entre departamentos. Isso é evidente nas chamadas **indústrias de processos**, como as fábricas que produzem embalagens plásticas ou as usinas de açúcar e álcool e são, de fato, grandes máquinas. No entanto, os processos também estão presentes em muitas outras atividades empresariais. Para fazer um jornal diário ou uma revista semanal, é preciso coordenar com grande precisão uma sequência de atividades interdependentes, que vão desde o evento até a porta do assinante, passando pela redação, produção, distribuição e entrega, entre muitas outras tarefas. Ao contrário dos projetos, que são temporários, os processos são contínuos. As empresas que dependem de coordenação precisa dessas sequências de tarefas, que cruzam a organização permanentemente, devem usar o critério da **organização por processos**.

5.6.1 Organização por projetos

Se a empresa fornece produtos ou serviços sob encomenda, deve usar o modelo da organização por projetos. Projetos são atividades temporárias que têm por objetivo entregar um produto ou serviço *singular*. Empresas que fornecem produtos e serviços rotineiros sob encomenda, como revisões e consertos de veículos, fabricação de móveis e festas infantis, não precisam desse modelo. A estrutura funcional regular é capaz de dar conta dessas atividades.

A **organização por projetos** consiste em dividir a empresa em estruturas temporárias, cada uma delas responsável por um projeto. Esse tipo de estrutura organizacional é apropriado quando as seguintes condições ocorrerem: (1) o produto ou serviço exige atendimento personalizado, (2) envolve volume expressivo de recursos, (3) exige investimento no entendimento do problema e desenvolvimento da solução, (4) é singular, mesmo que similar a outros, (5) tem de ser entregue dentro de restrições de tempo e custo e (6) precisa de recursos humanos multidisciplinares.

As empresas que enfrentam essas condições e precisam ser organizadas por projetos trabalham em ramos de negócios como:

- Consultoria.
- Planejamento e realização de eventos.
- Desenvolvimento e implantação de sistemas de informação.
- Montagem e instalação de grandes equipamentos, como equipamentos de ar-condicionado ou turbinas.
- Construção civil.
- Pesquisas de opinião.
- Propaganda.

A empresa organizada por projetos torna-se um conjunto de estruturas temporárias, que recebem serviços de uma estrutura permanente de finanças, contratos, recursos humanos e outras funções de apoio. Nas empresas orientadas para produtos e serviços, que fornecem "para as prateleiras", e não sob encomenda, a organização por projetos é indicada também para lidar com os projetos internos — ou seja, as iniciativas temporárias destinadas ao aprimoramento da própria empresa.

Há duas formas principais de organizar a empresa por projetos: estrutura projetizada (projetos autônomos) e estrutura matricial.

Estrutura projetizada (projetos autônomos)

Você pode organizar toda a empresa, ou pelo menos uma parte significativa dela, em projetos autônomos. Cada projeto autônomo é conduzido por uma equipe — em geral multidisciplinar — independente das outras. Com esse modelo, a empresa torna-se um conjunto de equipes autônomas, cada uma responsável por um projeto (Figura 5.6). Uma organização que usa a estrutura dos projetos autônomos é chamada **organização projetizada** — ou se diz que tem **estrutura projetizada**. Essa solução permite que cada equipe se concentre nos objetivos de "seu" projeto e no atendimento da encomenda do cliente, sem dispersar a atenção com outros compromissos.

A estrutura projetizada é apropriada para atender a encomendas muito singulares, como empreendimentos de grande porte, estratégicos e com alto grau de inovação ou comprometimento de recursos. A missão é tão importante que justifica a dedicação integral de uma equipe. Eventualmente, a equipe do projeto autônomo recebe a colaboração de profissionais recrutados fora dos quadros permanentes da organização principal. O gerente de um projeto autônomo tem grande autonomia, autoridade e comunicação direta e permanente com a equipe do projeto. Algumas empresas são totalmente projetizadas, pela natureza de seu negócio. É o caso de empresas de construção civil e naval, montagem de grandes equipamentos industriais, fabricação de aviões, trens e metrôs, consultoria e treinamento. Nessas empresas, a cada encomenda que chega, monta-se uma equipe, que é desfeita quando a encomenda é entregue. Seus integrantes são realocados para outros projetos — ou dispensados quando não há mais projetos. A empresa torna-se extremamente flexível, capaz de atender eficientemente às encomendas, mas o custo humano costuma ser alto, já que a insegurança é inerente a esse tipo de negócio.

Estrutura matricial

Quando há muitos projetos que convivem com atividades funcionais — como acontece em agências de propaganda, empresas de desenvolvimento de sistemas, empresas industriais que trabalham por encomenda ou departamentos de pesquisa e desenvolvimento — a estrutura matricial é recomendada. Na Figura 5.7, as áreas funcionais são chamadas de centros de competências. As equipes de projetos são formadas por funcionários dos centros de competências.

Figura 5-6 **Estrutura de projetos autônomos**

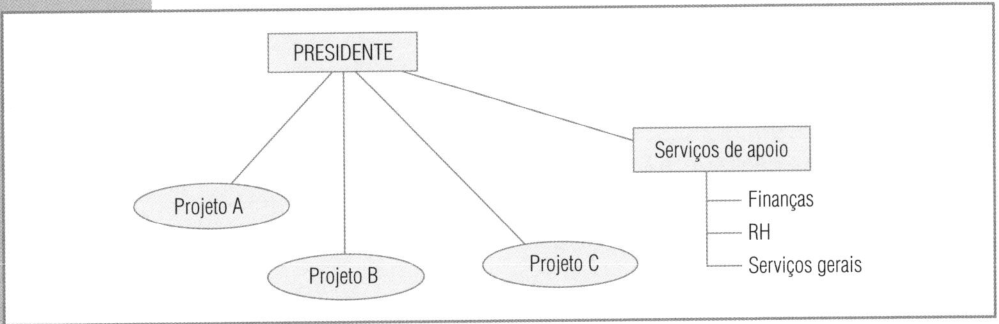

Figura 5-7 **Estrutura matricial de projeto**

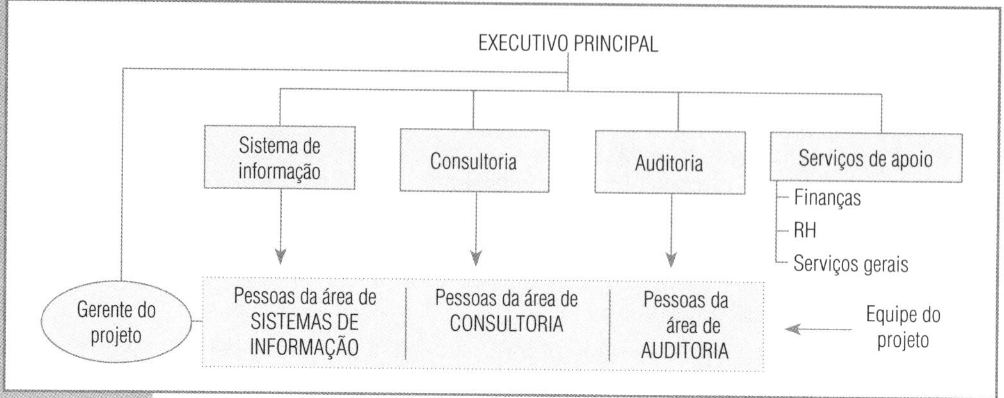

Esses funcionários são "emprestados" aos projetos por períodos determinados. Esse arranjo é uma estrutura horizontal de coordenação das competências das áreas funcionais permanentes.

Cada um dos especialistas funcionais envolvidos no projeto mantém sua ligação e seus compromissos em seu departamento funcional permanente. Os integrantes de uma equipe matricial podem trabalhar em diversos projetos ao mesmo tempo, sendo coordenados em diferentes momentos por diferentes gerentes de projetos.

A vantagem da estrutura matricial decorre da combinação de dois tipos de enfoques. Enquanto a organização funcional favorece a especialização e o acúmulo de conhecimentos, a organização por projetos favorece a orientação para algum tipo de resultado ou problema a ser resolvido. A estrutura matricial equilibra esses dois tipos de vantagens, combinando a competência técnica da estrutura funcional com a ação orientada para o resultado da organização de projeto.

A estrutura matricial compromete os princípios clássicos da unidade de comando e da equivalência entre responsabilidade e autoridade. Há dupla subordinação, pois os integrantes da equipe trabalham ao mesmo tempo com seus chefes permanentes e com o gerente do projeto. Além disso, nem sempre o gerente de projeto tem a dose necessária de poderes formais para garantir o desempenho dos profissionais que lhe são "emprestados". Essa falta de poder formal deve ser compensada pela capacidade de negociação e pela maturidade, requisitos para o sucesso de uma organização com esse modelo.

5.6.2 Organização por processos

A **organização por processos** consiste em administrar as estruturas permanentes como processos interligados, e não como conjuntos de departamentos independentes. Essa solução permite ganhar eficiência na realização de atividades que são naturalmente interdependentes, mas que a burocracia, às vezes, separa umas das outras.

Definição de processo

Um **processo** é um conjunto ou sequência de atividades interligadas, com começo, meio e fim. Os processos fornecem a dinâmica das organizações, mobilizando as áreas funcionais para fornecer resultados. Por meio de processos, a organização recebe recursos do ambiente (trabalho humano, materiais, energia e equipamentos) e os transforma em produtos, informações e serviços, que são devolvidos ao ambiente. Por exemplo:

- O pedido de um cliente transforma-se em especificações de um produto.
- As especificações transformam-se em encomendas para fornecedores.
- As encomendas transformam-se em matérias-primas, que se transformam no produto que o cliente encomendou.
- O produto transforma-se em uma entrega, que se transforma em uma conta a receber.
- As áreas de vendas, engenharia, produção, logística e finanças estão envolvidas nesse processo, assim como em outros.

As organizações sempre foram feitas de processos. No entanto, a administração das organizações é feita por meio de uma estrutura que privilegia as áreas funcionais. Essa estrutura tem desvantagens que podem ser superadas por meio da **administração por processos** (ou **administração de processos**).

Administração de processos

A **administração de processos** consiste em administrar as funções permanentes como elos de uma corrente, e não como departamentos isolados uns dos outros. O resultado é uma cadeia horizontal de processos, em lugar da estrutura vertical da cadeia de comando. A horizontalização reformula o modo de administrar as operações, integrando todas as funções envolvidas na solução de um problema. A organização por processos permite que as funções trabalhem de forma coordenada, aumentando a eficiência ao longo de todo o processo.

Todas as organizações podem ser desmembradas em processos que atravessam as fronteiras das áreas funcionais. Há dois tipos principais de processos: os processos principais e os processos de apoio. Para adotar a administração por processos, o primeiro passo é entendê-los e classificá-los nessas duas categorias.

Processos principais

Os **processos** principais estão relacionados com a transformação de insumos em produtos destinados a clientes internos ou externos. Para fazer chegar regularmente ao supermercado o sabão em pó que o consumidor deseja, é preciso uma ligação muito forte entre todos os elos da cadeia de suprimentos, desde os fornecedores de embalagens e matérias-primas até a prateleira. A necessidade de uma ligação estreita entre as fontes de insumos e os clientes é o fator determinante na identificação dos **processos principais**, que são:

- Desenvolvimento de produtos e serviços.
- Geração e processamento de pedidos.
- Produção: transformação de pedidos, informações e matérias-primas em produtos e serviços.
- Atendimento aos clientes.

De um ramo de negócios para outro, os processos centrais são diferentes, mas sempre orientados para o fornecimento do produto ou serviço para o cliente.

Processos de apoio

Existem outros processos nas organizações. São os processos de apoio, que sustentam os processos principais ou medem seu desempenho. Os mais importantes são:

- Administração financeira e contabilidade.
- Recursos humanos.
- Compras.

Características da administração de processos

A principal finalidade da administração por processos é a orientação para a eficiência e a eficácia dos processos principais, com objetivos específicos de desempenho, como o atendimento de um pedido no menor tempo possível. As funções envolvidas em um processo são administradas em seu conjunto, por meio de uma equipe. A adoção da administração por processos também é chamada **horizontalização da empresa**. Empresas horizontais, ou horizontalizadas, são aquelas que adotam o modelo da administração de processos.

No modelo da administração de processos, os departamentos não são destruídos. A mudança consiste em implantar uma forma diferente de administrá-los. A cadeia clássica de comando é complementada por equipes formadas com pessoas de diferentes departamentos (Figura 5.8).

- As equipes trabalham com um propósito claro e senso de responsabilidade em relação a objetivos mensuráveis de desempenho. A equipe, ou uma pessoa dela, torna-se a *dona* de um processo. Representantes dos clientes e fornecedores podem ser colocados como membros de equipes internas.
- O principal indicador de desempenho é a satisfação do cliente.
- Os integrantes de uma equipe de gestão de um processo devem ser recompensados por suas contribuições coletivas, não apenas por seu desempenho individual. Uma norma é estimular os contatos diretos e frequentes com fornecedores e clientes.
- Uma organização que pretenda adotar o modelo da gestão horizontal deve fornecer todos os dados para seus funcionários, treinando-os para fazer suas próprias análises e tomar suas próprias decisões.
- Às vezes, os processos passam a ter mais de uma versão. A diversidade de mercados e clientes pode exigir que um mesmo processo tenha diferentes versões para atender a diferentes necessidades.

Figura 5-8 Organização por processos

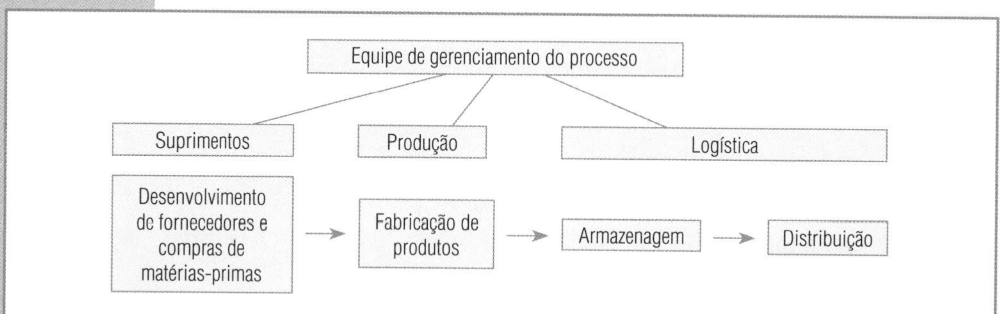

5.7 Definição de responsabilidades

As responsabilidades são definidas juntamente com a identificação dos departamentos. Responsabilidades são as obrigações ou deveres das pessoas pela realização de tarefas ou atividades. O conjunto das tarefas pelas quais uma pessoa é responsável chama-se **cargo**. Normalmente, um departamento é um agregado de cargos. No entanto, como acontece em organizações de pequeno porte, um departamento pode corresponder a um único cargo.

Um cargo é a menor unidade de trabalho da estrutura organizacional e consiste de um conjunto de tarefas ou atividades que uma pessoa (ocupante do cargo) deve desempenhar. Há cargos que têm um único ocupante (por exemplo, o cargo de presidente) ou um número pequeno de ocupantes (secretárias e analistas), bem como cargos com grande número de pessoas que os ocupam (auxiliares, professores e montadores). Os cargos que têm mais de um ocupante são chamados de posições.

Os cargos têm títulos que identificam a tarefa principal (ou profissão) do ocupante: montador, secretária, professor, assistente do gerente geral, diretor de recursos humanos. O conteúdo do cargo especifica as tarefas ou responsabilidades (também chamadas **funções do cargo**) que o ocupante deve desempenhar.

A relação das responsabilidades de um cargo chama-se descrição de cargo. No Capítulo 8 ("Gestão de pessoas") retornaremos aos cargos para estudá-los com mais detalhes e sob outra importante perspectiva — a das competências.

5.8 Autoridade

Para completar o processo de organização, a autoridade é atribuída a pessoas ou a unidades de trabalho. Autoridade (a rigor, autoridade formal) é o direito legal que os chefes ou gerentes têm de dirigir ou comandar o comportamento dos integrantes de sua equipe, chamados subordinados, colaboradores ou funcionários, dependendo do tipo de organização. Subordinado é uma palavra que está caindo em desuso, por ter conotação negativa.

A autoridade também significa o poder de utilizar ou comprometer os recursos organizacionais. A autoridade pode ser atribuída a pessoas, unidades de trabalho de uma orga nização ou a organizações, como o departamento de auditoria das empresas, uma comissão de sindicância, a polícia ou o Poder Judiciário. A autoridade é a contrapartida da responsabilidade. Como os gerentes têm responsabilidade pelo desempenho de outras pessoas, as organizações lhes dão autoridade sobre essas mesmas pessoas.

5.8.1 Tipos de autoridade

Há três tipos principais de autoridade: de linha, de assessoria e funcional.

Autoridade de linha

É a autoridade que desce diretamente de cada chefe para os integrantes de sua equipe, desde o executivo principal até o nível do funcionário operacional.

Autoridade de assessoria

Unidades de assessoria são órgãos que ficam ao lado da linha, para auxiliar os gerentes de todos os níveis na análise de problemas e tomada de decisões. Órgãos de assessoria podem ser departamentos permanentes (como uma assessoria jurídica) ou colegiados, formados pelos próprios gerentes, que se reúnem periodicamente. As assessorias têm autoridade em assuntos técnicos (por exemplo, pareceres sobre contratos) e corporativos (como a formulação de políticas e estratégias). A autoridade de assessoria "sobe" até os gerentes, dos quais desce para a linha.

Autoridade funcional

A autoridade funcional é exercida pelos departamentos de apoio sobre os demais departamentos da estrutura funcional, por meio de respostas a consultas ou da formulação e aplicação de políticas e procedimentos. O departamento de recursos humanos, por exemplo, tem autoridade funcional para definir o plano de cargos e salários, para estabelecer critérios de recrutamento, seleção e promoção, e para todos os outros aspectos da gestão de pessoas. Da mesma forma, outros departamentos, como finanças e qualidade, cada qual em sua área de atuação, também influenciam os demais departamentos.

5.8.2 Hierarquia e amplitude de controle

A atribuição de autoridade implica dois aspectos importantes do processo de organização: hierarquia e amplitude de controle.

Hierarquia

A autoridade divide-se verticalmente, em níveis. As pessoas que estão em um determinado nível têm autoridade sobre as que estão no nível inferior. Inversamente, em qualquer nível, as pessoas têm responsabilidades e prestam contas para as que estão acima (ou reportam-se para elas). Essa disposição da autoridade em níveis chama-se **hierarquia** ou **cadeia de comando**. A quantidade de níveis chama-se número de escalões hierárquicos.

Amplitude de controle

Em qualquer nível, cada gerente tem um determinado número de pessoas que se reportam a ele; pessoas que podem estar agrupadas em conjuntos de cargos ou outros departamentos. O número de pessoas subordinadas a um gerente define a amplitude de controle, ou amplitude de comando, desse gerente.

A amplitude de controle depende do número de níveis hierárquicos. Muitos níveis hierárquicos significam grande quantidade de chefes e, em geral, pequena amplitude de controle — poucos subordinados por chefe. A autoridade fica concentrada nos chefes e isso tira a autonomia dos funcionários, emperrando o processo de tomar decisões. Além disso, as empresas com grande quantidade de chefes são muito dispendiosas. Por causa desses problemas, as empresas preferem usar as estruturas enxutas.

Uma estrutura enxuta tem pequeno número de níveis hierárquicos e, consequentemente, grande número de funcionários por chefe. Isso significa que a autoridade fica distribuída, o que transfere as decisões para a base da hierarquia, ampliando a autonomia dos funcionários.

No entanto, esses são princípios gerais. Se a empresa precisa de muitos grupos pequenos e altamente especializados para funcionar, é necessário um número de chefes mais alto. Se os funcionários têm todos as mesmas atribuições e qualificações, um número menor de chefes, com grande amplitude de controle, é suficiente.

5.9 Como usar o organograma linear

O organograma linear (ou matriz de responsabilidades) é um gráfico que representa a distribuição de responsabilidades e autoridade entre pessoas ou departamentos da empresa. Você pode usar o organograma linear junto com o organograma convencional, ou em lugar dele, para trabalhar com projetos ou atividades permanentes. Trata-se de um gráfico que mostra (Figura 5.9):

a. Uma lista de atividades, nas linhas.

b. Departamentos ou pessoas envolvidas na execução das atividades, nas colunas.

c. Nas células, a divisão das responsabilidades e da autoridade entre os departamentos, para execução das atividades.

Os símbolos usados nas células indicam a distribuição de responsabilidade e autoridade, em quatro níveis principais. Normalmente são usados quatro níveis (embora outros níveis e símbolos possam ser aplicados dependendo da situação):

- R = Responsável (tem responsabilidade sobre a tarefa, não importa se fazendo-a pessoalmente ou supervisionando sua execução).
- A = Tem autoridade para aprovar ou vetar a execução da atividade ou o resultado final.
- C = Deve ser consultado antes da execução da atividade, ou como condição para a execução da atividade.
- I = Deve ser informado sobre a execução da atividade ou seus resultados.

Veja um exemplo de organograma linear na Figura 5.10. Use-o como exemplo para atividades permanentes ou projetos de sua empresa. Faça as adaptações que julgar necessárias.

Figura 5-9 **Modelo de organograma linear**

	Responsabilidades/autoridade		
Atividades/ decisões	**Departamento ou pessoa**	**Departamento ou pessoa**	**Departamento ou pessoa**
Atividade ou decisão 1	R		C
Atividade ou decisão 2		Especificação das responsabilidades e do nível de autoridade de cada pessoa ou departamento envolvido com as atividades e decisões	
Atividade ou decisão 3	I		A

Figura 5-10 Exemplo de organograma linear

Equipe	João Alberto	José Carlos	Vendas	Manoel Joaquim	Joaquim Manoel	Financeiro
Busca e desenvolvimento de fornecedores	Responsável	Deve ser consultado	Deve ser consultado	Deve ser informado *a posteriori*		
Produção do catálogo de produtos e da lista de preços			Deve ser consultado	Responsável	Participa/ auxilia	Aprova
Atividades promocionais	Responsável	Participa/ auxilia	Deve ser consultado			Aprova

Questões para seu plano de negócios

1. Qual é seu modelo de operação: produção de massa ou por encomenda?
2. Qual é o tipo de estrutura mais apropriado para seu negócio?
3. Qual é a estrutura organizacional? Elabore um organograma.

Questões para estudo

Usando suas próprias palavras, responda às questões a seguir. Se possível, entreviste empreendedores para ajudar você nas respostas.

1. O que é estrutura organizacional?
2. O que é organograma?
3. O que é departamentalização?
4. Quais os principais critérios para organizar? Em que condições são indicados?
5. Qual o tipo de departamentalização mais indicado para novos empreendimentos? Explique.
6. Quais as vantagens e desvantagens dos diferentes tipos de estrutura?

Estudo de caso — Churupita Informática[1]

A Churupita Informática foi fundada há cerca de um ano e meio por quatro sócios. A empresa trabalha com o desenvolvimento de softwares e outros serviços de informática para confecções — que são os principais clientes —, academias e lojas de baixo preço. Sua área de atuação é um bairro da capital onde há grande concentração de confecções. Tem 15 empresas clientes e três que prometeram implantar sistemas nos próximos três meses.

1 Desenvolvido com base em um original escrito por Carlos Benedito Aguiar Cardoso. São Paulo: FEA-USP, 2005. Reprodução proibida.

Organização

A empresa está organizada em quatro áreas, mas não tem um administrador geral, já que todas as decisões são tomadas em reuniões dos sócios. A empresa não tem funcionários fixos e trabalha com técnicos que são contratados conforme as necessidades do serviço.

- Administração — venda e consultoria pós-venda para a elaboração de softwares. Produz cerca de 10 por cento do faturamento. Equipe: um sócio e três técnicos.
- Desenvolvimento — criação de programas e alterações do padrão atual. Produz cerca de 40 por cento do faturamento. Equipe: um sócio e um técnico.
- Web — criação e manutenção de páginas. Essa área está praticamente parada, com pouquíssimos clientes. Produz cerca de 10 por cento do faturamento. Equipe: um sócio e um técnico.
- Suporte — aplicação e implantação do software desenvolvido (e também prestação de serviços de hardware, dependendo do problema). Produz cerca de 40 por cento do faturamento. É a área que concentra o maior volume de trabalho. Equipe: um sócio e dois técnicos.

A maior parte da receita vem de contratos de manutenção mensal dos softwares fornecidos para os clientes. Nos últimos meses, a Churupita vem perdendo clientes que costumavam ser fiéis. Além da concorrência intensa, os clientes reclamam de falhas no serviço.

Reclamações dos clientes

Os contratos de manutenção mensal ocupam muito tempo da área de suporte, que demora a atender às solicitações dos clientes. Há poucos funcionários para atender ao grande número de chamadas. A prioridade é dada aos novos clientes, que necessitam de manutenção constante, já que os sistemas estão em implantação. Como os sistemas já foram implantados para os clientes antigos, a tendência é deixá-los em segundo plano. Eles reclamam da falta de atenção e procuram outros fornecedores de software. No entanto, a empresa não pode contratar mais técnicos para atender à demanda, porque enfrenta uma grave crise financeira. O preço da mensalidade de manutenção é baixo, mal cobrindo as despesas. Se a empresa aumentar o preço, é provável que perca clientes, em virtude da grande concorrência. Além disso, na área de suporte trabalham técnicos que fazem faculdade à noite e aos sábados. Isso elimina a possibilidade de fazerem horas extras ou qualquer outro tipo de trabalho nesses períodos.

Aparentemente, todos os problemas surgiram com o aumento da demanda. A estrutura funcionava bem até pouco tempo atrás. Quando a área de suporte começou a receber muitas solicitações, o trabalho sobrecarregou a equipe, que se tornou incapaz de atender às chamadas no prazo correto.

Cada área da empresa recebe de duas a três chamadas por dia. O tempo de atendimento para a solução de problemas varia muito. Um problema simples demora até uma hora, um problema médio pode demorar até um dia e um problema complicado pode exigir semanas ou meses de pesquisa e testes, até que se chegue a uma solução definitiva.

Com frequência, é necessário refazer o serviço no momento em que o software é testado no ambiente do cliente. Essa atividade consome recursos, mas não agrega valor ao produto ou serviço.

Os sócios fizeram um levantamento dos problemas de qualidade dos serviços com uma amostra de cem chamados e desenharam um gráfico de Pareto. Todos os problemas levantados ocorreram em clientes antigos, que já tinham sistemas implantados:

1. Atendimento demorado, necessidade de refazer o serviço, retornar ao local = 50 ocorrências.
2. Erros de programação e de desenvolvimento do software = 30 ocorrências.
3. Erros do SO Windows (incompatibilidade) = 10 ocorrências.
4. Outros erros (mau uso do usuário etc.) = 10 ocorrências.

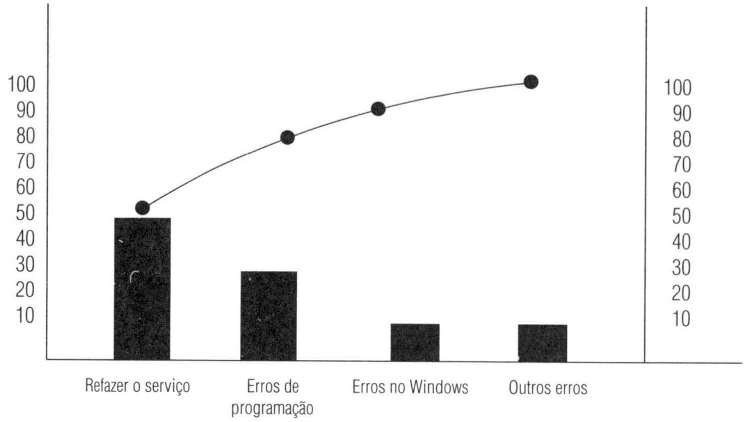

A conclusão dos sócios foi a seguinte: se o atendimento fosse mais rápido e os erros de programação fossem corrigidos, 80 por cento dos problemas da empresa em relação aos atendimentos e à qualidade seriam resolvidos.

Propostas de solução

Com recursos limitados e sofrendo as pressões de seus problemas e da concorrência, os sócios pretendem recuperar a empresa e fazê-la crescer. Na última reunião, as seguintes propostas foram discutidas:

1. A exemplo de outras empresas de software, a Churupita pretende fazer a transição do sistema de manutenção mensal para a manutenção por hora técnica. Isso evitará chamadas desnecessárias e tornará viável fazer atendimentos que consomem muito tempo. O processo produtivo, no entanto, terá de ser muito eficiente, já que a exigência do serviço e a cobrança por resultados ficarão muito mais pesadas. Os clientes já foram consultados e alguns tiveram reação negativa, mas a empresa não tem alternativa.
2. Para colocar em prática o princípio de "fazer certo da primeira vez", no eixo desenvolvimento-suporte, a empresa criará uma área de testes para os programas. Essa área de testes (com no mínimo dez computadores) fará simulações dos programas em implantação, evitando transtornos no ambiente dos clientes. Os testes também evitarão a necessidade de refazer o serviço. Em outras empresas, essa solução funciona muito bem.
3. Pressionar os técnicos por resultados não vai produzir efeitos, além de criar um clima pesado. Um programa de incentivos ou até de participação nos resultados, no entanto, será proposto por um dos sócios.

Algumas semanas depois dessa reunião, a situação da empresa parece estar melhorando. Há muitas divergências entre os sócios e um pouco mais de colaboração ajudaria bastante.

"É necessário gestão — enfatiza um dos sócios — e estou me empenhando nisso — planejar, organizar e executar. As oportunidades são muitas e, se nossos produtos e serviços forem de alta qualidade, a concorrência que se cuide!"

Questões:

1. Até que ponto os problemas da Churupita são problemas de organização?
2. Avalie e complemente o plano de recuperação da empresa.
3. Que outras informações são necessárias para um quadro completo da situação da empresa?

CAPÍTULO 6 MARKETING

OBJETIVOS

Ao completar o estudo deste capítulo, você deverá ser capaz de explicar e utilizar as seguintes ideias:

- Função de marketing.
- Mercado.
- Consumidor ou cliente.
- Planejamento estratégico de marketing.
- Marketing mix.

6.1 O que é marketing?

Certamente, você já sabe alguma coisa sobre a função de marketing. Há muito tempo as pessoas tentam vender produtos, serviços e ideias e você, como consumidor, vendedor ou observador, já deve ter adquirido algumas noções sobre o assunto e até mesmo algumas técnicas — promoções, propaganda, redução de preços, amostras grátis e testes de produtos. Entretanto, a função de marketing envolve muito mais do que apenas promover ou vender o produto. Todo o planejamento e execução de atividades necessárias para desenvolver produtos e serviços, decidir preços, distribuir os produtos e convencer as pessoas a comprar — tudo isso e muito mais faz parte da função de marketing.

Na definição da Associação Americana de Marketing, a função de marketing compreende o planejamento e a execução de atividades de concepção, definição de preço, promoção e distribuição de ideias, produtos e serviços para criar valores que satisfaçam a objetivos individuais e organizacionais. Em uma definição simplificada, a atividade de marketing de uma empresa consiste em determinar as necessidades e os desejos dos mercados-alvo e satisfazê--los de forma mais eficaz que os concorrentes.

O produto é o ponto central das ações de marketing. Um produto é qualquer coisa que possa ser oferecida a um mercado para satisfazer a uma necessidade ou desejo. O conceito de produto não está limitado a objetos físicos. Além de bens e serviços, os produtos incluem pessoas, lugares, organizações, atividades e ideias.

6.2 Mercado

Mercado é um grupo de consumidores que têm necessidades e interesses similares, poder aquisitivo e disposição para comprar. Há dois tipos principais de mercados: **mercado consumidor** — o dos consumidores finais — e **mercado industrial** — o das empresas e outros tipos de organizações.

- Os consumidores finais compram o produto para seu próprio uso, para uso de alguém da família ou para presentear. Você e eu, quando compramos creme dental no supermercado, somos consumidores finais.
- O mercado industrial compra produtos e serviços para revendê-los ou usá-los em suas operações. O supermercado, quando compra creme dental, é um consumidor industrial.

Nos dois casos, a definição do mercado começa com a população total e chega até o mercado efetivamente conquistado por uma empresa (Figura 6.1):

Figura 6-1 Os diferentes significados de mercado

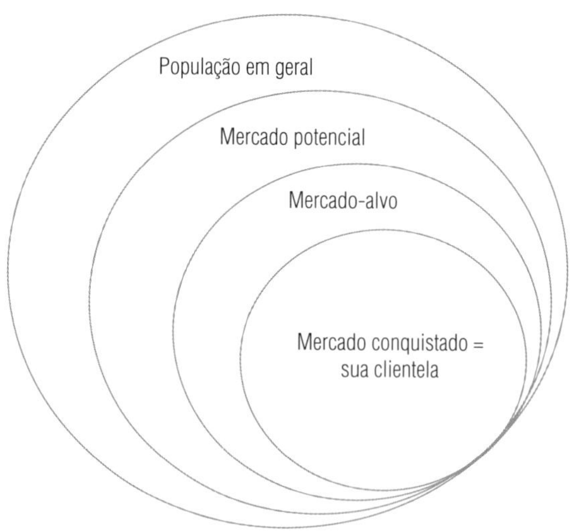

- População em geral = totalidade das organizações e pessoas da sociedade, entre as quais se identificam diversos mercados potenciais.
- Mercado potencial = todas as pessoas e organizações que se interessam (ou se interessariam) por um determinado produto ou serviço.
- Mercado-alvo = as pessoas e organizações do mercado potencial que você pretende conquistar. Pode ser expresso como uma porcentagem do mercado potencial.
- Seu mercado = sua clientela = os consumidores ou clientes que efetivamente compram de você.

O entendimento e o dimensionamento correto do mercado determinam a natureza e o tamanho do investimento que você pretende fazer nas demais atividades de marketing e nas atividades de operação. Sempre é bom lembrar os casos clássicos de erros na quantificação do mercado, que produziram erros subsequentes na cadeia de valor da empresa e terminaram produzindo grandes prejuízos. Dois exemplos são a TV a cabo e o automóvel Classe A da Mercedes-Benz, para os quais se previu um mercado potencial que nunca se concretizou.

6.3 Entender o cliente

Consumidores ou clientes são as pessoas e organizações que compram ou usam os produtos e serviços. Há empresas com forte atuação no mercado industrial que fazem a distinção entre cliente (o supermercado que compra creme dental, por exemplo) e o consumidor (a pessoa que compra creme dental no supermercado). Essa distinção pode ser importante na linguagem interna da empresa e também para direcionar o esforço de marketing, mas, atenção: quem toma a decisão de compra sempre é uma pessoa.

Um dos objetivos da função de marketing é entender o consumidor tão bem quanto o produto ou serviço que a empresa deseja vender a ele. Esse é um grande desafio. Os consumidores são numerosos, diversificados, informados, exigentes, detalhistas, protegidos pela legislação e, quase sempre, difíceis de compreender. Frequentemente, eles mudam de opinião. Além disso, toda a concorrência também está procurando entendê-los e conquistá-los.

6.3.1 Tipos de clientes

Uma forma interessante de entender os clientes é enquadrá-los em três categorias principais:

- *Clientes que usam e pagam*. É o caso de pessoas ou organizações que utilizarão diretamente o produto ou serviço. Por exemplo, o empresário que compra móveis para seu escritório ou uma família que compra móveis para sua casa. Você e eu, comprando no supermercado.
- *Clientes que usam e não pagam*. É o caso das crianças, obrigadas a usar as roupas que papai e, principalmente, mamãe compram.
- *Clientes que não usam e pagam*. É o caso de pessoas ou organizações que compram produtos e serviços para que outros utilizem. Por exemplo, os patrocinadores de projetos sociais ou os diretores de uma empresa que compram refeições para seus funcionários.

Qual é o cliente que você deseja conquistar? Você terá de planejar todo o seu esforço de marketing em função da categoria a que ele pertence.

6.3.2 Processo de decisão de compra

O processo de decisão de compra e os fatores que o afetam são básicos no entendimento de como o consumidor se comporta. Suponha que você queira comprar um carro. Você não irá retirar dinheiro do banco e comprar o primeiro carro que encontrar (a menos que você tenha ganhado na loteria e decidido fazer exatamente isso). A maioria dos compradores segue um processo de decisão de compra, que começa com uma necessidade ou interesse e termina depois da compra (Figura 6.2).

Primeiro surge o problema — que, no caso, é a necessidade de um carro. Depois é preciso criar e analisar alternativas, com base em sua experiência com carros, palpites de amigos, informações de publicações especializadas sobre vários carros, *test-drives* e outros meios. Com essas informações disponíveis, uma das alternativas é selecionada. Realizada a compra, ocorrem ainda os resultados dessa decisão. Algumas vezes, os compradores têm a sensação de arrependimento, relembram as opções que descartaram e pensam que talvez uma delas pudesse ter sido uma escolha melhor. Percebendo essa tendência, muitos profissionais de marketing tentam reforçar suas vendas com garantias, telefonemas para verificar a satisfação do cliente e mensagens de incentivo, entre outros esforços, para manter os clientes e repetir negócios.

6.3.3 Avaliação das alternativas de compra

A avaliação de alternativas de compra sempre é feita por meio de critérios, implícitos ou explícitos. Um critério é um indicador de importância, que permite ponderar as alternativas e colocá-las em ordem. Os critérios referem-se a propriedades, condições ou atributos das alternativas, definindo sua qualidade ou utilidade para o consumidor. Os critérios, implícitos ou explícitos, refletem os valores do consumidor. Para um casal com filhos, o conforto e a segurança são critérios importantes na decisão de comprar um carro. Para um jovem que gosta de esportes radicais, a robustez do veículo e a tração 4 x 4 são critérios prioritários, assim como para veteranos que se acreditam eternamente jovens, vivendo aventuras nas trilhas, quando nunca saem da cidade e dos congestionamentos.

O processo de escolher torna-se mais racional quando as alternativas são avaliadas objetivamente, com base em critérios ponderados, identificados explicitamente. Supondo que o potencial comprador de um veículo utilitário familiar estivesse visitando concessionárias e testando cinco diferentes modelos, ele atribuiria uma nota para cada um dos cinco critérios, de acordo com sua satisfação. Testando o modelo A, ficou extremamente satisfeito com o conforto e atribuiu nota 10 a esse item. Testando o modelo B, ficou extremamente insatisfeito com o conforto e atribuiu nota 1 a esse item. E assim por diante, com todos os modelos. Os resultados, na Tabela 6.1, mostram que o modelo A seria a primeira escolha.

Figura 6-2 Processos de decisão de compra

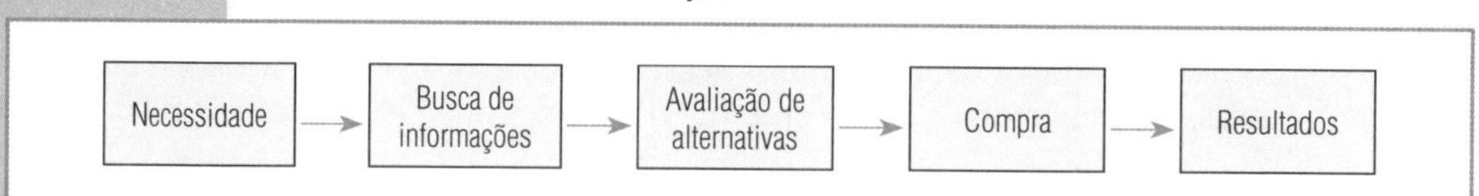

Tabela 6-1 **Alternativas avaliadas por critérios sem ponderação: o modelo A vence**

Alternativas	Critério preço	Critério conforto	Critério durabilidade	Critério desempenho	Critério assistência técnica	Total de pontos
MODELO A	2	10	9	10	1	32
MODELO B	10	1	3	8	8	30
MODELO C	4	10	6	8	1	29

Tabela 6-2 **Alternativas avaliadas por critérios ponderados: o modelo B vence**

Alternativas	Critério preço peso 3	Critério conforto peso 1	Critério durabilidade peso 3	Critério desempenho peso 1	Critério assistência técnica peso 2	Total de pontos
MODELO A	6	10	27	10	2	55
MODELO B	30	1	9	8	16	64
MODELO C	12	10	18	8	2	50

Os critérios, porém, são desigualmente importantes. Se o comprador tem alto poder aquisitivo, o critério preço é secundário. Se a família é grande, o critério conforto é fundamental. Assim, o comprador potencial atribui um valor (ou peso) para cada critério. Agora, os critérios estão ponderados. Em seguida, ele multiplica cada nota pelo peso do respectivo critério. Os resultados, na Tabela 6.2, mostram que o modelo B é o preferido quando os pesos dos critérios são levados em conta.

Este é o papel dos critérios e seus pesos: possibilitar a avaliação de alternativas de forma objetiva, com base em fatores que refletem as preferências e as necessidades do tomador de decisões. Em muitas situações, os gerentes podem aprimorar consideravelmente o processo decisório, se identificarem e anunciarem no início os critérios que serão usados.

6.3.4 Fatores que influenciam o processo de compra dos consumidores

Vários fatores podem influenciar o processo de compra dos consumidores (Figura 6.3). O conhecimento desses fatores e das preferências dos consumidores permite à empresa atrair os consumidores que respondam a essas especificações.

- *Cultura*. Representa o conjunto de valores, atitudes e crenças que influenciam o modo como as pessoas agem, reagem e interagem. Conhecer a cultura do público-alvo é uma forma de garantir que os clientes se identifiquem com o produto ou serviço. Hábitos, tradições, características dos grupos sociais, religião e etnia são integrantes e determinantes da cultura. Se você pretende vender para jovens, muçulmanos, judeus ou evangélicos, assegure-se de estar falando a linguagem deles.

Figura 6-3 **Fatores que afetam a decisão de compra**

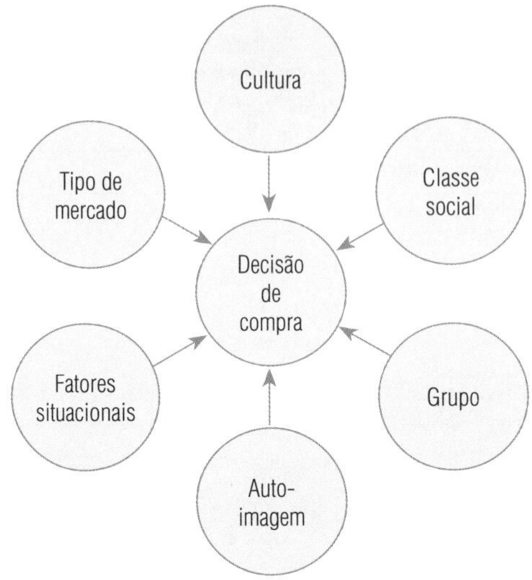

Atitudes em relação aos produtos, como preferência ou rejeição por determinados alimentos, também são manifestações culturais.

- *Classe social*. A cultura e o processo de compra são influenciados pela classe social dos consumidores, que é definida pelo poder aquisitivo. Em geral, os membros de classes sociais diferentes dedicam-se a atividades diferentes, compram produtos diferentes em locais diferentes e reagem a meios de comunicação diferentes. A classe social, por exemplo, determina as marcas de produtos e os preços preferidos pelos consumidores. No limiar do terceiro milênio, as classes de menor poder aquisitivo responderam pelo sucesso de muitos produtos alternativos àqueles consumidos pelas classes mais favorecidas.

- *Grupos de consumidores*. Os consumidores podem ser classificados e agrupados pelos hábitos ou preferências de consumo que compartilham. Um exemplo que explica esse fator é o grupo dos adolescentes. Os cinemas e as redes de TV reconhecem nesse grupo seu público majoritário e tentam atendê-los segundo suas preferências. O público principal das bancas de revistas e jornais também é formado pelos adolescentes. Você pode fazer uma pesquisa informal e perguntar em qualquer banca quais são as publicações mais vendidas.

- *Autoimagem*. A tendência de algumas pessoas é acreditar que "você é aquilo que compra (ou usa)". Os jovens e as classes sociais mais favorecidas são alvos prioritários dos esforços de marketing que aproveitam essa crença. Por isso, muitos profissionais de marketing investem na identificação de seus produtos e serviços com atletas, modelos, atores e músicos, pois os consumidores terão a impressão de incorporar parte da imagem dessas celebridades em suas próprias imagens.

Quadro 6-1 Dois modos de decisão de compra

MERCADO INDUSTRIAL	CONSUMIDORES FINAIS
Compradores decidem com base em informações sobre desempenho dos produtos e serviços.	Consumidores decidem com base em propaganda, preferências, emoções e aparência.
Compram diretamente dos produtores, sem usar ou precisar de intermediários.	Há uma cadeia de intermediários entre o fornecedor original e o consumidor final.
Quem paga ou compra nem sempre é quem tomou a decisão de comprar.	O vendedor tem contato direto com o consumidor ou usuário.
Há menos compradores, mas os volumes das compras são mais altos.	Há muitos compradores e o volume de compras de cada um é relativamente pequeno.
Muitas vezes, os produtos ou serviços são fornecidos sob encomenda.	O consumidor muitas vezes adquire o que estiver disponível.
Os produtos ou serviços precisam de instalação e manutenção.	O próprio consumidor instala e faz a manutenção do que compra.
Preços mais sujeitos a mudanças na conjuntura.	As mudanças nos preços que afetam os fabricantes às vezes demoram para chegar ao consumidor.
Em certos casos há uma troca: "compre de mim e eu compro de você".	

- *Fator situacional*. Há eventos ou circunstâncias da vida das pessoas e dos grupos sociais que influenciam a compra. Podem ser eventos como celebrações de feriados, aniversários em geral, dia das mães e dia dos namorados.
- *Tipo de mercado*. Vender para consumidores finais é diferente de vender para o mercado industrial. O empreendedor deve ser capaz de reconhecer essas diferenças e saber como lidar com elas (Quadro 6.1).

6.4 Planejamento estratégico de marketing

Uma estratégia de marketing bem planejada é essencial para o sucesso do empreendimento a longo prazo. O planejamento estratégico de marketing baseia-se em três etapas principais (Figura 6.4): (1) definição e análise dos segmentos do mercado; (2) escolha do mercado-alvo e (3) definição do marketing mix (ou composto de marketing).

Figura 6-4 Etapas no processo de planejamento estratégico de marketing

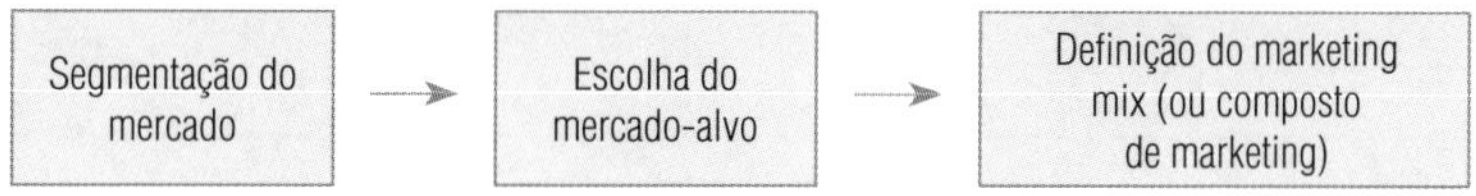

6.4.1 Segmentação do mercado

Segmentação do mercado é o processo de divisão do mercado total em grupos relativamente homogêneos de consumidores, que apresentam características, comportamentos e necessidades semelhantes, como idade, classe social, localização, volume de compras e outros critérios (Figura 6.5). Cada segmento de mercado pode ser alvo da oferta de produtos com aparência, design e qualidade específicos — a chamada diferenciação do produto.

Para um empreendedor, a segmentação do mercado possibilita identificar e focalizar com precisão os consumidores potenciais, nos dois tipos de mercado — o consumidor e o industrial. Para o mercado consumidor, por exemplo, o empreendedor pode usar somente uma variável, como idade, ou um conjunto de variáveis, como idade, sexo e grau de instrução. Há critérios para segmentar os dois tipos de mercados (Quadro 6.2). Os segmentos escolhidos devem ser analisados em termos de volume, tendência de crescimento e potencial de lucro, entre outros indicadores.[1]

Critérios de segmentação do mercado consumidor

- *Demografia*. Os consumidores são divididos de acordo com características como idade, sexo, renda, raça e ocupação.

Sabe-se que a idade média da população está aumentando, assim como o número de aposentados de classe média. Ao mesmo tempo, embora esteja declinando, a taxa de natalidade continua alta. Essas tendências representam boas oportunidades para negócios como turismo e serviços para a terceira idade e para crianças.

Figura 6-5 **Segmentação de mercado**

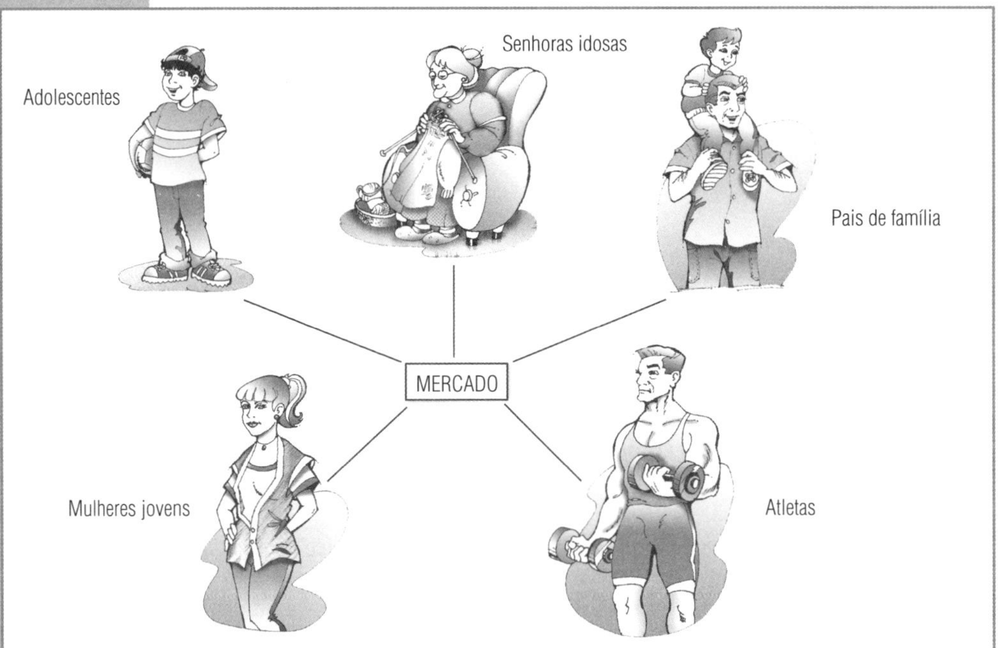

1 BOUNDS, Gregory M. & LAMB JR., Charles. *Business*. Cincinnati: South-Western, 1998.

Quadro 6-2 Critérios para segmentar mercados

MERCADO CONSUMIDOR	MERCADO INDUSTRIAL
■ GEOGRAFIA: divisão do mercado de acordo com regiões de um estado, do país ou do mundo	■ VOLUME DE NEGÓCIOS: pequenos, médios ou grandes compradores — atacado e varejo, por exemplo
■ DEMOGRAFIA: faixa etária, sexo, classe de renda, etnia, educação	■ TIPO DE CLIENTE: panificadoras e fábricas de alimentos, por exemplo, que consomem os mesmos produtos, como açúcar e farinha, ou hospitais e oficinas mecânicas, que consomem oxigênio
■ PSICOLOGIA ou COMPORTAMENTO: (1) tipo psicológico (traços de personalidade, hábitos e atitudes), (2) motivação (segurança, status, economia etc.)	■ APLICAÇÃO DO PRODUTO: produtos como aço, madeira e outras matérias-primas são usados para diferentes finalidades por diferentes empresas
	■ GEOGRAFIA: mesmo critério do mercado consumidor — a localização influencia o tipo de negócio e o esforço de marketing dos vendedores

- *Geografia.* Os consumidores são divididos segundo sua localização — países, estados, regiões ou cidades — quando seu comportamento de compra é influenciado por essa variável.

O mercado para produtos de segurança (automóveis blindados, cercas, alarmes, sistemas de localização de carros roubados) é muito mais importante na América Latina do que na Europa.

- *Psicologia.* Os consumidores são divididos de acordo com seu comportamento ou seus aspectos psicológicos: ideias, opiniões, atividades, interesses, motivações, atitudes e estilo de vida.

Pense nas tendências de consumo representadas por negócios como *pet-shops*, artigos para descasados, lojas de produtos esotéricos ou livros sobre gestão e empreendedorismo. Todos eles têm por base uma variável psicológica de segmentação do mercado.

Critérios de segmentação do mercado industrial

- *Tipo de cliente.* Os clientes são divididos segundo o tipo de negócio a que se dedicam.

Padarias e fábricas de doces compram leite, açúcar e farinha, além de outros insumos, em quantidades diferentes, para fazer produtos similares, que são vendidos a tipos diferentes de compradores. Os fornecedores desses produtos podem diferenciar seu esforço de marketing em função das peculiaridades de cada um desses e de outros tipos de clientes.

- *Volume de negócios.* Os clientes são divididos segundo as quantidades que compram.

O esforço de marketing pode ser calibrado em função do volume de compras dos clientes. Vender calçados para os Correios, para serem usados pelos carteiros, ou para as Forças Armadas é diferente de vendê-los para lojistas.

- *Localização*. Assim como no mercado consumidor, os clientes são separados segundo a região em que se localizam.

A proximidade tende a ser importante para muitos clientes. Para as editoras, por exemplo, é estratégico ter filiais de vendas nas regiões em que há concentração de estudantes.

- *Aplicação do produto*. Os clientes são separados segundo o uso que fazem do produto ou serviço.

Hospitais, oficinas mecânicas de pequeno porte e grandes empresas industriais usam oxigênio e outros gases. Para os fornecedores desses produtos, é lógico direcionar o esforço de marketing segundo o tipo de aplicação.

6.4.2 Identificação do mercado-alvo

Depois de identificar os segmentos de mercado que lhe interessam, o próximo passo do empreendedor é escolher quais *mercados-alvo* — grupos de consumidores específicos — atenderá, para concentrar os esforços da empresa em nichos nos quais a eficiência seja maior.

Para decidir quais mercados explorar, os segmentos devem ser avaliados por meio de indicadores como:

- Tamanho e crescimento do mercado.
- Atratividade.
- Objetivos e recursos da empresa.

Esses indicadores permitem priorizar os grupos identificados (ou segmentos) de acordo com o retorno provável, ou resposta esperada, em relação ao esforço de marketing da empresa. A avaliação dos segmentos também permite descartar alguns grupos de consumidores que não oferecem interesse para o empreendimento.

6.4.3 Definição do marketing mix

O marketing mix é o conjunto singular de decisões de cada empresa a respeito dos quatro Ps: produto, preço, praça — ou distribuição — e promoção (Figura 6.6). O conceito de marketing mix foi criado por Neil H. Borden em 1964. Os quatro Ps são os parâmetros que o empreendedor controla, mas que estão sujeitos às influências e restrições do ambiente. O objetivo das decisões sobre esses parâmetros é concentrar os esforços no mercado-alvo de maneira a criar valor e receber uma resposta positiva dos clientes potenciais. Muitas das decisões do marketing mix envolvem a função de operações da empresa, como você verá no próximo capítulo.

6.5 Decisões de produto

De forma geral, os produtos são entidades físicas e os serviços são tarefas que a empresa fornece para seus clientes. As tarefas podem ser serviços pessoais, sem nenhuma utilização de produtos ou equipamentos, como uma consulta psicológica. Alguns serviços envolvem o uso de equipamentos, como o aluguel de vídeos ou a produção de pizzas. Outros são

Figura 6-6 **Os quatro Ps ou marketing mix**

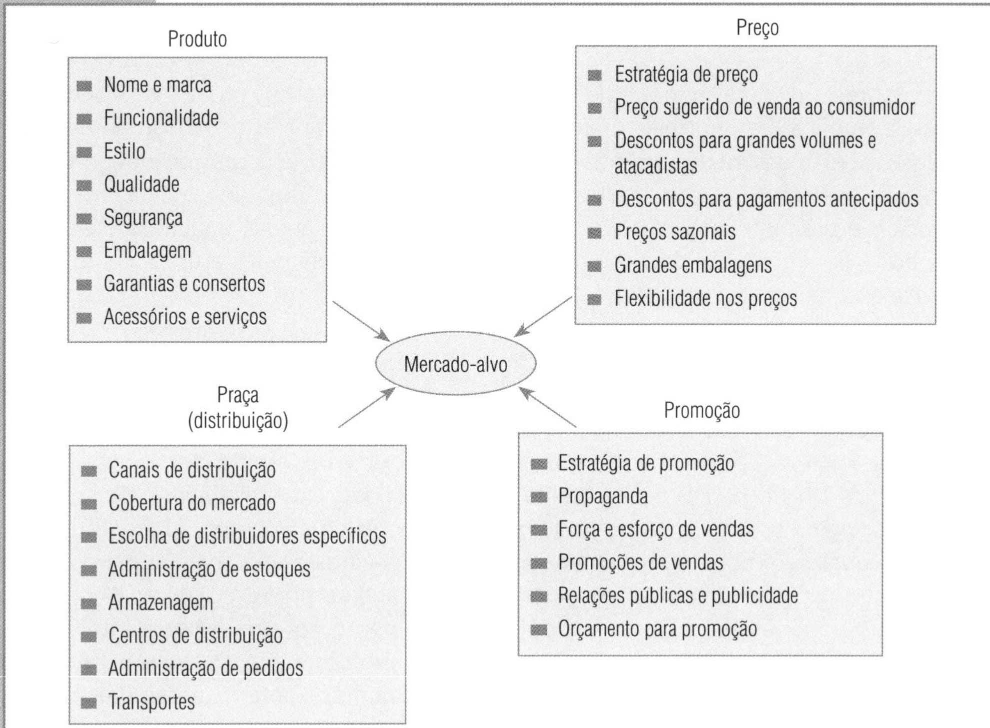

Fonte: adaptado de <http://www.netmba.com/marketing/mix/>.

destinados a produtos dos clientes, como a manutenção de veículos e eletrodomésticos. Alguns serviços não envolvem nenhuma relação entre pessoas, como é o caso da transmissão de programas de televisão.

De forma geral, produtos e serviços são chamados apenas de produtos. Um relógio é um produto e uma modalidade de empréstimo bancário também. No entanto, você provavelmente já ouviu a expressão "não há produtos, apenas serviços". Isso significa que as pessoas compram produtos por causa de sua utilidade (objetiva ou subjetiva). É também mais uma variante da ideia de missão, discutida no Capítulo 4.

A maioria das empresas tem não um produto, mas um mix de produtos que se dividem em linhas. Essa variedade serve para atender a diferentes necessidades e preferências em relação aos mesmos produtos. Diferentes sabores de cremes dentais e embalagens de diferentes tamanhos exemplificam esse tipo de decisão.

6.5.1 Diferenciação do produto

Diferenciação do produto é o esforço da empresa para distinguir seus produtos dos concorrentes, para dar-lhes uma identidade inconfundível e torná-los mais desejáveis para o mercado-alvo.[2] Provavelmente, todas as empresas procuram algum tipo de vantagem com-

2 STEINHOFF, Dan. *The world of business*. Nova York: McGraw-Hill, 1979.

parativa para distinguir seus produtos dos demais que estão no mercado. A função de marketing pode auxiliar nessa tarefa com as seguintes técnicas:

Design

Por meio de uma pesquisa de marketing (pesquisa entre os consumidores potenciais), é possível verificar as principais preferências e desenhar a aparência do produto de forma a agradar aos consumidores e atraí-los com essa vantagem. É o caso do design de móveis e carros. Nas empresas prestadoras de serviços, o desenho dos serviços a serem prestados também é uma diferenciação. Por exemplo, as empresas aéreas podem diferenciar-se ao oferecer diferentes rotas de viagem ou roteiros para determinados grupos, como os jovens e os aposentados.

Embalagem

A estratégia da embalagem pode determinar o sucesso ou o fracasso de um produto, especialmente para produtos cujos níveis de qualidade sejam similares. Por exemplo, produtos de limpeza, como sabão em pó, que é oferecido pela mesma marca em embalagens de plástico ou de papel, para escolha do consumidor. Ou embalagens de sorvete que posteriormente podem ser utilizadas como recipientes de alimentos. Além da praticidade que a embalagem pode fornecer ao consumidor, há ainda a aparência, que pode agradar tanto ao consumidor que o faz escolher o produto apenas por esse aspecto. A embalagem pode, ainda, ser um fator crucial na publicidade do produto. Um exemplo interessante da importância da embalagem na decisão de compra é o dos alimentos para bebês, os quais no começo eram vendidos em latinhas. Posteriormente, o interesse das mães em ver o produto que estavam comprando levou as fabricantes, como a Nestlé, a oferecê-los em pequenos frascos de vidro.

Marca

A marca pode ser um método de identificar produtos e diferenciá-los dos concorrentes. A marca registrada é a forma de identificação legal que protege o produto, impedindo a utilização por outras empresas. Algumas marcas são tão fortes que se tornaram referência do produto, como o danoninho, que é uma marca, mas se tornou referência de qualquer tipo de iogurte do tipo *petit suisse*.

6.5.2 Qualidade

Qualidade é um conceito complexo e interdisciplinar. Esse assunto é tratado em diferentes partes deste livro, sob diferentes perspectivas. Do ponto de vista das decisões que o empreendedor toma sobre o projeto do produto, as seguintes definições de qualidade podem ser consideradas:

- *Desempenho*. Abrange as características operacionais primárias de um produto. Para um automóvel, o desempenho abrange aceleração, frenagem, dirigibilidade e consumo de combustível. Nos serviços, desempenho significa disponibilidade e rapidez.
- *Acessórios*. São complementos das características operacionais primárias. Por exemplo: distribuição de jornais nos aviões ou aparelhos de CDs nos automóveis.

- *Confiabilidade*. É a probabilidade de que o serviço ou produto funcione satisfatoriamente dentro de um período determinado.
- *Durabilidade*. É a medida do tempo de uso de um produto antes que se torne inviável consertá-lo, tornando-se mais atraente a substituição.
- *Facilidade de manutenção*. Refere-se à facilidade de consertar ou fazer a manutenção de um produto.
- *Estética*. Refere-se à aparência ou efeito que um produto ou serviço tem sobre os sentidos humanos, sendo dependente de preferências pessoais.
- *Qualidade percebida*. Refere-se a julgamentos subjetivos a respeito de produtos e serviços. Por exemplo: "a qualidade de um hotel é diretamente proporcional à espessura de suas toalhas".
- *Excelência*. É o melhor que se consegue fazer em qualquer dimensão do desempenho dos produtos e serviços.

6.5.3 Ciclo de vida do produto

A maioria dos produtos tem um ciclo de vida que compreende os diferentes estágios de posicionamento do produto no ambiente. As decisões de marketing são influenciadas pela fase em que o produto está dentro de seu ciclo de vida. Tipicamente, os produtos têm um ciclo de vida com quatro fases (Figura 6.7):[3]

Figura 6-7 **Ciclo de vida típico do produto**

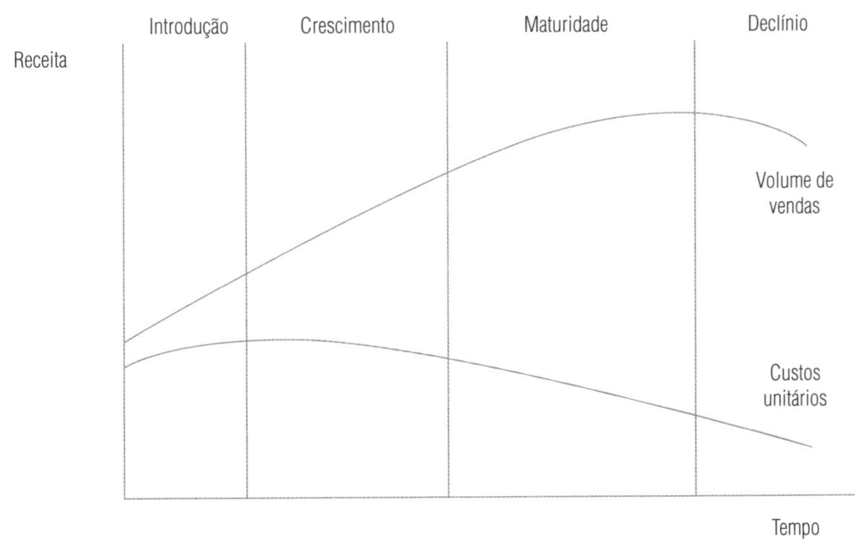

Fonte: Adaptado de <http://en.wikipedia.org/wiki/product_life_cycle_management>.

3 MADURA, Jeff. *Business*. Cincinnati: South-Western, 2001.

Fase introdutória

É a fase inicial, em que os consumidores são informados sobre o novo produto. A promoção do produto é planejada para introduzi-lo no mercado e fazer com que os consumidores prestem atenção ao lançamento. Nessa fase, os preços estratégicos podem ser o de **penetração** ou de **desnatação** (explicados na próxima seção deste capítulo).

Fase de crescimento

É o período em que as vendas estão em crescimento rápido. A promoção do produto procura reforçar suas características. O preço do produto, se inédito, tende a se reduzir pela entrada de competidores no mercado.

Fase de maturidade

Fase em que a competitividade é maior. Nessa fase, o marketing deve ser agressivo para manter os consumidores antigos e tentar conquistar novos. Usam-se técnicas de promoção ou de diferenciação pela mudança de design ou da embalagem do produto, ou mesmo a estratégia do preço de defesa.

Fase de declínio

Período em que as vendas caem em razão da diminuição da demanda ou pela intensidade da competição. Os empreendedores devem estar atentos e preparados para essa fase, para não experimentarem um declínio brusco do negócio.

6.6 Decisões de preço

O preço é uma das principais decisões que a empresa deve tomar, em razão de ser determinante na decisão de compra e uma das variáveis que geram o lucro. De fato, algumas vezes o preço é o único elemento que diferencia o produto de seus concorrentes. Nada afeta as vendas mais rapidamente do que a mudança de preços. Determinar o preço mais adequado não é uma tarefa fácil. Se a empresa elevar muito o preço, poderá ter vendas fracas e, por outro lado, se variar pouco, poderá sacrificar lucros potenciais. O preço de venda correto depende de muitas variáveis que serão analisadas a seguir. O preço de custo, base para a determinação do preço de venda, será explicado no Capítulo 10 ("Contabilidade e finanças para empreendedores").

6.6.1 Fatores que afetam a decisão do preço

A decisão do preço é determinada pelos custos de produção e de vendas, pela competição, pela demanda dos consumidores e pelas necessidades dos revendedores e atacadistas que distribuem os produtos para os consumidores finais. Além disso, o preço é influenciado pelos objetivos de marketing de cada empresa, regulamentações governamentais e percepções dos consumidores.[4] Esses três últimos fatores serão considerados a seguir.

- *Objetivos de marketing da empresa.* O primeiro passo na determinação do preço é combiná-lo com a estratégia de marketing da empresa. Qual é o objetivo? Aumentar

4 BOVÉE, Courtland & THILL, John. *Business in action*. Upper Saddle River: Prentice Hall, 2001.

a participação no mercado, melhorar as vendas, aumentar os lucros, projetar uma imagem particular ou combater concorrentes? O preço deve ser definido de acordo com as respostas para essas perguntas.

- *Regulamentação governamental.* Os governos têm regras para a determinação dos preços em muitos países. Para proteger o consumidor e preservar a justa competição, os governos interferem nos mercados. No Brasil, o órgão público responsável por essa regulamentação é o Conselho de Administração e Defesa da Economia (Cade).
- *Percepções dos consumidores.* Outra consideração é a percepção da qualidade que o preço desperta nos consumidores. Quando pensam em comprar, as pessoas normalmente têm um preço bruto em mente. Um preço baixo inesperado provoca um susto, fazendo o consumidor pressupor que o produto é de baixa qualidade. Em contraposição, se o inesperado é um preço elevado, os compradores questionam se o produto realmente vale o que se pede por ele.

6.6.2 Estratégias de determinação do preço

Definir um preço eficaz para o produto é como jogar xadrez. Muitas variáveis devem ser cuidadosamente coordenadas para defini-lo. Em seguida, serão analisadas cinco estratégias para determinar preços (Figura 6.8).[5]

Preço de acordo com o custo de produção

Muitas empresas simplesmente determinam o preço por meio da estimativa do custo unitário de produção do produto ou serviço, à qual é adicionada uma margem de lucro. No entanto, as empresas observam os preços dos concorrentes, para não ficar acima deles. É importante lembrar que o custo unitário de produção depende do volume de produção. Para produtos sujeitos a economias de escala, a média do custo unitário de produção decresce com o aumento do volume de produção. A estratégia de preço deve estar atenta à economia de escala.

Preço premium

Um produto inédito ou que possui uma vantagem competitiva incontestável tem a possibilidade de ser vendido acima da média de mercado e ainda conseguir forte demanda. Esse é o caso de produtos como automóveis Mercedes-Benz e canetas Montblanc, que oferecem prestígio e status relacionados à marca.

Figura 6-8 **Cinco formas de definir preços**

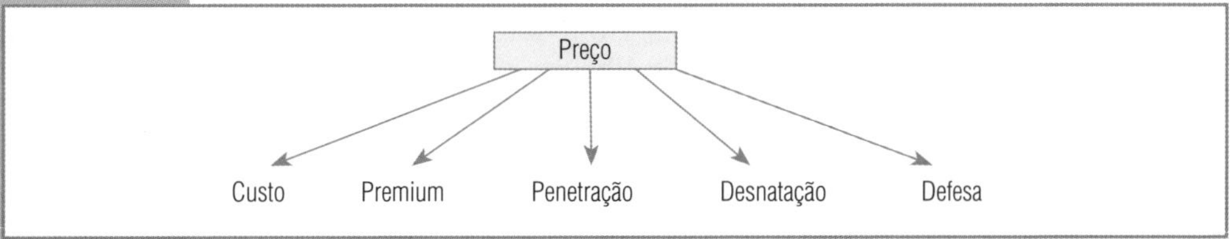

5 Id, ibid.

Preço de penetração

Uma empresa que logo de início deseja conquistar uma boa participação no mercado pode utilizar a prática de precificação chamada penetração, que consiste em trabalhar com preços baixos. É o caso de novos empreendimentos imobiliários, para os quais muitas vezes é fixado um valor de condomínio abaixo do custo real, para facilitar a venda dos imóveis. Essa estratégia, no entanto, pode ser perigosa. Quando se cobram preços abaixo de seu valor real, há o risco de a qualidade ser depreciada em função da percepção associada ao preço. Além disso, após conquistar os consumidores que desejava, a empresa aumentará o preço, criando uma situação de difícil manejo.

Preço de desnatação

A estratégia do preço de desnatação consiste em praticar um preço alto na fase de introdução do produto, aproveitando o ineditismo, e diminuí-lo à medida que o produto deixa de ser novidade ou que outros competidores, na mesma categoria, entrem no mercado. Um exemplo é o das câmeras fotográficas digitais. O preço de desnatação também pode ser visto como estratégia de atingir as camadas potenciais de clientes pelo preço máximo que cada uma está disposta a pagar. Primeiro, lança-se o produto com preço elevado e aqueles que podem pagar por ele o adquirem. Após se esgotar esse mercado, diminui-se o preço para que se atinja outra camada de clientes, e assim por adiante.

Preço de defesa

Algumas decisões de preço são tomadas para defender a participação no mercado. Esse é o caso da estratégia de preço de defesa. Ao perceber que o preço de mercado do produto está em queda, a empresa reduz o preço de seu produto a fim de manter seus consumidores. Essa situação é comumente observada nas empresas de computadores, que diminuem seus preços se o concorrente fizer o mesmo.

6.7 Distribuição

A função de distribuição envolve a distribuição física dos produtos e a criação de relações intermediárias que orientam e apoiam a movimentação destes até os consumidores. Essas relações são chamadas **canais de distribuição**. O canal de distribuição do produto representa o elo entre o produtor e o consumidor. Um produto não tem valor se não for colocado ao alcance do consumidor.

A distribuição tem papel crucial na função de marketing da empresa, assim como na própria dinâmica do negócio. Além disso, a distribuição é importante para a lucratividade do empreendimento, pois é responsável pelos custos de entrega do produto aos consumidores. Isso requer da empresa uma estratégia e um sistema eficiente de distribuição e entrega. Neste capítulo, trataremos apenas da escolha dos canais de distribuição. O próximo capítulo discutirá a administração da distribuição física.

6.7.1 Tipos de canais de distribuição

A maioria das empresas não vende seus produtos diretamente aos consumidores finais, mesmo que o recurso da Internet tenha facilitado esse processo. Normalmente, os produtores trabalham com agentes intermediários — os varejistas — para fornecer seus produtos aos consumidores. Os varejistas compram dos produtores e vendem os produtos. Sem compradores intermediários, o processo de compra e venda seria mais caro e demorado.

As empresas que compram bens de transformação para usar em suas operações industriais fazem o processo diretamente com os fornecedores, tornando o canal de distribuição bem curto. Em contraste, o canal de distribuição de produtos para os consumidores normalmente é mais longo e complexo. Há quatro formas principais de distribuição de produtos, uma direta e três indiretas (Figura 6.9).[6] A distribuição dual ou multicanal é o que ocorre quando uma empresa utiliza mais de um canal de distribuição.

Distribuição direta

Em certos casos, não há intermediários entre produtor e consumidor. A distribuição vai direto do produtor para o consumidor: produtores que vendem diretamente aos consumidores por meio de catálogos, telemarketing e Internet usam canais de distribuição simples. Editoras vendem livros diretamente ao público pelo site da empresa e usam o correio como forma simples de distribuição e entrega do produto.

Distribuição indireta

Na distribuição indireta, há um ou mais intermediários na relação entre produtor e consumidores. As modalidades principais de distribuição indireta são as seguintes:

- *Produtor para varejista para consumidor*. A mais comum das formas de distribuição, os produtores vendem seus produtos para os varejistas e estes, por sua vez, vendem para os consumidores. É o caso da empresa de calçados Azaleia, que vende para os consumidores em inúmeras lojas.
- *Produtor para atacadista para varejista para consumidor.* Os produtores vendem seus produtos para atacadistas, que vendem para varejistas, que vendem para consumidores. Esse processo é particularmente atraente para pequenos produtores que dispõem

Figura 6-9 **Principais canais de distribuição**

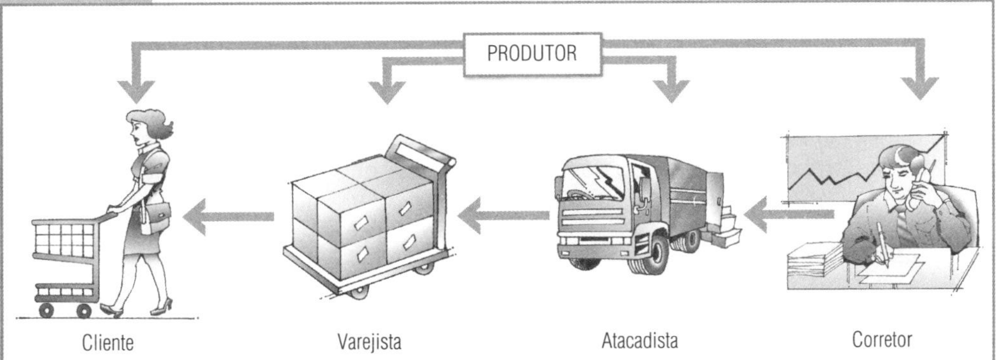

6 Id, ibid.

de poucos recursos para vender ou entregar mercadorias diretamente para diversos varejistas.

- *Produtor para vendedor ou corretor para atacadista para varejista para consumidor*. Um canal adicional, o vendedor ou corretor, é comum em certos setores, como o agrícola, em que especialistas são requeridos para negociar transações ou classificar e dividir mercadorias.

No caso das empresas de serviços, como a entrega do serviço exige contato direto entre fornecedor e usuário, a distribuição, na maioria das vezes, é realizada diretamente — canal direto. No entanto, há situações que envolvem intermediários, como é o caso de empresas aéreas e hotéis, que vendem passagens e hospedagem a agências de viagens.

6.7.2 Funções dos canais de distribuição

Os canais intermediários de distribuição são importantes porque desempenham determinadas funções, necessárias ao marketing, com melhores resultados do que o produtor ou o consumidor. As principais funções dos intermediários são:

- *Fracionar*. É a atividade de dividir para adequar as grandes quantidades produzidas aos pedidos de cada consumidor, individualmente. São poucos os clientes individuais que adquirem toda uma produção. O intermediário possibilita que as grandes quantidades estejam disponíveis em pequenas porções.
- *Direcionar ao público-alvo*. Por meio de um intermediário específico, pode-se reunir produtos diferentes que pertençam a uma mesma categoria ou segmento de consumo, facilitando a venda do produto. É o que ocorre nos entrepostos que reúnem, em dias diferentes, vendedores de flores, frutas, verduras e outros produtos.
- *Fornecer informações*. O intermediário fornece ao produtor dados sobre o mercado e cotações de preços.
- *Transferir riscos*. Quando se utilizam negociantes intermediários, é possível transferir de modo parcial ou até mesmo total os riscos do negócio, por meio da transferência do direito dos bens.

6.7.3 Fatores determinantes da escolha do canal de distribuição[7]

Uma seleção eficaz dos canais de distribuição depende de fatores como o tipo de produto, o mercado-alvo, o tamanho da própria empresa e seus objetivos. Em geral, a escolha do canal de distribuição decorre do número de varejistas que venderão seus produtos, do custo de distribuição e do controle do escoamento dos produtos até o consumidor final.

Cobertura do mercado

A cobertura apropriada do mercado — o número de atacadistas ou varejistas que venderão os produtos — varia de acordo com o tipo de produto. Produtos com preços relativamente baixos, como canetas, vendem melhor se estiverem disponíveis em muitos locais. Em contrapartida, produtos como geladeiras e fogões devem ser vendidos em

---

7 Id, ibid.

centros de compras, pois os consumidores costumam fazer comparações entre produtos similares e preços. Para esses tipos de produtos, a melhor estratégia é o uso da distribuição seletiva, que consiste em vender para um número limitado de revendedores, que possam dar preços atrativos ao produto e oferecer um serviço de apoio ao comprador. Há, ainda, produtos específicos ou caros que não são vendidos diretamente ao consumidor, sendo a melhor estratégia a venda por um distribuidor exclusivo ou um único revendedor em cada localidade.

Custo

O custo é o principal fator que determina a seleção do canal de distribuição. Empresas pequenas e novas normalmente não têm recursos para contratar uma grande força de vendedores, suficiente para vender diretamente aos consumidores, para contatar atacadistas e varejistas, ou mesmo para construir centros de armazenamento e distribuição e comprar caminhões ou outras formas de transporte de produtos. Os empreendedores devem estar atentos ao custo da distribuição para que esta não seja tão dispendiosa a ponto de reduzir o rendimento do negócio. Por outro lado, se o objetivo do empreendedor é um esforço inicial para que seu produto esteja disponível para um grande número de consumidores e regiões geográficas, o custo elevado no início pode ter seu retorno com as vendas e o reconhecimento de seus produtos em diversas localidades.

Controle

O terceiro ponto a considerar é o controle de como, onde e quando o produto é vendido. Os produtores não podem forçar os revendedores a promover, servir, vender ou entregar seus produtos de forma rápida e eficiente. Canais de distribuição muito longos significam menos controle para os produtores, o que decorre do grande número de intermediários de venda. O controle muitas vezes torna-se crucial quando a reputação do produtor está em jogo.

6.8 Promoção[8]

Promoção é a ação de informar ou lembrar consumidores sobre um produto ou marca, por meio de várias técnicas de comunicação e persuasão. Dependendo do produto ou serviço, a promoção pode ser feita antes, depois ou junto com as atividades de produção, precificação e distribuição. Determinados serviços feitos sob encomenda, como os projetos de consultoria, são promovidos antes de serem precificados. Provavelmente, a precificação antecede a promoção na maioria dos produtos.

A promoção pode ser usada para que os consumidores saibam que existe um novo produto ou mesmo lembrá-los de que o produto já existe e quais são suas qualidades e vantagens em relação aos concorrentes. Além disso, a promoção é usada para proteger a imagem do produto ou serviço e manter sua participação no mercado. Uma promoção eficaz é capaz de aumentar a demanda pelo produto ou serviço.

As quatro formas mais usadas pelas empresas para fazer a promoção dos produtos ou serviços são:

8 BOVÉE & THILL, op. cit.; MADURA, op. cit.

- Propaganda.
- Representantes de vendas.
- Ofertas promocionais.
- Relações públicas.

6.8.1 Propaganda

Propaganda é a forma de divulgação do produto ou serviço por meio da comunicação de massa: televisão, jornais, cartazes (***outdoors***). Embora seja, em geral, mais dispendiosa que outros métodos de promoção, a propaganda tem a seu favor o fato de atingir muitos consumidores. Há vários meios de fazer propaganda de produtos e serviços (Quadro 6.3).

6.8.2 Representantes de vendas

O representante de vendas é uma pessoa que influencia diretamente os compradores. Esse profissional pode entrar em contato com os revendedores dos produtos ou com os consumidores finais.

6.8.3 Ofertas promocionais

Ofertas promocionais são atividades que procuram influenciar os consumidores, convencendo-os, por meio da oferta de alguma vantagem, a comprar ou utilizar determinados produtos ou serviços. As ofertas promocionais podem ser:

Quadro 6-3 Meios de propaganda

JORNAIS	Pequenos e grandes negócios usam jornais para promoção. É uma forma de alcançar uma região em particular ou um grande território, dependendo do veículo.
REVISTAS	Têm a mesma vantagem do jornal. Oferecem a possibilidade de divulgação nacional e internacional, em certos casos.
RÁDIO	O rádio é um meio que "conversa" com o consumidor. Permite divulgar seu produto ou serviço para um público-alvo de acordo com o tipo de programação das emissoras escolhidas.
TELEVISÃO	Também permite a conversa com a audiência e oferece a vantagem da visualização do produto ou serviço. A publicidade pode ser inserida nos intervalos de programas destinados ao público-alvo.
INTERNET	Permite a publicidade dentro do site da empresa e em outros sites. Também proporciona a divulgação por intermédio de e-mails. Meio de eficácia ainda questionável.
TELEMARKETING	Uso do telefone para promover e vender produtos e serviços. Meio de eficácia duvidosa e sujeito a muitas críticas, pelo caráter invasivo.
OUTDOORS	Chamam a atenção dos consumidores em locais públicos.
OUTROS	Há várias outras formas de publicidade, como divulgação em meios de transporte, camisetas, bonés etc.

- *Descontos*. Para aumentar a demanda, oferecem-se descontos promocionais.
- *Cupons*. Distribuídos em revistas e jornais para encorajar os consumidores a comprar o produto. Pode ser um cupom de desconto, um cupom que dê um segundo produto ao comprar o primeiro ou um cupom que dê direito a ganhar o produto ou serviço, buscando sempre a fidelidade do consumidor.
- *Amostras grátis*. Encorajam o consumidor a experimentar novas marcas e produtos.
- *Brindes*. Use o cartão de crédito e ganhe descontos ou viaje pela TAM e ganhe milhas.

6.8.4 Relações públicas

São atividades que têm como objetivo criar e/ou manter uma imagem pública favorável. As empresas fazem relações públicas por meio da comunicação com o público em geral, incluindo potenciais consumidores. Uma estratégia eficaz de relações públicas transmite uma boa imagem para os produtos da empresa.

Algumas empresas têm um departamento de relações públicas, que é responsável pelas informações sobre a empresa e seus produtos e serviços. Normalmente esse departamento usa a mídia para transmitir suas informações.

As atividades mais comuns de relações públicas são as seguintes:

- Eventos especiais. Apoio a eventos especiais, como maratonas e festivais, de modo a dar publicidade ao produto ou à empresa.
- Informativos oficiais (*press releases*). Uma breve notificação escrita que a empresa produz para a imprensa. Permite que a empresa atualize informações sobre produtos e operações. Também são muito usados para esclarecer informações em resposta a falsos rumores acerca da empresa que podem afetar sua reputação.
- Conferência de imprensa. Uma reunião que informa sobre ações a serem tomadas pela empresa.

Questões para seu plano de negócios

1. Quais são seus produtos ou serviços?
2. Qual é seu mercado-alvo? Quem são seus clientes específicos?
3. Como será definido o preço de seus produtos e serviços?
4. Que canais de distribuição você pretende utilizar?
5. Quais serão as estratégias de promoção de sua empresa?
6. Quais são os principais desafios oferecidos por seu mercado de atuação?

Questões para estudo

1. Explique o processo de compra, pensando em casos específicos, como você próprio ou pessoas que você conhece.

2. De que modo a cultura pode influenciar o processo de compra dos consumidores?
3. Em que pontos o planejamento estratégico de marketing está baseado?
4. Por que as empresas procuram segmentar o mercado? Que variáveis são utilizadas para fazer a segmentação?
5. Que fatores podem afetar a decisão sobre formação de preços?
6. Qual a importância da atividade de distribuição em marketing?
7. Quais são as principais formas de distribuição dos produtos?
8. O que é a promoção do produto? E quais as suas formas?
9. Como a propaganda do produto pode ser feita?

Estudo de caso — *JUST DO IT*!

Em 1962, Phil Knight, então estudante de MBA na Universidade de Stanford, na Califórnia, teve a ideia de importar tênis de corrida do Japão. Ele defendeu essa ideia em seu trabalho de conclusão do curso de MBA e deu origem ao negócio que se tornaria a Nike. Nesse trabalho, Knight afirmava que as importações do Japão conseguiriam derrotar a hegemonia dos produtos esportivos da Alemanha nos Estados Unidos se os preços fossem competitivos.

Em 1964, Knight, que havia sido estudante de administração e atleta da Universidade de Oregon, e seu antigo treinador de atletismo, Bill Bowerman, aplicaram 500 dólares cada um para fundar uma empresa chamada Blue Ribbon Sports, como um negócio de fundo de quintal, em Portland, Oregon, Estados Unidos. A empresa começou trazendo 200 pares de calçados de corrida da marca Onitsuka para os Estados Unidos. Knight, então funcionário de um escritório de contabilidade, guardava os produtos no porão de sua casa e os transportava no porta-malas de seu carro para vendê-los em eventos esportivos, em suas horas livres. Em 1969, Knight, que era então professor de administração, deixou esse emprego, para se dedicar integralmente à companhia.

Esse foi o modelo de negócios até um dia, em 1970, quando o sócio de Knight inventou a sola que se tornaria a marca registrada da empresa, cozinhando borracha na chapa de waffle de sua família. Em 1971, a empresa mudou de nome para Nike. Por 35 dólares, no mesmo ano, uma estudante de artes gráficas desenhou a "vírgula" que se tornaria o símbolo da empresa. Entre os consumidores americanos, firmou-se a imagem do compromisso da empresa de desenhar calçados inovadores para atletas sérios. Em 1980, a Nike já havia se tornado a empresa número um em tênis nos Estados Unidos. Quarenta anos depois de sua criação, evoluindo gradativamente dos tênis de corrida para outros produtos esportivos, a Nike era a maior empresa de esportes e *fitness* do mundo.

Desde o princípio, suas campanhas de marketing apresentavam atletas de alto desempenho e muito conhecidos como porta-vozes da empresa. A Nike percebeu que havia uma "pirâmide de influência" — as escolhas de produto e marca eram influenciadas pelas preferências e pelo comportamento de uma pequena parcela de atletas famosos. Em 1985, a empresa contratou o então novato Michael Jordan como garoto-propaganda. Jordan ainda estava no início de sua carreira, mas era a personificação do desempenho superior. E a Nike acertou em cheio com sua aposta: a linha de tênis para basquete Air Jordan voou das prateleiras, com vendas superiores a 100 milhões de dólares somente no primeiro ano. Jordan também ajudou a construir a imagem psicológica da marca. Nas palavras de Phil Knight:

> Os esportes são o coração da cultura americana, portanto já existe muita emoção em torno disso. Emoções sempre são muito difíceis de explicar, mas há algo de inspirador em ver os atletas darem o máximo de si em termos de desempenho. Você não pode explicar muita coisa em 60 segundos; mas, quando mostra Michael Jordan, nem precisa.

Em 1988, a Nike veiculou os primeiros anúncios da campanha "*Just do it*" ("Apenas faça"). Um esforço concentrado de 20 milhões de dólares em propaganda durante um mês — sutilmente estimulando os americanos a praticar esportes — apresentou 12 comerciais de TV. A campanha desafiou uma geração de fãs de atletas a buscar suas próprias metas. Era uma manifestação natural das crenças da Nike: conquistar a autoconfiança por meio do esporte.

A campanha apresentava tanto celebridades como pessoas comuns. Um dos anúncios com pessoas comuns mostrou Walt Stack, um maratonista de 80 anos, atravessando a ponte Golden Gate como parte de seu exercício matinal. Esse comercial mostrava Stack sem camisa, correndo em uma manhã gelada. Falando para a câmera enquanto corria, ele dizia: "As pessoas me perguntam como não fico batendo os dentes quando está frio". Fazendo uma pausa, ele completava sem rodeios: "Deixo-os no armário".

A grande virada veio em 1994, quando a seleção brasileira de futebol (a única que a Nike de fato patrocinava) ganhou a Copa do Mundo. A vitória levou a empresa a patrocinar outros times vencedores.

Em 1997, a Nike vendeu 3,77 bilhões de dólares somente nos Estados Unidos, mercado do qual tinha participação de 47 por cento. O segundo colocado era a Reebok, com vendas de 1,28 bilhão de dólares e participação de 16 por cento. No mundo, a Nike vendeu 9,2 bilhões de dólares em 1997, capturando 38 por cento do mercado. Seu lucro nesse ano foi de 796 milhões de dólares.

Mas, na passagem de 1997 para 1998, o desempenho da Nike começou a cair. No último trimestre de 1997, as vendas de calçados nos Estados Unidos caíram 18 por cento. As vendas da Nike, 8 por cento. Suas ações caíram de um pico de 75 dólares em 1997 para 44 dólares em março de 1998.

Nessa época, a Nike definiu a meta de se tornar líder mundial em vendas de materiais esportivos relacionados ao futebol até 2002, na Copa do Mundo daquele ano. A empresa percebeu que não podia ter credibilidade como marca esportiva sem atuar com produtos para o futebol — o esporte mais popular no mundo. Para ser líder, a Nike tinha de vencer Umbro, Diadora, Puma e Adidas (que era três vezes maior que a Nike em produtos relacionados ao futebol no mundo). Nos Estados Unidos, a Nike era a segunda no futebol.

A partir de 1998, a Nike aumentou seus investimentos em pesquisa e desenvolvimento (P&D) para lançar novos produtos e se transformar em uma empresa de produtos para o esporte. Depois disso, a empresa passou a dominar o mercado dos esportes. Seu símbolo está em toda parte: de relógios a tacos de golfe e toucas de natação. Em 2003, pela primeira vez a receita no exterior superou a da matriz americana. Naquele ano, a Nike também ultrapassou pela primeira vez a marca dos 10 bilhões de dólares em vendas.

Fontes: Justin Ewers e Tim Smart. A designer swooshes in. *U.S. News & World Report*, 26 jan. 2004, p. 12; Corporate media executive of the year. *Delaney Report*, 12 jan. 2004, p. 1; 10 top non traditional campaigns. *Advertising Age*, 22 dez. 2003, p. 24; Chris Zook e James Allen. Growth outside the core. *Harvard Business Review*, dez. 2003, p. 66.

Questões:

1. Que fatores foram determinantes na decisão de criar a Nike?
2. Identifique as estratégias dessa empresa.
3. Unicamente com base nas informações disponíveis nesse relato e outras de seu conhecimento, faça uma análise SWOT dessa empresa, focalizando especialmente sua imagem.
4. Qual era o negócio da Nike até 1998? É o mesmo negócio que a empresa pretendia ter de 1998 em diante?
5. Analise os conceitos de mercado e de segmentação de mercado sob a perspectiva da Nike.
6. Escolha um produto da Nike que você conheça e analise-o sob a perspectiva dos 4Ps.
7. Quais são os principais instrumentos do esforço promocional da Nike?
8. O que se aprende sobre empreendedorismo com esse caso?
9. O que se aprende sobre marketing com esse caso?

CAPÍTULO 7

OPERAÇÕES

OBJETIVOS

Ao completar o estudo deste capítulo, você deverá ser capaz de explicar e utilizar as seguintes ideias:

- Função de operações.
- Desenvolvimento de produtos.
- Projeto do sistema de transformações.
- Produção enxuta.
- Cadeia de suprimentos.

7.1 Conceito de operações

Argila transforma-se em tijolo, que é levado da olaria para a loja de materiais de construção e, em seguida, para a obra, onde, finalmente, é transformado em parte de uma casa. Na obra, o tijolo tem mais valor que no depósito de materiais de construção, onde tem mais valor que na olaria. Desde a extração da matéria-prima até o acabamento da construção, há várias etapas de transformação e de agregação de valor para os clientes.

A essência de qualquer negócio é a criação de valor por meio da transformação de insumos em produtos e serviços. É o sistema de operações da empresa que faz a transformação e cria valor para os clientes e outras partes interessadas. Uma das principais tarefas na criação de uma empresa é a montagem de seu sistema de operações, que fornece os produtos e serviços concebidos pela função de marketing e selecionados pelas decisões estratégicas (Figura 7.1).

Figura 7-1 O sistema de operações transforma decisões de estratégia e marketing em produtos e serviços

7.1.1 Tipos de transformação

Há diversos tipos de transformação. Por exemplo:

- Nas operações industriais, os insumos passam por transformação física ou estrutural. São cortados, estampados, montados, cozidos, e assim por diante. Às vezes, são desmontados, como nos frigoríficos e oficinas de desmanche de veículos.
- Em certas empresas de prestação de serviços, a alteração é feita no próprio cliente. Por exemplo, ele corta o cabelo, faz uma cirurgia plástica ou adquire competências em um programa de capacitação.
- Transporte é uma transformação que movimenta insumos ou clientes. Remoção de lixo, transmissão de programas de TV ou viagens aéreas para turismo ou negócios são exemplos de agregação de valor por meio do transporte.

O armazenamento agrega valor por meio da proteção de bens e pessoas.

7.1.2 Produtos e serviços

Os resultados dos processos de transformação são produtos e serviços. Como vimos no capítulo anterior, são comprados pelos clientes por causa de sua utilidade. Essa ideia ajuda o empresário a pensar nas razões que o cliente tem para adquirir o produto ou serviço e, ao mesmo tempo, nas medidas internas de eficiência da empresa.

As operações de produção industrial e de prestação de serviços são sistemas semelhantes, com entradas, processamento e saídas. Na produção industrial, as entradas são matérias-primas, componentes, máquinas e equipamentos e mão de obra. O processamento é a transformação das matérias-primas e dos componentes, e as saídas são os produtos prontos. Na prestação de serviços, a entrada é a necessidade do cliente, o processamento é a prestação do serviço e a saída, a satisfação da necessidade do cliente. O Quadro 7.1 mostra as principais diferenças entre as operações de fornecimento de produtos e de serviços. Do ponto de vista do cliente, é provável que a mais importante diferença seja a impossibilidade de reparar um serviço malfeito. Não há como consertar, por exemplo, erros de decisão que tenham sido baseados em previsões erradas ou uma cirurgia malfeita.

Quadro 7-1 **Diferenças no fornecimento de produtos e serviços**

PRODUTOS	SERVIÇOS
Tangíveis	Intangíveis
Possibilidade de consertar ou refugar	Impossibilidade de refugar
Consumo postergado	Consumo imediato
Qualidade fácil de medir	Qualidade difícil de medir
Possibilidade de armazenar	Impossibilidade de armazenar
Dependente de equipamentos	Dependente de mão de obra
Contato mínimo com o cliente no processo produtivo	Relação direta com o cliente durante o processo produtivo

7.1.3 Como organizar o sistema de operações

Para organizar o sistema de operações, o empreendedor precisa resolver dois problemas: como projetar e desenvolver o produto ou serviço e como projetar e montar o sistema de transformação. Esses problemas são ilustrados por perguntas como as seguintes:

Projeto do produto

- Qual é exatamente o produto ou serviço?
- Sendo um produto, como é montado?
- Sendo um serviço, como é executado?

Projeto do sistema de transformação

- Que insumos, instalações e equipamentos são necessários para fornecer o produto ou serviço?
- Quem são os fornecedores?
- Qual o volume de operações?
- Que quantidade de produtos deve ser fornecida?
- Quantos clientes devem ser atendidos?
- Onde deve ser entregue o produto ou serviço?
- Qual é o sistema de transporte?

As respostas a essas perguntas definem a forma de administrar as operações da empresa. A administração das operações envolve uma complexa rede de componentes, dentro e fora da empresa, que formam a cadeia de suprimentos (Figura 7.2). No exemplo do tijolo, a cadeia de suprimentos vai desde a extração da argila até o acabamento da construção.

Figura 7-2 **Uma visão sintética da cadeia de suprimentos**

Mesmo que você seja apenas o proprietário do depósito de materiais de construção, é de seu interesse compreender toda essa cadeia. Adiante voltaremos a esse assunto.

Agora, analisaremos estes dois tópicos principais do processo de administração das operações: o projeto do produto e o projeto do sistema de transformação ou projeto do processo (Figura 7.3).

Figura 7-3 **As duas decisões principais na montagem do sistema de operações**

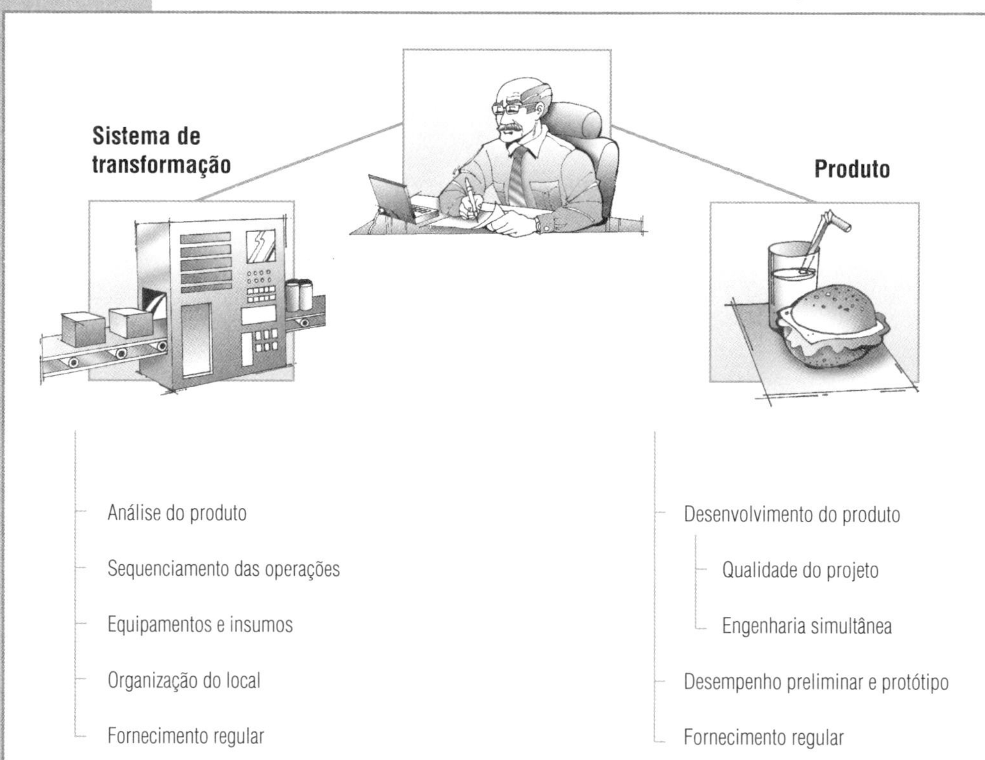

7.2 Como desenvolver o produto

Desenhar (ou projetar) produtos e serviços é uma das coisas mais importantes na administração das operações da empresa. É o desenho do produto ou serviço que transforma a ideia do empreendedor em um resultado concreto. De agora em diante, usaremos com mais frequência a palavra *produto* para designar tanto os produtos propriamente ditos como os serviços.

7.2.1 Desenvolvimento do produto

Tudo começa com ideias que podem nascer das mais variadas maneiras e passam por um processo de seleção, como você já viu no Capítulo 2. As ideias de produtos são a parte mais preciosa de qualquer negócio. Observe como as grandes corporações tratam as ideias de seus colaboradores: confidencialmente, para protegê-las da concorrência e dos espiões industriais. Com base nelas, os produtos são desenvolvidos e, em seguida, o processo de transformação é estruturado.[1]

No desenvolvimento do produto, os empreendedores podem usar duas ideias extremamente úteis criadas pelas grandes empresas: qualidade do projeto e engenharia simultânea (Figura 7.4).

Qualidade do projeto

O mais importante no desenvolvimento de um produto com qualidade de projeto é o princípio de que *a forma segue a função*. Ou seja: pense primeiro na utilidade do produto que o formato vem em seguida. Para isso, identifique as necessidades que o produto deve

Figura 7-4 Dois princípios do desenvolvimento de produtos

Qualidade do projeto

- Pense primeiro na utilidade do produto ou serviço: a forma segue a função
- Desenvolva especificações ouvindo *a voz do cliente*

Engenharia simultânea

- Desenvolva o produto com a participação de fornecedores e pessoas de produção, vendas, distribuição etc.

1 MEREDITH, Jack R.; SHAFER, Scott M. *Operations management for MBAs*. Nova York: John Wiley & Sons, 1999, p. 89-93.

atender. A criatividade do empreendedor tem papel importante nesse processo de criação do produto. No entanto, sempre que possível, o empreendedor deve consultar o cliente para entender suas necessidades e facilitar o desenho do produto. Nem seria preciso dizer que ouvir o cliente é fundamental quando se trabalha por encomenda.

Ouvindo a voz do cliente

Em resumo, identifique primeiro a utilidade do produto para o cliente. Em seguida, faça uma lista das especificações funcionais (ou especificações de desempenho), que traduzem as necessidades em termos do desempenho que o produto deverá apresentar. À medida que as necessidades são pesquisadas e se tornam mais claras, as especificações funcionais tornam-se mais evidentes. As especificações funcionais descrevem o produto na linguagem que o cliente sabe falar. É isso o que significa "ouvir a voz do cliente". Eis alguns exemplos da voz do cliente:

- Não quero usar toalhas que foram usadas por outra pessoa.
- Espero que o vendedor me diga se a roupa fica bem em mim ou não.
- A embalagem deve ser transparente para que eu possa ver o que estou comprando.
- A suspensão do veículo deverá ser capaz de aguentar um terreno hostil, como as ruas da cidade em que moro.
- Os brinquedos não devem oferecer qualquer ameaça à saúde ou integridade da criança.

Especificações técnicas

Depois de ouvir a voz do cliente e identificar as especificações funcionais, é hora de definir as especificações técnicas. Estas descrevem o produto com a linguagem técnica dos especialistas: dimensões, pesos, taxa de compressão, temperatura, e assim por diante. Para analisar a associação das especificações funcionais com as especificações técnicas, use a tabela que os especialistas chamam *primeira matriz QFD* (*quality function deployment* — desdobramento da função qualidade), conforme Figura 7.5.

Figura 7-5 A primeira matriz do QFD — exemplo simplificado (a técnica do QDF é mais complexa e cheia de detalhes do que o ilustrado aqui)

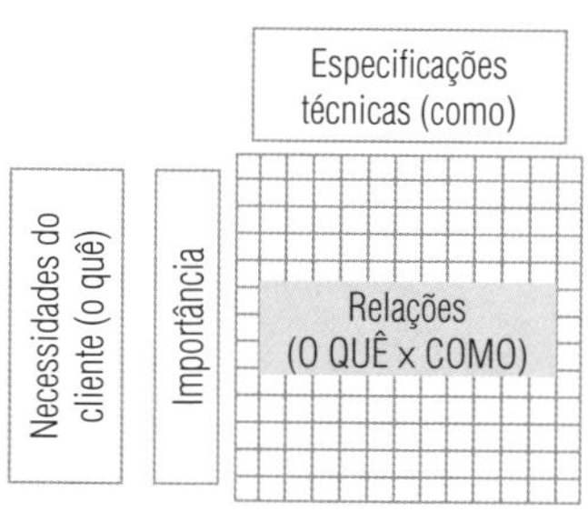

MODELO

	Materiais leves	Tamanho das varetas	Tipo de tecido
Impermeável	Alta = 3		Alta
Fácil de carregar	Média = 2	Alta	
Proteção ampla	Alta = 3	Alta	

PARA UM GUARDA-CHUVA

O uso da matriz tem duas vantagens principais: (1) garante que todos os atributos desejados pelos clientes sejam considerados no desenho do produto e (2) evita o acréscimo de características técnicas que nada têm a ver com os desejos e interesses do cliente. Não levar em conta adequadamente as especificações funcionais significa correr o risco de desenhar o produto com características que o cliente não especificou ou, pior, não deseja.[2] É muito provável que você conheça um produto (especialmente eletrônico) com funções que nunca usou e que aumentam o custo sem agregar valor para o usuário.

Engenharia simultânea

Depois de desenvolvido, um produto ou serviço é fornecido regularmente para os clientes. Os engenheiros desenvolvem os processos para que os funcionários da produção possam fabricá-lo sistematicamente. Os fornecedores precisam desenvolver e produzir regularmente os componentes e matérias-primas que entram em sua fabricação. Os técnicos o instalam na casa do cliente, fazem manutenção regular e prestam assistência técnica caso algo de errado aconteça. Todas essas pessoas, que pertencem a diferentes organizações, trabalham melhor se, desde o início do desenvolvimento, dão suas opiniões sobre como o produto e seus componentes devem ser fabricados, como a manutenção deve ser feita e assim por diante.

Fazer *engenharia simultânea* significa exatamente isto: desenvolver o produto ou serviço consultando todas as pessoas e organizações que terão alguma participação na produção, serviço ou utilização do produto — fornecedores, montadores, distribuidores, prestadores de serviços e, é claro, o cliente. Isso pode ser feito ao mesmo tempo em que se ouve a voz do cliente, ou logo em seguida, quando são definidos as especificações técnicas e os processos produtivos.

Assim como a técnica QFD garante que a voz do cliente seja ouvida, a engenharia simultânea garante que sejam ouvidas as vozes de outras partes importantes do desenvolvimento dos produtos e serviços.

Além de acelerar o processo de desenvolvimento, a engenharia simultânea assegura a manufaturabilidade (ou seja, a facilidade para fabricar e montar o produto) e a facilidade de manutenção.

7.2.2 Desenho preliminar e protótipo

O desenho propriamente dito é a configuração do produto ou serviço e a produção de um protótipo. Para muitos produtos ou serviços, o desenho propriamente dito tem um componente artístico e criativo que é determinante de sua imagem e de seu sucesso. Um cardápio assinado por um *chef* famoso é tão importante para o sucesso de um restaurante quanto a assinatura de Armani para um traje ou a de Niemeyer para um edifício. Em todos os ramos de negócios, existe a possibilidade de trazer grandes nomes do design para dar uma contribuição decisiva à concepção do produto ou serviço.

A primeira versão do produto é um protótipo. Este pode ser um modelo físico, uma simulação de computador, uma simulação de serviço ou um primeiro exemplar real de um produto ou serviço. São exemplos de protótipos: maquetes de edifícios, automóveis feitos de madeira ou argila, modelos feitos em computador, pratos oferecidos para degustação e crítica, o ensaio de uma performance ou um esboço de roteiro de uma peça teatral ou filme.

2 Id., ibid., p. 105.

O protótipo é testado, seja por meio de uma simulação ou de um desempenho real, como o primeiro voo de um novo modelo de avião ou o ensaio geral que precede determinados eventos, como uma nova peça de teatro, a inauguração de um restaurante ou os Jogos Olímpicos. O teste permite que o desempenho e a confiabilidade do produto, bem como a reação do usuário, sejam avaliados. Isso leva à correção dos erros e ao aprimoramento do projeto, que é um processo contínuo. Ao mesmo tempo que o produto entra em processo de fornecimento regular, também já está sendo iniciada a próxima fase de desenvolvimento. A necessidade de desenvolvimento contínuo está associada ao ciclo de vida do produto, como vimos no capítulo anterior.

7.3 Projeto do sistema de transformação

Junto com o desenho do produto, é preciso organizar o processo que vai fornecê-lo regularmente. Os detalhes do arranjo físico das instalações produtivas podem ser diferentes de um tipo de empresa para outro, mas os princípios se aplicam a todos os tipos de negócios. Uma loja no shopping precisa ter um arranjo diferente de um supermercado e uma escola tem necessidades diferentes das de uma fábrica ou restaurante. No entanto, para todas essas organizações, e para outras quaisquer, a organização do espaço físico baseia-se nos mesmos tipos de decisões.

Vejamos a seguir algumas diretrizes para a organização do espaço físico. Observe que essas diretrizes não estão em uma sequência exata. Na prática, você poderá ter de usá-las na ordem mais conveniente.

7.3.1 Identifique o produto ou serviço

O ponto de partida para a organização do espaço físico é entender qual é o produto ou serviço e o que é necessário fazer para fornecê-lo. Em primeiro lugar, é preciso saber qual tipo de sistema de transformação é necessário (Quadro 7.2). Trata-se de um serviço de massa, um produto customizado ou atendimento por encomenda? O cliente virá à empresa ou o produto será levado até ele? Quais são os ingredientes, componentes, máquinas e equipamentos necessários para fornecê-lo? Como se combinam esses ingredientes, ou seja, qual é a "receita" do produto ou serviço?

Quadro 7-2 **Tipos de sistemas de transformação**

	TIPOS DE SISTEMAS DE TRANSFORMAÇÃO	EXEMPLOS
PRODUÇÃO CONTÍNUA	A produção contínua (ou produção por processo contínuo) é caracterizada pela elaboração e fornecimento de produtos padronizados de forma ininterrupta.	Gasolina, álcool, açúcar, sabonetes e medicamentos são exemplos de produtos feitos pelo modelo de produção contínua. No ramo de prestação de serviços, são exemplos desse modelo as empresas de saneamento básico, telefonia, televisão e energia elétrica.

PRODUÇÃO SERIADA	As fábricas que trabalham com esse modelo fornecem grandes quantidades de exemplares virtualmente idênticos de um mesmo produto, ou de uma quantidade pequena de produtos. A linha de montagem é o método de trabalho da produção seriada. Em uma linha de montagem, o produto é montado gradativamente em uma sequência de operações padronizadas, passando de um posto de trabalho para outro, no qual uma combinação de pessoas e máquinas desempenha uma tarefa especializada, como colocar uma porta em um automóvel.	Parafusos, automóveis e panelas são fabricados por meio da produção seriada. No entanto, a linha de montagem não se aplica apenas à fabricação de automóveis e caminhões. As empresas de comida rápida, como o McDonald's, usam o mesmo princípio. Cada funcionário tem uma função fixa — na cozinha ou no caixa — enquanto os produtos e clientes se deslocam em filas.
PRODUÇÃO POR ENCOMENDA	Na produção por encomenda, um produto sob medida é feito de cada vez, ou um cliente é atendido de cada vez. O cliente consulta o catálogo do fornecedor, escolhe o produto ou serviço e o recebe personalizado.	Restaurantes tradicionais, fábricas de móveis, oficinas de veículos, escritórios de advocacia e empresas de consultoria trabalham dessa maneira. Em alguns casos, o cliente envia a solicitação com todas as especificações e detalhes do produto, os desenhos ou plantas e o material a ser utilizado, e apenas a fabricação efetiva do produto fica a cargo do fornecedor. As costureiras e os alfaiates trabalham (ou trabalhavam) assim.
CUSTOMIZAÇÃO DE MASSA	Algumas empresas operam com um sistema misto de transformação, que combina a produção seriada e a produção por encomenda. Nesses casos, um produto é fabricado em uma linha de montagem e adaptado às especificações dos clientes.	Um exemplo é o caso de empresas que vendem computadores pessoais. Até certo ponto, o equipamento utiliza os mesmos componentes, como gabinete, fonte, placa-mãe e placa de rede. Após essa configuração básica, o cliente pode solicitar uma placa de vídeo com maior capacidade de processamento, um processador mais veloz, uma placa de som com maior potência, um monitor de cristal líquido e assim por diante. As lojas de roupas prontas que disponibilizam acertos para as medidas dos clientes são outro exemplo.
OPERAÇÕES COM PROJETOS	Os projetos são um tipo especial de produção por encomenda. Um projeto é uma atividade temporária, que fornece um produto singular.	Grandes eventos, construção de edifícios, projeto e instalação de grandes equipamentos, como sistemas de ar-condicionado, e desenvolvimento de sistemas de informação são exemplos de projetos. Todo projeto é uma encomenda, mas nem toda encomenda chega a ser um projeto.

7.3.2 Identifique e coloque em sequência as operações

Depois de definido o produto ou serviço, é preciso identificar as operações necessárias para produzi-lo e sua sequência. Para isso, desenhe um fluxograma, que mostra onde as operações começam e onde terminam (Figura 7.6). O fluxograma é apenas um desenho do processo, não da organização do espaço físico. Estabeleça também os tempos padrão para cada operação.

Figura 7-6 **Um exemplo de fluxograma mostrando a sequência das operações**

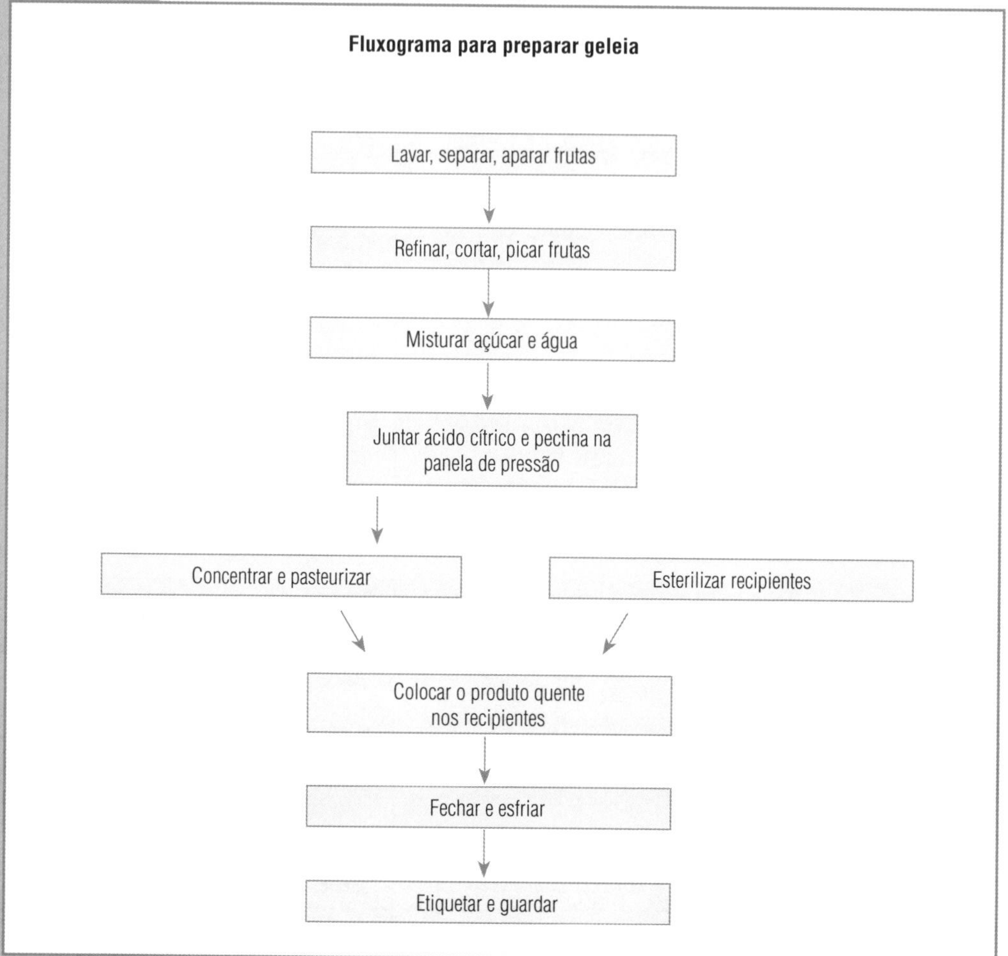

7.3.3 Identifique os equipamentos e insumos necessários para as operações

Toda operação precisa do emprego de equipamentos e insumos. Mesmo que seja apenas uma cadeira para o cliente sentar-se e fazer uma consulta ou uma sala de espera, com mesa e cadeira para a recepcionista, qualquer sistema de operações sempre usa infraestrutura. Um assunto importante é a quantidade de equipamentos e insumos, que definirá sua **capacidade produtiva**. A definição da capacidade produtiva depende do volume planejado de operações e das perspectivas de crescimento do negócio, que dependem, por sua vez, da qualidade das informações sobre a demanda, de estratégias de competitividade e de intuição. Como já vimos no capítulo anterior, trata-se de uma decisão crítica na criação e na expansão de negócios, porque determina o investimento financeiro. Se a previsão da demanda for incorreta, a decisão pode revelar-se desastrosa. Levando isso em conta, pense nas seguintes questões, entre outras:

- Qual a demanda prevista para o produto ou serviço? Que garantia você tem de que esse dado está correto?
- Como você pretende definir a capacidade produtiva: com base em dados sobre a demanda ou em sua intuição e suas vantagens competitivas?
- Você pretende instalar toda a capacidade produtiva de uma vez só ou começar com uma capacidade pequena, que aumentará junto com a demanda?
- Que equipamentos, insumos e instalações são necessários para o fornecimento do produto ou serviço? Trata-se de uma operação industrial ou da prestação de um serviço? Qual o volume das operações e quais as quantidades de equipamentos e insumos? Qual o tamanho das instalações?
- Quem são os fornecedores desses equipamentos, insumos e instalações? Quais são os preços e padrões de qualidade desses recursos produtivos? E quanto aos fornecedores, qual a sua capacidade de fornecer serviços de manutenção? Quais são as condições de fornecimento desses serviços — preço, tempo de resposta etc.?

7.3.4 Organize o local das operações

Outra decisão na montagem do sistema de operações é o arranjo físico (ou arranjo do espaço). O espaço das operações compreende três ambientes: (1) instalações produtivas, (2) estoques e manutenção e (3) departamentos de apoio. A forma como o local das operações é organizado determina o ritmo do processo, o aproveitamento do tempo e do espaço e a opinião do cliente sobre a qualidade das instalações. Em inúmeros casos, a organização do espaço determina a própria qualidade do produto ou serviço, como a higiene em hospitais e restaurantes.

Seja no caso de instalações industriais, seja no de atendimento de clientes, o espaço sempre deve ser organizado de forma lógica em relação ao fluxograma do processo, facilitando a movimentação dos funcionários, da matéria-prima e do produto em elaboração. Há diversas medidas de desempenho dos processos produtivos. Muitas delas são influenciadas e dizem respeito ao modo como o local das operações é organizado. Adiante retornaremos a esse assunto.

Há duas formas básicas de organizar os processos no local das operações: arranjo físico por produto (ou linha de montagem) e arranjo celular (ou células de produção). Na maioria das empresas, usam-se combinações dessas formas básicas.

Linha de montagem

A linha de montagem é apropriada para fazer, em grande quantidade ou rapidamente, um produto ou um pequeno número de produtos muito similares, usando uma sequência básica de operações (Figura 7.7). Nessa forma de organizar o local das operações, os equipamentos e os funcionários ficam organizados em uma sequência fixa, pela qual o produto passa e é montado gradativamente. Cada funcionário ou grupo de funcionários realiza uma única tarefa ou um número pequeno de tarefas. Para isso, é usado um equipamento ou ferramenta. Terminada a tarefa, o produto é transferido para o funcionário seguinte, que usa outro equipamento ou ferramenta. O princípio da linha de montagem é usado em diferentes tipos de processos operacionais: linhas de montagem de automóveis, cozinhas de grandes restaurantes, processamento de sinistros de seguros, habilitação de telefones celulares e impressão de livros, por exemplo.

Figura 7-7 **Na linha de montagem, o funcionário pode realizar uma única tarefa ou um grupo de tarefas**

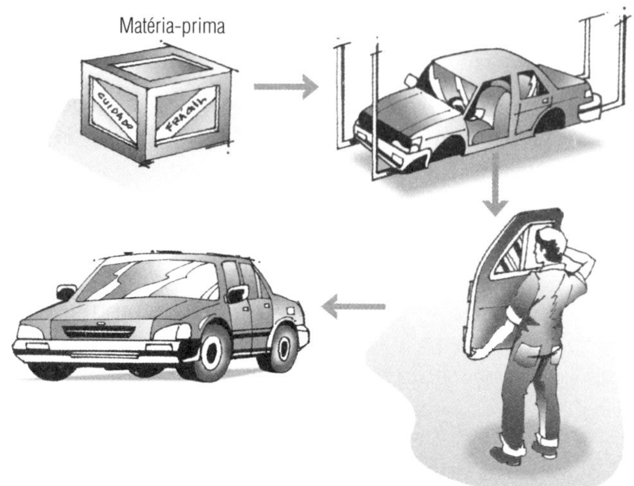

Arranjo celular

No arranjo celular, todas as atividades necessárias ao fornecimento de um produto ou serviço são concentradas em um local. Um grupo de pessoas fica nesse local e esse grupo executa todas as atividades e usa todas as ferramentas e equipamentos necessários para realizar o produto ou serviço. Como, em geral, as pessoas determinam seu próprio ritmo de trabalho e a forma de se organizar, os grupos são chamados autogeridos ou grupos autônomos de trabalho. Assim como as linhas de montagem, as células, com seus grupos autônomos de trabalho, são usadas em inúmeras situações: postos de gasolina, pequenos restaurantes e oficinas de móveis sob encomenda, por exemplo.

7.3.5 Defina a aparência do local

A qualquer momento do projeto de montagem de seu sistema de operações, você pode pensar na aparência das instalações — a impressão causada nos clientes, funcionários e visitantes. Qual é a impressão que você quer causar? Seja qual for o tipo de instalação — chão de fábrica, sala de espera de hospital, hotel de baixo custo, alojamento de trabalhadores — critérios como (1) limpeza, (2) facilidade de movimentação, (3) facilidade de acesso aos instrumentos de trabalho e a informações e (4) impacto visual positivo devem ser considerados prioritariamente. O local de trabalho, mesmo nas linhas de montagem, deve incorporar elementos estéticos. Sujeira e feiura não fazem bem para ninguém e causam impacto negativo sobre a qualidade dos produtos e serviços. Defina os padrões que você deseja e contrate um especialista para implementá-los.

7.4 Como medir o desempenho dos processos

A capacidade de medir o desempenho é um fator crítico para o sucesso na administração de qualquer parte da empresa. A medição do desempenho fornece os dados para (1) verificar até que ponto o planejamento está sendo realizado e (2) definir novos objetivos e padrões de desempenho. Há muitos indicadores para medir o desempenho dos processos produtivos. Em seguida, as principais categorias de indicadores são analisadas (Quadro 7.3). O empreendedor deve ser seletivo, escolhendo ou desenvolvendo, dentro dessas categorias, indicadores específicos que sejam apropriados para sua empresa, levando em conta os padrões de competitividade em seu ramo de negócios. Por exemplo, a velocidade de atendimento é um padrão genérico, que muda conforme o ramo de negócios da empresa. Na entrega de correspondência, a velocidade deve ser alta e o tempo, o menor possível. No entanto, em determinados serviços pessoais, como terapias, o cliente pode ficar insatisfeito com um atendimento muito rápido.[3]

7.4.1 Capacidade

A capacidade é a quantidade ou volume de operações que o sistema consegue entregar. A capacidade mede quantas unidades de produção (peças, clientes, refeições, estudantes etc.) seu sistema de operações consegue fornecer em determinado período. A **capacidade projetada** é a taxa ideal de fornecimento de produtos ou serviços. A **capacidade máxima** é a quantidade de produtos e serviços que pode ser alcançada quando o potencial dos recursos é totalmente aproveitado. É como a velocidade máxima de um automóvel: só pode ser usada por períodos curtos de tempo.

A utilização da capacidade é a produção efetiva dividida pela capacidade projetada:

Capacidade utilizada = Produção / Capacidade projetada

Quadro 7-3 Indicadores de desempenho das operações

Capacidade	Quantidade ou volume de operações que o sistema consegue entregar.
Produtividade	Quantidade de itens entregues por unidade de recurso empregada.
Produtividade + qualidade	Quantidade de itens aproveitáveis do total de itens entregues por unidade de recurso empregada.
Produtividade do tempo	Quantidade de itens aproveitáveis entregues no menor tempo.
Tempo de ciclo	Tempo que transcorre entre o início e o fim de um processo.
Velocidade do processo	Tempo total consumido no processamento de um produto ou serviço dividido pelo tempo usado para agregação de valor a esse mesmo produto ou serviço.
Flexibilidade	Capacidade de adaptação do sistema a diferentes situações e volumes de operações.

3 DAVIS, Mark M.; HEINEKE, Janelle. *Operations management*. Nova York: McGraw-Hill/Irwin, 2005.

7.4.2 Produtividade

Produtividade é a relação entre os recursos utilizados e os resultados obtidos (ou produção). Todo processo tem um índice de produtividade, que é a quantidade de produtos ou serviços que cada unidade de recursos fornece. Por exemplo: a quantidade de alunos por professor, a quantidade de pessoas atendidas por hora ou a quantidade de clientes atendidos por funcionário.

Produtividade = Produção / Recursos

De forma geral, quanto mais elevada a quantidade de resultados obtidos com a mesma unidade de recursos, mais produtiva é a empresa. Ao longo de um período, a produtividade pode aumentar porque a produção aumenta ou porque o volume de recursos empregados diminui.

Produtividade é uma das traduções mais conhecidas da ideia de eficiência e, muitas vezes, as duas palavras são usadas como sinônimos. No entanto, avaliar a eficiência de uma empresa por meio da produtividade é um critério simples, porque não leva em conta o aproveitamento (ou a qualidade de conformidade) dos itens produzidos, nem a eficiência no uso do tempo. Em seguida, o aproveitamento dos itens fornecidos e a eficiência no uso do tempo serão considerados simultaneamente.

7.4.3 Produtividade e qualidade combinadas

A qualidade de conformidade é a contrapartida da qualidade planejada. Esta define o conjunto das características desejadas de um produto ou serviço, que são chamadas especificações e descrevem o produto ou serviço em termos de sua utilidade, de seu desempenho ou de seus atributos. Por exemplo: comprimento, peso, cor, velocidade, composição química, ponto de ebulição, consumo de combustível, quantidade e tipos de itens que entram no recheio de um sanduíche, comportamento do funcionário ao atender o cliente, higiene de uma cozinha ou salão de um restaurante, teor de gordura ou grau de pureza do leite. Essa é a qualidade que estabelece como o produto ou serviço deve ser. A qualidade de conformidade é o grau de identidade entre um produto ou serviço e suas especificações. Quanto maior a similaridade entre o produto ou serviço e suas especificações, mais alta é a qualidade de conformidade.

Em qualquer análise de eficiência de um processo, a qualidade de conformidade (aproveitamento dos itens fornecidos) deve ser considerada em relação ao total de itens fornecidos. Ou:

Qualidade de conformidade = Quantidade de itens aproveitados em relação ao total de itens fornecidos = Índice de aproveitamento.

Quando se consideram produtividade e qualidade (de conformidade) simultaneamente, mede-se o desempenho não apenas da quantidade total produzida em relação aos recursos utilizados, mas também dos produtos aproveitados em relação ao total fornecido. Ou seja, o índice de aproveitamento (Figura 7.8).

Se sua empresa produziu mil peças por hora, enquanto outra produziu apenas 500, parece que a sua é mais produtiva (ou eficiente). No entanto, se apenas 50 por cento das peças que você produziu foram aproveitadas, enquanto na outra empresa foram aproveitadas 100

Figura 7-8 **O número de peças defeituosas reduz o índice de aproveitamento e, consequentemente, a produtividade**

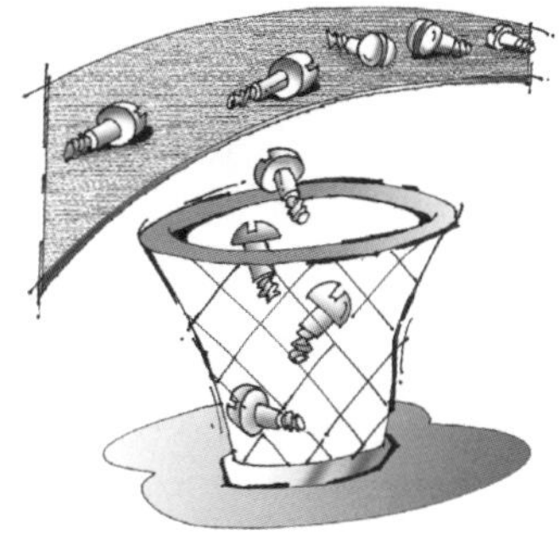

por cento, ela foi mais eficiente. Seu índice de aproveitamento é apenas 0,5, ao passo que o da outra empresa é 1,0. Ambas produziram a mesma quantidade de itens aproveitáveis, 500, mas você desperdiçou 500 para fazer isso.

7.4.4 Eficiência no uso do tempo

O tempo é um recurso que deve ser usado de maneira eficiente em qualquer processo. Há três medidas principais para eficiência no uso do tempo.

Produtividade do tempo

O tempo é um recurso que deve ser usado de maneira eficiente em qualquer processo.

Suponha que, em uma hora, 2 mil peças deveriam ter sido produzidas. Isso significa que uma hora é o tempo padrão para produzir 2 mil itens, mas você produziu apenas mil. A outra empresa produziu apenas 500. Para produzir a quantidade desejada, você deveria trabalhar duas horas. Como você tem índice de aproveitamento de 50 por cento, deverá trabalhar o dobro, ou seja, quatro horas, para produzir 4 mil peças, das quais apenas 2 mil serão aproveitadas. A outra empresa, como tem índice de aproveitamento de 100 por cento, também terá de trabalhar quatro horas para produzir 2 mil peças.

Em resumo, ambas estão trabalhando o mesmo tempo, mas a segunda empresa está desperdiçando apenas tempo. Sua empresa, no entanto, está desperdiçando tempo e jogando fora metade de sua produção.

Tempo de ciclo

Tempo de ciclo é uma medida de produtividade no uso do tempo, que significa: o tempo despendido entre o início e o fim de um processo. Por exemplo: quanto tempo o cliente fica em uma fila, quanto tempo transcorre entre o cliente fazer o pedido ao garçom e a refeição chegar à mesa ou entre a encomenda ser feita e o produto ser entregue. A ideia de tempo de ciclo surgiu na indústria, mas hoje tem aplicação universal em todas as áreas do fornecimento de bens e serviços.

Velocidade do processo

A velocidade do processo é representada por um índice. É o tempo total consumido no processamento de um produto ou serviço dividido pelo tempo usado para agregação de valor a esse mesmo produto ou serviço. Quanto mais baixo o índice, maior a velocidade do processo. Tempo de valor agregado é o tempo no qual há trabalho sendo feito para realizar o produto ou serviço. Por exemplo, suponha que você tenha recebido uma encomenda e demorado cinco semanas para entregá-la. Desse tempo todo, apenas quatro horas foram usadas em tarefas de agregação de valor.

Velocidade do processo = Tempo total de processamento / Tempo de valor agregado = 6 semanas × 5 dias × 8 horas / 4 horas = 60

O índice de 60, nesse caso, significa que o tempo estritamente usado para fazer o produto ou serviço está sendo multiplicado por 60. Você está usando tempo demais. A velocidade do processo significa que a eficiência do tempo de valor agregado (ou seja, agregar valor no menor tempo possível) é apenas parte do problema maior da eficiência do tempo total de processamento.[4]

7.4.5 Flexibilidade

A flexibilidade de um processo indica sua capacidade de fornecer produtos e serviços customizados para atender a determinadas necessidades. Também chamada **manufatura ágil**, a flexibilidade tem três variantes. Em primeiro lugar, a velocidade, associada à flexibilidade, mede com que rapidez a empresa consegue mudar seus processos para fazer produtos e serviços diferentes. Em segundo lugar, a flexibilidade relaciona-se com a capacidade de atender a grandes flutuações na demanda por produtos e serviços, como acontece nos restaurantes em diferentes horários. Finalmente, uma dimensão importante da flexibilidade é a capacidade de fazer diferentes produtos simultaneamente.

7.5 Conceitos básicos de produção enxuta

Produção enxuta é o sistema que tem como princípio a maximização da eficiência por meio da eliminação de todos os tipos de desperdícios. Desenvolvido pela Toyota, inicialmente para a indústria automobilística, o sistema da produção enxuta pode ser usado em todos os ramos de negócios e por empresas de qualquer porte. Basta fazer as adaptações. Combater todos os tipos de desperdícios é o objetivo de uma operação enxuta e, portanto, eficiente. Eficiência, em resumo, é uma combinação de produtividade, qualidade de conformidade e redução de todos os tipos de desperdícios.

Eficiência do processo = Produtividade + Qualidade de conformidade + Redução de desperdícios

7.5.1 Desperdício

Desperdício é o contrário de agregação de valor. Quando a argila é transformada em tijolo, está havendo agregação de valor. No entanto, quando o tijolo é transportado para o

4 DAVIS, Mark M.; HEINEKE, Janelle. Op cit.

depósito de materiais de construção, não há agregação de valor, mas um custo inevitável. Na operação de transporte, há um alto potencial de desperdício, especialmente se essa operação for demorada e houver risco de quebra ou perda dos itens transportados. Quando os tijolos são quebrados, por desleixo no manuseio, está ocorrendo um desperdício que pode ser evitado.

A produção enxuta baseia-se na eliminação de desperdícios. **Os sete desperdícios mortais** de qualquer processo produtivo são:

(I) Defeitos no processo produtivo ou erros na prestação de serviços, que acarretam custos com refugos e retrabalho, além de problemas para o cliente.

(II) Operações desnecessárias no processo de manufatura.

(III) Produção acima do volume necessário ou antes do momento necessário.

(IV) Esperas desnecessárias.

(V) Estoques e equipamentos desnecessários.

(VI) Transporte de materiais sem agregação de valor.

(VII) Movimento de pessoas sem que haja agregação de valor.

7.5.2 Eliminação de desperdícios

Quando se eliminam os desperdícios, o que sobra no processo produtivo é **agregação de valor** para o cliente. Produção enxuta é o conjunto de princípios e técnicas que tornam o processo mais eficiente por meio da redução de desperdícios. As principais técnicas de produção enxuta são:

Just-in-time

Just-in-time significa fazer alguma coisa na hora certa. No contexto da produção enxuta, significa reduzir ao mínimo os estoques — de matéria-prima, produtos em processamento e produtos acabados. Isso é possível por meio da sincronização das operações com as demandas do mercado. A empresa fornece produtos e serviços apenas de acordo com as encomendas, reduzindo ao mínimo a necessidade de estoques. Por exemplo:

- Um restaurante, em vez de manter estoques de alimentos *in natura*, especialmente frutas e verduras, pode contratar a entrega diária com fornecedores. A estocagem de alimentos acarreta riscos de contaminação, gastos com refrigeração, perdas por deterioração e despesas com espaço de armazenagem. Tudo isso pode ser evitado se os fornecedores entregarem os suprimentos no momento exato, todos os dias.
- Na linha de produção, o *just-in-time* funciona como a reposição de mercadorias no supermercado. O operador requisita peças conforme precisa, para montar os produtos. A requisição é feita por meio de um cartão chamado **kanban**. Um funcionário passa regularmente pelos postos da linha de produção e entrega as mercadorias especificadas no *kanban*.

O sistema *just-in-time* depende de a empresa estabelecer parcerias com poucos fornecedores, que se comprometem a entregar os suprimentos no momento exato — e cumprem a promessa.

Produção com qualidade

A produção com qualidade baseia-se no princípio de **fazer certo da primeira vez**. O trabalhador, seja qual for sua função, é responsável pela qualidade de seu trabalho. Não há inspetores controlando diretamente o que os trabalhadores fazem. Um pequeno grupo de auditores supervisiona o processo todo, para assegurar os padrões desejados pelos clientes e acionistas. Para esse princípio funcionar, é preciso investir na qualificação dos funcionários e implantar programas de incentivos.

Organização eficiente do espaço físico

Eis alguns princípios de organização eficiente do espaço físico que qualquer empreendimento pode colocar em prática:

- *Minimize o manuseio de materiais*. Dê preferência para soluções de baixo custo, como a movimentação pela gravidade. Os produtos devem ser manuseados uma única vez.
- *Minimize as distâncias*. Evite fazer os trabalhadores andar, carregar e deslocar produtos e equipamentos. Procure usar o princípio das células de produção, combinando operações dentro de um mesmo posto de trabalho. Estude o espaço físico antes de utilizá-lo.
- *Minimize o esforço*. Os postos de trabalho devem ser ergonômicos, de forma a evitar dores e lesões.
- *Combata a desordem*. Papéis, materiais, coisas soltas, caixas vazias e bugigangas espalhadas ocupam espaço, trazendo desatenção e perda de eficiência. Cada coisa em seu lugar. Depois de usar, coloque de volta no lugar.
- *Evite a ocupação desnecessária do espaço*. Procure minimizar continuamente o armazenamento de materiais, produtos em processamento, produtos acabados e peças soltas em toda a cadeia de suprimentos.
- *Procure e implemente a melhor utilização possível de todos os recursos*, a fim de maximizar o retorno sobre o investimento.
- *Maximize a flexibilidade*. Uma das bases da produção enxuta é um arranjo físico que se adapta rapidamente a mudanças nos produtos e serviços, nos equipamentos, nos recursos humanos e nos materiais.
- *Otimize o fluxo*. Elimine as idas e vindas e os estrangulamentos do espaço físico.
- *Maximize a visibilidade*. Para localizar problemas rapidamente, deixe um campo de visão aberto de todo o espaço.
- *Maximize a comunicação*. A produção enxuta exige treinamento, informação e feedback continuamente.[5]

7.6 Cadeia de suprimentos

Agora, prepare-se para expandir sua concepção do sistema de operações para fora dos limites da empresa. Sua empresa faz parte de uma cadeia de suprimentos que abrange todas as

5 BERGER, David. Build a lean plant layout to increase your efficiency. Disponível em: <http://www.advancedmanufacturing.com/July02/lean.htm>.

atividades de transformação (ou produção) e distribuição (ou logística), desde o fornecimento de insumos até a procura pelos bens e serviços, dentro da empresa e em suas interfaces. A cadeia de suprimentos é uma visão ampliada e sistêmica da função de operações da empresa.

É importante para o empreendedor visualizar a cadeia de suprimentos e administrar o sistema de operações da empresa como parte dela. Do lado de dentro da empresa, o empreendedor deve coordenar funções como marketing, vendas, desenvolvimento de produtos, finanças e tecnologia da informação. Do lado de fora, deve buscar a colaboração com parceiros que se encontram ao longo da cadeia, como fornecedores, intermediários, prestadores de serviços e clientes. Tudo para garantir a integridade do sistema de transformação e distribuição de bens da empresa.

Uma cadeia de suprimentos (Figura 7.9) compreende os elos que ligam uma empresa a seus fornecedores, distribuidores e clientes. A cadeia consiste de um fluxo de suprimentos dos fornecedores para o sistema de operações da empresa e outro, da empresa para seus distribuidores e clientes. O fluxo começa com a matéria-prima e termina quando o cliente recebe o produto ou quando pode adquiri-lo em uma prateleira de supermercado.

A cadeia de suprimentos abrange a função de logística, que movimenta produtos, serviços e informações entre os pontos de origem e os de consumo, para dentro e para fora da empresa, e compreende atividades como armazenagem, processamento de pedidos, administração de estoques, empacotamento, desenvolvimento de fornecedores, compras e outras.

A administração da cadeia de suprimentos é o processo que coordena esses elos, resultando em uma rede de empresas que se organizam para fornecer produtos e serviços, aproveitando as vantagens do compartilhamento de recursos. É o processo de administrar a cadeia de suprimentos que possibilita práticas como *just-in-time* e *efficient consumer response* (ECR — resposta eficiente ao cliente). É uma forma expandida de administração de

Figura 7-9 Uma cadeia de suprimentos

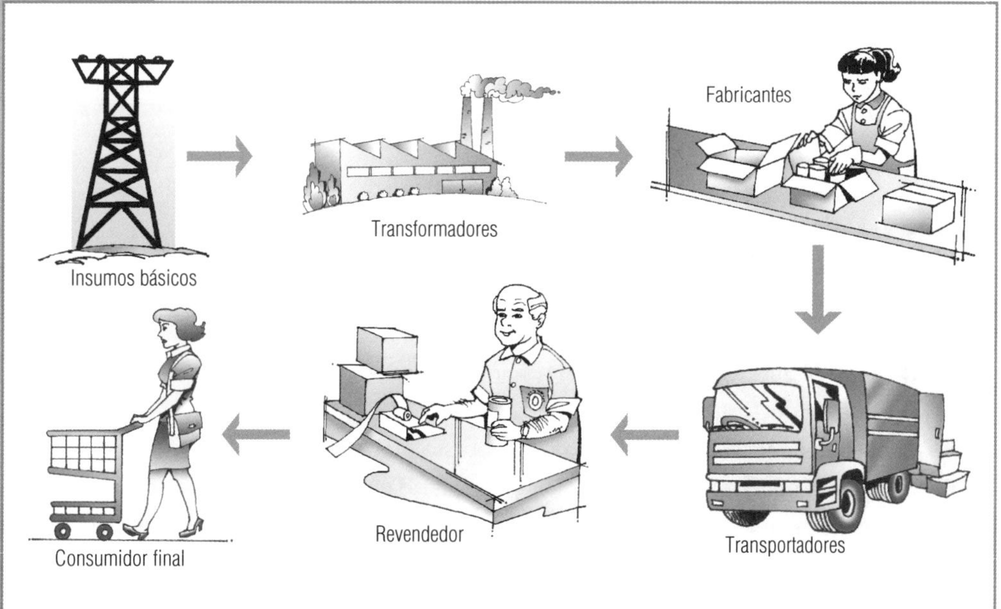

processos, que você estudou no Capítulo 5 ("Organização da empresa"). Os processos de uma cadeia de suprimentos cruzam diversas organizações.

Administrar uma cadeia de suprimentos significa:

- Estabelecer parcerias com fornecedores e revendedores.
- Coordenar o fornecimento de matérias-primas.
- Planejar a produção.
- Processar pedidos.
- Administrar estoques.
- Transportar e armazenar suprimentos e produtos acabados.
- Coordenar as atividades de atendimento dos clientes.[6]

Questões para seu plano de negócios

1. Sua empresa fabricará produtos, prestará serviços ou ambos?
2. O local escolhido é próximo aos fornecedores ou clientes?
3. O local será alugado ou comprado?
4. Existe a possibilidade de o local ser danificado por intempéries?
5. As máquinas serão próprias ou alugadas? Os custos de manutenção compensam a escolha dos equipamentos? Os custos iniciais compensam no valor final dos produtos?
6. Qual o tipo de processo produtivo?
7. Como será organizado o fluxo de trabalho?
8. O arranjo físico escolhido facilita o trabalho de movimentação interna dos materiais e produtos?
9. Quem são os integrantes de sua cadeia de suprimentos?
10. Os fornecedores estão comprometidos com o fornecimento de insumos e com o cumprimento de prazos de entrega?

Questões para estudo

1. Qual o papel da administração de operações nas empresas que prestam serviços?
2. O que se deve observar para montar um sistema eficaz de operações?
3. Quais as diferenças entre produção contínua e produção por encomenda?
4. O que é produção híbrida?
5. Qual a importância do arranjo físico do processo produtivo?
6. Para quais decisões sobre a função de operações o empreendedor deve estar atento?
7. Quais são os principais indicadores de desempenho do sistema de operações de uma empresa?
8. O que é administração da cadeia de suprimentos? Por que é importante para o empreendedor?

---

6 GITMAN, Lawrence J.; McDANIEL, Carl. *The future of business*. 5. ed. Cincinnati: South-Western, 2005.

Estudo de caso — Ali-Baba Investments

A Ali-Baba Investments é uma empresa criada na década de 1980 em um país da América Latina. A empresa trabalha com recursos de investidores privados e institucionais e os aplica em empreendimentos com grande potencial de retorno a longo prazo. A Ali-Baba prefere comprar empresas em dificuldades, em ramos de negócios pouco sensíveis a crises econômicas, como a agricultura.

Há cinco anos, a Ali-Baba comprou uma empresa que produz insumos agrícolas em diferentes países da América Latina e os processa para exportação. Em cada localidade essa empresa tem plantações e fábricas. Além disso, compra a maior parte dos insumos de produtores rurais que se dedicam apenas à plantação. O criador da empresa, um empresário progressista, havia criado uma rede de assistência técnica aos produtores e investia constantemente na renovação dos processos produtivos. Os produtores, desenvolvidos e orientados por seus agrônomos ao longo dos anos, eram contratados para fornecer os insumos às fábricas, seguindo especificações muito precisas de qualidade. Tudo funcionava como um relógio. Com os descendentes do criador, esse modelo de negócios começou a naufragar. Entre outras más decisões, eles deixaram de investir na renovação das fábricas, que foram gradativamente se deteriorando, e entraram em conflito com seus fornecedores, o que comprometeu a cadeia de suprimentos.

A empresa tem um laboratório de pesquisa e desenvolvimento (P&D), onde trabalham os cientistas e pesquisadores que desenvolvem novas variedades, entre outros projetos, e orientam os profissionais da rede de assistência técnica. A Ali-Baba quer transformar esse laboratório em um núcleo de projetos de pesquisa e prestação de serviços nas diversas áreas do agronegócio. O quadro de pessoal vem aumentando gradativamente desde a compra. A oferta criou a demanda e os produtores passaram a solicitar cada vez mais serviços.

A esse centro de P&D foi atribuída agora a tarefa de cuidar da eficiência dos processos produtivos — primeiro, das fábricas da Ali-Baba; mais tarde, dos fornecedores. Com fábricas antigas, a produtividade é um problema sério na Ali-Baba. Algumas tentativas foram feitas para redesenhar processos, com pequeno grau de sucesso. Além dessas dificuldades, o quadro de pessoas em P&D, embora crescente, é insuficiente para atender a toda a demanda.

A Ali-Baba recebeu uma boa notícia desse centro. Recentemente, os projetos de novas variedades da maioria dos insumos chegaram ao estágio de maturação e estão prontos para serem lançados no mercado. Isso significa substituir o fornecimento desses insumos pelas novas variedades.

Implementação

- A substituição das variedades antigas pelas novas é um problema com dois lados. O lado agrícola envolve, principalmente, convencer e ajudar os produtores rurais a usar as novas variedades, o que pode ser feito a partir da próxima safra mais uma, ou seja, dentro de dois anos. Em tese, dentro de cinco anos toda a substituição terá sido feita.
- No lado industrial, o processamento das novas variedades requer ajustes importantes no processo produtivo, já que não é possível processá-las com os equipamentos atuais. As novas variedades são robustas, o que requer mais esforço e cuidado para extração dos produtos industrializados do que os processos atuais são capazes de fazer. A produção na planta experimental da Ali-Baba é uma coisa; a operação normal é algo totalmente diferente. O teste com um lote de uma das variedades no laboratório da Ali-Baba revelou-se um desastre: metade do lote se perdeu por problemas de processamento inadequado. Em seguida, a parte que não se perdeu foi embalada inadequadamente. Sendo mais leve que o insumo antigo, a nova variedade requer uma embalagem ligei-

ramente maior. O "quilo" do teste tinha apenas 920 gramas. Como a produção do insumo antigo conviverá com a da nova variedade durante dois anos aproximadamente, será necessário pensar em uma renovação progressiva dos processos industriais.

- Essa renovação é um problema que está esperando para ser enfrentado desde que a Ali-Baba comprou a empresa. As fábricas são antigas e os funcionários têm, em média, 15 anos de casa. Uma reforma foi feita há 20 anos e todos os processos foram informatizados, mas, nos últimos anos antes da compra, os proprietários deixaram de se preocupar com as questões operacionais e com as novas tecnologias de produção e gerenciamento, além de entrar em conflito com os fornecedores. Os processos de suprimentos, produção e distribuição tornaram-se muito irregulares. Em certos momentos, estoques elevados de matéria-prima, que requerem cuidados especiais para evitar a deterioração; em outros momentos, falta de suprimentos. Consequentemente, o produto final às vezes se acumula, também exigindo armazenamento especial; às vezes falta, para desespero e ira dos clientes. A qualidade da produção é outro problema, apresentando variações que provocam perdas importantes.
- Para implementar as novas variedades, toda a cadeia de suprimentos terá de ser requalificada. Hoje, a Ali-Baba fornece os produtos para consumidores finais — por meio dos supermercados — para clientes industriais, como fabricantes de alimentos, e para os distribuidores no exterior. Tudo isso terá de ser revisto. Compras, desenvolvimento de fornecedores, produção, embalagem, transportes, armazenagem, exportação e outras funções precisarão de um projeto inovador de desenvolvimento.

Questões:

1. Identifique os principais elos da cadeia de suprimentos da Ali-Baba. Quais elos dessa cadeia são mais fracos? Quais elos são mais fortes? Quais impactam mais pesadamente a eficiência e a eficácia globais?
2. Quais são os principais problemas nesses elos, que a Ali-Baba precisa resolver para implantar as novas variedades? Quais são as prioridades entre esses problemas?
3. Que soluções você propõe para esses problemas?

   (Desconsidere as questões a seguir, caso já as tenha respondido nas duas anteriores.)
4. Para garantir o fornecimento dos novos produtos para o mercado, quais as principais etapas a serem percorridas?
5. Como resolver os problemas de desequilíbrio entre oferta e demanda?
6. Quais as áreas da cadeia de suprimentos cujo desempenho deve ser acompanhado mais de perto?
7. Que funções da empresa devem trabalhar em colaboração, a fim de assegurar a eficiência e a eficácia da cadeia de suprimentos?
8. Quais as principais tarefas na gestão de fornecedores nesse caso?
9. Qual a importância e quais as principais tarefas da função de produção nesse caso? Que soluções você propõe para essa área?
10. Qual a importância de implementar um programa de qualidade total? Como isso deveria ser feito?
11. Que indicadores de desempenho podem ser propostos para acompanhar e avaliar a cadeia de suprimentos da Ali-Baba, hoje e no futuro?
12. Combine os indicadores de desempenho que você propôs com outros KPIs, para compor um sistema de acompanhamento e avaliação da cadeia de suprimentos.

8

CAPÍTULO

GESTÃO DE PESSOAS

OBJETIVOS

Ao completar o estudo deste capítulo, você deverá ser capaz de explicar e utilizar as seguintes ideias:

- Processo de administração de recursos humanos (ou gestão de pessoas).
- Competências.
- Funções da administração de recursos humanos.

8.1 Recursos humanos — visão panorâmica

As empresas, como todas as organizações, dependem de pessoas qualificadas, motivadas, integradas e produtivas para realizar seus objetivos. Para conseguir as pessoas certas e lidar com elas do modo correto, as empresas precisam de uma função eficaz de recursos humanos. Todas as organizações, mesmo as de pequeno porte, têm uma função de recursos humanos. Nem todas, no entanto, têm um departamento de recursos humanos formalmente estruturado. Nesses casos, a função de recursos humanos é administrada pelo proprietário ou administrador geral ou por um funcionário diretamente ligado a ele.

A função de recursos humanos compreende quatro processos básicos, que se dividem em processos menores. Esses processos começam antes de as pessoas ingressarem na organização, quando são procuradas no mercado de trabalho, e prosseguem quando elas saem ou se aposentam. Há uma evolução constante nesses processos, motivada pelos desafios e oportunidades do ambiente, pelos avanços na tecnologia, pelas mudanças nas políticas e na filosofia da organização e pela qualidade e quantidade dos recursos humanos disponíveis. Os quatro processos básicos são (Figura 8.1):

1. *Aquisição de pessoas*. São os processos utilizados para fornecer um suprimento de novas pessoas que assegurem a continuidade das operações e da organização. Os processos de aquisição compreendem planejamento de mão de obra, pesquisa de mercado, recrutamento, seleção e contratação de pessoas.

2. *Desenvolvimento de pessoas*. São os processos que promovem a aquisição e o incremento de competências. Esses processos compreendem atividades e programas de capacitação, desenvolvimento de carreira e comunicação.

3. *Gestão do desempenho das pessoas*. São os processos utilizados para (a) definir as atividades que as pessoas devem realizar na empresa, por meio da análise e descrição de cargos, e (b) acompanhar e orientar o desempenho das pessoas tendo em vista o desenvolvimento de suas carreiras e a realização dos objetivos da organização.

4. *Manutenção de pessoas*. São os processos utilizados para promover a motivação e a satisfação das pessoas, por meio (a) do atendimento de necessidades e interesses individuais e coletivos e (b) da criação de condições ambientais e psicológicas favoráveis para as atividades das pessoas. Os processos de manutenção compreendem programas de remuneração, recompensas, benefícios, serviços sociais, administração da disciplina, higiene, segurança e qualidade de vida no trabalho, entre outros.

Neste capítulo, o objetivo principal é descrever como uma empresa pode administrar esses processos e o departamento responsável pelos recursos humanos. Para começar, você precisa conhecer os conceitos de cargo e competência e sua utilização nas empresas modernas.

Figura 8-1 **Processos mais importantes da gestão de pessoas**

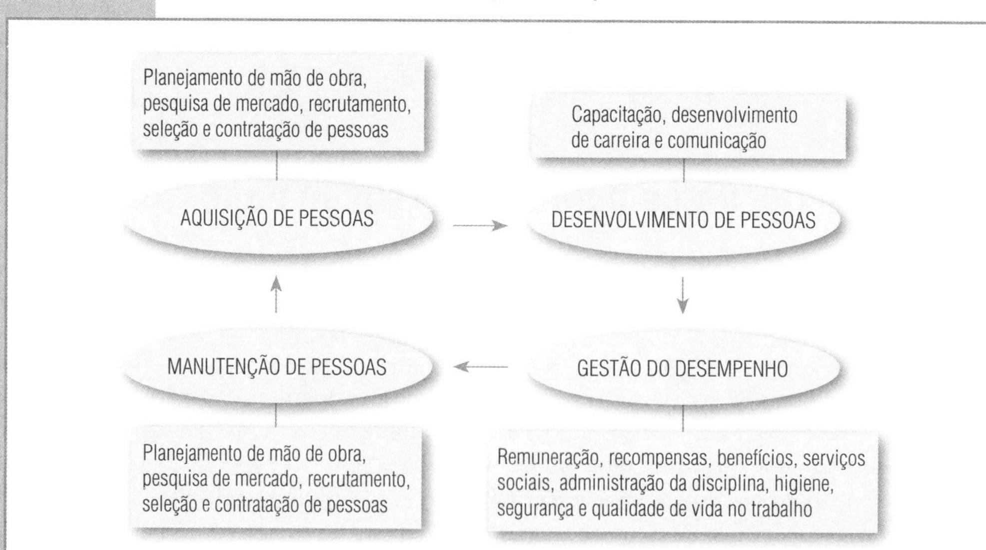

8.2 Cargos

O cargo, como já visto no Capítulo 5, é uma coleção de responsabilidades e tarefas, também chamadas funções, que um funcionário — chamado ocupante do cargo — deve desempenhar ou executar. As responsabilidades e o papel dos ocupantes são indicados no título do cargo — presidente, operador, chefe de cozinha, auxiliar de limpeza, professor.

Uma descrição de cargo, como o nome sugere, é basicamente uma lista das responsabilidades, tarefas ou funções do ocupante. A descrição de cargo serve para:

- Informar o ocupante sobre o desempenho que dele se espera.
- Recrutar novos funcionários.
- Definir as competências necessárias para o desempenho satisfatório das responsabilidades do ocupante.
- Definir objetivos e fazer a avaliação do desempenho.

Além da relação das responsabilidades, uma descrição de cargo contém as seguintes informações:

- Posição do cargo na hierarquia.
- Qualificações obrigatórias, como diplomas ou habilitações profissionais.
- Condições de trabalho, como riscos ou necessidade de usar equipamentos especializados.
- Classe salarial ou forma de remuneração do ocupante — salários, comissões, bonificações e assim por diante.
- Competências que o ocupante deve apresentar.

Para pegar um atalho, o empreendedor pode consultar a CBO (Classificação Brasileira de Ocupações), que é o documento normalizador do reconhecimento, da nomeação e da codificação dos títulos e conteúdos das ocupações do mercado de trabalho brasileiro. A CBO pode ser encontrada na website do Ministério do Trabalho <www.mtecbo.gov.br>.

8.3 Gestão por competências

Para administrar pessoas usando os conceitos mais avançados, é preciso aprender a lidar com as competências. Estas são os atributos que uma pessoa deve ter para desempenhar as responsabilidades ou funções de seu cargo. Enquanto o cargo descreve as tarefas e responsabilidades, as competências são os comportamentos que o ocupante do cargo deve apresentar. As competências são descritas como comportamentos ou ações observáveis,[1] que exprimem habilidades, conhecimentos, atitudes, experiências e outros atributos, até mesmo as emoções, que o cargo exige para um desempenho superior.

1 WHETTEN, David A.; CAMERON, Kim S. *Developing management skills*. Upper Saddle River: Prentice Hall, 2002, p. 8.

Por exemplo, veja como uma grande empresa descreve as competências que seus candidatos a trainees de gerência devem apresentar:

- *Buscamos pessoas que: tenham paixão pelo crescimento; sejam empreendedoras e inovadoras; busquem e incentivem mudanças; tenham visão de futuro; sejam comprometidas com o trabalho em equipe.*[2]

A ideia das competências é o alicerce das práticas modernas de gestão de pessoas. Você deve usá-la para fazer planejamento da mão de obra, recrutamento, seleção, remuneração e lidar com todas as funções de recursos humanos.

8.3.1 Como identificar competências

Identificar e descrever competências é um exercício útil que você deve fazer, pois vai ajudá-lo a pensar no tipo de colaborador que quer para sua empresa e em como administrar o desempenho de sua equipe. Veja a seguir algumas sugestões para fazer isso.[3]

- Pense em termos de conhecimentos e habilidades que o funcionário deve apresentar, como "deve atender os clientes com presteza e cortesia".
- Faça uma análise do cargo que você quer preencher, para identificar a sequência das tarefas que o ocupante deve desempenhar.
- Se você já tiver funcionários, observe a maneira como eles trabalham. Procure entender quais conhecimentos e habilidades eles usam para desempenhar suas tarefas.
- Preste atenção nos funcionários de outras empresas, especialmente quando você é cliente. Observe como eles atendem os clientes, resolvem problemas, manuseiam os produtos, relacionam-se com os colegas e cuidam de sua aparência para lidar com o público. Faça perguntas sobre como foram selecionados e como são treinados. Procure fazer isso em empresas profissionalizadas e com alta qualidade de produtos e serviços, mesmo que sejam pequenas.
- Pense na possibilidade de entrevistar seus funcionários ou, se for possível, pedir-lhes que preencham um questionário. Na entrevista ou questionário, peça aos funcionários que descrevam as formas práticas de executar tarefas ou desempenhar papéis profissionais. Não se esqueça de explicar que o questionário ou entrevista tem a finalidade de ajudar você a promover o desenvolvimento deles.
- Consulte os clientes e faça perguntas sobre como eles são atendidos e como eles acham que os funcionários devem se comportar.
- Use a técnica do "meu tipo inesquecível". Peça aos funcionários ou clientes que identifiquem a melhor pessoa em sua profissão ou que descrevam sua melhor (ou pior) experiência com alguma empresa ou serviço.
- Examine criticamente as descrições de cada posição da empresa. Observe que as descrições de cargos apresentam responsabilidades e funções e podem não ajudar em nada sobre habilidades e outras competências.

---

2 <www.unilever.com.br>.

3 Adaptado e complementado de: <http://www.managementhelp.org/staffing/specify/cmptncys/basics.htm>.

8.3.2 Como especificar as competências

De forma geral, você deve especificar as competências com palavras precisas, para que possa medir e avaliar o desempenho de seus colaboradores. Para ajudar, há muitas listas de competências, disponibilizadas por empresas, associações e órgãos do governo, que podem ajudar você a encontrar as palavras certas e até mesmo as competências já prontas.

Determinadas competências são genéricas — ou seja, comuns a muitos e até mesmo a todos os cargos e empresas. No início da década de 1990, o Ministério do Trabalho dos Estados Unidos fez um estudo sobre as competências que seriam necessárias no mercado de trabalho a partir do ano 2000. Esse estudo fornece um exemplo de competências genéricas. Veja em seguida algumas das competências que esse estudo identificou.

- Saber identificar, organizar, planejar e alocar recursos.
- Participar como membro de uma equipe e contribuir para o esforço coletivo.
- Ensinar novas habilidades aos colegas.
- Exercer liderança — comunicar ideias para justificar suas posições, persuadir e convencer os colegas, desafiar os procedimentos e políticas existentes, de forma responsável.
- Adquirir, avaliar, organizar, manter, interpretar e transmitir informações.
- Demonstrar compreensão de sistemas — saber como os sistemas sociais, organizacionais e tecnológicos funcionam e trabalhar bem com eles.
- Melhorar e desenhar sistemas — sugerir modificações nos sistemas existentes e desenvolver sistemas novos ou alternativos para melhorar o desempenho.[4]

Além das competências genéricas, é preciso descrever competências específicas para cada cargo, papel ou ocupação da empresa. Que tal, agora, pensar em seu próprio papel usando a perspectiva das competências? Se você puder aplicar essa ideia a si próprio, provavelmente conseguirá aplicá-la com mais facilidade a seus próprios colaboradores. Veja no Quadro 8.1 um painel de quatro competências para um empreendedor (essas competências são parte de uma lista maior). Estude essas competências como base para uma reflexão sobre seu próprio papel. Discuta-as com seus colaboradores. À medida que a empresa cresce, o empreendedor precisa delegar atividades a pessoas que também conheçam e desenvolvam essas competências.

Quadro 8-1 **Quatro competências importantes para um empreendedor**

Tipo de competência	Competências específicas
Planejamento de negócios	O empreendedor deve ser capaz de estudar o negócio e definir objetivos relacionados ao início e crescimento da empresa, bem como ao desenvolvimento de novos produtos. Uma providência simples, como a declaração da missão, ajuda a empresa a concentrar-se em um nicho, e isso é um fator crítico para a sobrevivência. O processo de planejamento exige que o empreendedor seja capaz de analisar a viabilidade de uma ideia ou oportunidade de negócio e sua implementação dentro das atividades da empresa — operações, marketing, finanças e assim por diante.

4 U.S. Department of Labor. *What work requires of schools: A SCANS report for America 2000*, jun. 1991, p. xvii-xviii.

Marketing, vendas e serviço ao cliente	O empreendedor deve ser capaz de preparar um plano de marketing, mostrando que conhece as necessidades e características do mercado-alvo. O sucesso de muitos negócios pequenos depende da capacidade de efetuar vendas e prestar os serviços que atendam as necessidades do nicho de mercado escolhido. O plano de marketing deve ser abrangente, prevendo atividades de promoção, materiais de apoio a vendas, propaganda e uma estratégia de relações públicas para fazer as ideias chegarem até o mercado-alvo.
Administração financeira	O sucesso e o fracasso de uma empresa estão muito ligados à gestão do fluxo de caixa e dos processos da contabilidade. O empreendedor, por esse motivo, deve, no mínimo, conhecer o vocabulário da administração financeira, saber preparar orçamentos e lidar com a contabilidade, o controle do dinheiro e toda a parte fiscal.
Operações	Estruturar e conduzir as operações do dia a dia são também atividades críticas para o sucesso de um empreendimento. O empreendedor deve ser capaz de reconhecer o impacto das operações sobre as finanças e de lidar eficazmente com as funções de compras, controle de estoques e planejamento das operações. Essas competências estão relacionadas com outras, como a capacidade de tomar decisões financeiras eficazes e de identificar as necessidades de capital do negócio. Outra competência correlata é a de negociar eficazmente com fornecedores a fim de conseguir as melhores condições para a empresa.[5]

Veja também no Quadro 8.2 um exemplo de descrição de um cargo com base em competências.

Quadro 8-2 **Descrição (resumida) de cargo por competências de um supervisor de produção em uma multinacional americana do ramo automobilístico**

Objetivo do cargo

- Supervisionar os diversos times de trabalho compostos predominantemente por mão de obra direta e, por meio dessa liderança, garantir que o trabalho diário seja dirigido para proporcionar aos clientes internos e externos alta qualidade, baixo custo e entrega de produtos conforme a programação. É responsável também por manter o ambiente de trabalho seguro e o clima organizacional positivo para os membros do time.
- Tem autoridade e responsabilidade para parar a produção quando a qualidade ou segurança estiverem em risco.

Tarefas principais / responsabilidades importantes

- Proporcionar aos membros do time todos os materiais e apoio necessários para execução dos trabalhos: equipamento de segurança/proteção individual, matérias-primas e ferramentas.
- Implantar, se necessário, medidas de contenção e controle de processos, produtos, entrega ou instalações até que a situação de não-conformidade, deficiência ou condição insatisfatória seja corrigida.
- Manter o equilíbrio na linha/célula e coordenar o job rotation de forma a manter o fluxo de produção, a segurança e a saúde dos membros do time.
- Manter-se atualizado a respeito dos processos de produção e equipamentos em sua área de atuação.
- Manter boa administração interna, limpeza e organização na área de trabalho.
- Estar preparado para substituir um membro do time que se ausenta.
- Ter e usar boas habilidades de comunicação oral e escrita.
- Ter capacidade de se autodirigir e completar tarefas com pequena ou nenhuma supervisão.
- Ser paciente, manter o controle de emoções.
- Ter capacidade para identificar e resolver problemas com rapidez e precisão.
- Ser capaz de dirigir uma variedade de tarefas, aceitar ideias novas e fazer com que elas funcionem.

5 <http://www.councils.org/1small_business/guideline/competences_e.cfm>.

- Ter compreensão global da empresa, padrões de qualidade, normas, procedimentos e políticas.
- Fazer qualquer tarefa, mesmo que seja fora de sua área de trabalho, sem perder o foco em proporcionar a nossos clientes alta qualidade, baixo custo e entrega de produtos conforme a programação.

Treinamentos requeridos para a função

- Sete tipos de desperdício
- Visão geral do JC Management System
- Solução rápida de problemas e times (8 D's)
- 5'S e gerenciamento visual
- Kaizen
- Trabalho padronizado
- Prevenção de erros
- Manutenção produtiva total
- Trocas rápidas
- Kanban e fluxo de uma peça
- Gerenciamento de gargalos
- Liderança

Requisitos adicionais
(Nível: 1 = muito baixo, 2 = baixo, 3 = médio, 4 = alto, 5 = extremamente necessário)

	1	2	3	4	5
Relações interpessoais / Trabalho em equipe (Interpersonal skills / Teamwork):	☐	☐	☐	☐	☐
Liderança (Leadership):	☐	☐	☐	☐	☐
Comunicação (Communication):	☐	☐	☐	☐	☐
Satisfação do cliente / Qualidade total (Customer satisfaction / Total quality):	☐	☐	☐	☐	☐
Iniciativa / Execução / Inovação (Initiative / Execution / Innovation):	☐	☐	☐	☐	☐
Senso de propriedade / Compromisso (Ownership / Commitment):	☐	☐	☐	☐	☐
Planejamento / Equilíbrio (Planning / Balance):	☐	☐	☐	☐	☐
Consciência em saúde/Segurança e meio ambiente (Health & Safety awareness):	☐	☐	☐	☐	☐

8.4 Planejamento da mão de obra

Planejamento da mão de obra é o processo de analisar e atender as necessidades de recursos humanos da empresa. As finalidades são (1) saber quantas pessoas serão necessárias e (2) assegurar a aquisição e o emprego de pessoas para que a empresa possa realizar seus objetivos. Os principais processos do planejamento da mão de obra estão retratados na Figura 8.2.

Figura 8-2 **Processos básicos do planejamento de mão de obra**

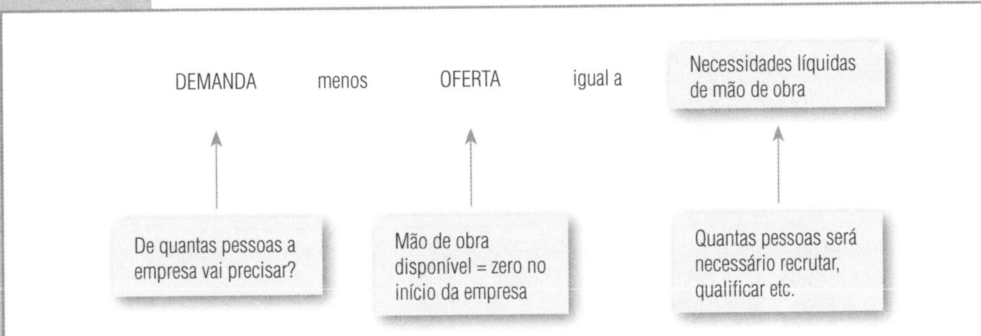

8.4.1 Necessidades de mão de obra

De quantas pessoas a empresa necessita? Responder a essa pergunta é a essência da previsão do pessoal necessário. A resposta é: depende do volume de operações planejado. Fazer essa previsão é uma arte, não uma ciência exata, por duas razões principais. Primeiro, o planejamento do volume de operações também não é exato. Segundo, é difícil estabelecer uma relação precisa entre o volume de operações e a ocupação de pessoas.

Comece com um plano de mão de obra (Quadro 8.3), estimando a quantidade de pessoas necessárias por cargo (ou outro critério, como área da empresa). Por exemplo, um empreendedor deseja criar uma loja de calçados e prevê que precisará de um gerente e quatro vendedores. Você também pode calcular uma taxa de produtividade, como a quantidade de clientes que um funcionário consegue atender. Multiplique a taxa pela quantidade prevista de clientes que serão atendidos ou pela quantidade de produtos que serão fornecidos para chegar ao número de pessoas necessárias. Ou:

Demanda dos clientes ⇒ Quantidade de produtos × Tempo padrão = Quantidade de mão de obra para cada operação

Faça um levantamento informal em empresas que você frequenta. Por exemplo: um restaurante de São Paulo, que trabalha apenas com um tipo de prato, tem em seu quadro um *maître*, sete garçons e sete cozinheiros para atender cerca de 200 pessoas nos domingos. Em ocasiões como o Dia dos Pais, o restaurante precisa de mais 16 garçons eventuais. Trabalhe com base em dados e faça suas previsões com cuidado, para evitar a superestimativa que pode comprometer perigosamente o orçamento da empresa.

Considere também as seguintes variáveis, entre outras, ao fazer suas estimativas:

- Número de turnos.
- Previsão para emergências (afastamentos, absenteísmo, aumento do volume de operações).
- Organograma da empresa.

Considere principalmente os custos do pessoal: salários, benefícios e custos trabalhistas, bem como a necessidade de recursos financeiros para cobrir esses custos. Estude, ainda neste capítulo, os aspectos legais da relação da empresa com seus funcionários.

Quadro 8-3 **Esquema de um plano de mão de obra**

Título do cargo (ou tipo de funcionário)	Código	Número de ocupantes (ou de funcionários)	Outras informações (exemplo: proporção homens-mulheres)	Outras informações (exemplo: portadores de necessidades especiais)
Exemplo: chef				
Exemplo: garçom				
Exemplo: cozinheiro				
Exemplo: ajudante				

8.4.2 Oferta de mão de obra

O plano de mão de obra deve ser atualizado sempre que ocorrer alguma alteração no quadro de funcionários (como demissões ou promoções) ou no movimento da empresa (como aumento ou diminuição no número de vendas ou clientes). Com o tempo, as necessidades (ou demanda) de mão de obra devem levar em conta a oferta interna.

A oferta de mão de obra é o contingente disponível de pessoas na empresa. No começo das operações, a oferta é igual a zero. Assim, a empresa vai precisar de todas as pessoas identificadas na previsão da demanda. Com o tempo, o quadro de funcionários da empresa fica completo e começa a ocorrer a movimentação de pessoal: promoções, demissões, aposentadorias, afastamentos, e assim por diante. Essas movimentações trazem novas necessidades de preenchimento do quadro, o que faz do planejamento de mão de obra um processo contínuo na empresa.

Quando houver um mínimo de funcionários trabalhando para a empresa, e, portanto, uma oferta interna, a oferta de mão de obra deve ser deduzida da demanda. Esse cálculo revela as necessidades líquidas de mão de obra, que devem ser efetivamente atendidas por meio de recrutamento, seleção e pelos demais processos de gestão de pessoas.

8.5 Recrutamento

O planejamento dos recursos humanos, focalizando a demanda quantitativa e qualitativa de pessoas, é a base dos processos de recrutamento e seleção. Recrutamento é o processo de atrair candidatos com as competências desejadas, que serão selecionados e treinados para ocupar as posições do quadro de funcionários da empresa.

8.5.1 Tipos de recrutamento

Há dois tipos de recrutamento: o interno e o externo.

O processo de recrutamento interno consiste em buscar, no quadro de funcionários da própria empresa, pessoas qualificadas para ocupar outros cargos. Isso ocorre por meio de políticas de transferência (movimentação horizontal) e promoções (movimentação vertical). Em geral, o recrutamento interno é realizado de forma contínua, por meio do planejamento de carreira e de pessoal. Esse processo tende a manter os funcionários motivados, pois a empresa estará dando oportunidade de crescimento.

Recrutamento externo é o procedimento pelo qual a empresa busca, no mercado de trabalho, profissionais capacitados para ocupar as vagas disponíveis. Os meios utilizados para essa busca variam de acordo com o tipo de empresa, a mão de obra necessária e as necessidades do momento.

8.5.2 Fontes de recrutamento

Uma empresa em processo de criação pode utilizar diversas fontes para recrutar novos candidatos.

- *Apresentação espontânea*. Os candidatos apresentam-se espontaneamente na empresa, independentemente de qualquer anúncio, ou entregam currículos impressos ou eletrônicos.
- *Internet*. A empresa pode disponibilizar em sua home page um link para uma seção chamada "venha trabalhar conosco" ou "envie seu currículo" em seu site.
- *Indicação*. Os candidatos a emprego são recomendados por gerentes ou funcionários da empresa. Algumas empresas somente recrutam novos funcionários por meio da indicação dos mais antigos. Isso cria um sentido de responsabilidade, por parte de quem indicou, em relação ao desempenho do indicado.
- *Anúncios na portaria da empresa*. Em geral, utilizados para serviços operacionais.
- *Anúncios na imprensa*. Podem servir para o recrutamento de praticamente todos os níveis hierárquicos. Os anúncios em jornais de bairro são uma alternativa de baixo custo e que em geral produzem excelentes resultados.
- *Agências de emprego*. Existem diversos tipos de agências de emprego. Há empresas que fazem para seus clientes todo o trabalho de recrutamento e seleção, por meio do perfil desejado. Há seções de estágios nas escolas técnicas e faculdades, associações de classe, sindicatos e organizações comunitárias, entre outras opções, nas quais a empresa pode fazer seu recrutamento.
- Headhunters. São especialistas em recrutamento e seleção de altos executivos.
- *Serviços contratados ou terceirizados*. São fornecidos por empresas especializadas em manter empregados nas dependências de seus clientes. Atenção para alguns detalhes importantes sobre a mão de obra terceirizada:

1. O emprego desse tipo de mão de obra é permitido pela lei apenas para serviços operacionais — portaria, restaurante, limpeza. A CLT proíbe a contratação de pessoas para atividades-fim da empresa.
2. Os funcionários terceirizados não podem ser subordinados diretamente ao contratante, mas a um supervisor da empresa contratada.
3. O contratante é corresponsável pelas obrigações trabalhistas em relação aos funcionários terceirizados.

O empreendedor, normalmente o responsável pelo recrutamento em uma empresa nascente, deve escolher a fonte mais apropriada para cada caso, levando em consideração fatores como o custo do processo, a rapidez e a eficácia na obtenção da mão de obra desejada.

8.6 Seleção

O objetivo do processo de seleção é produzir informações que permitam predizer o desempenho do candidato no cargo a ser ocupado.

8.6.1 Quem faz a seleção

A seleção pode ser feita por psicólogos, funcionários do departamento de recursos humanos ou de agências de emprego, ou pelo chefe com quem a pessoa selecionada trabalhará.

Nas empresas de pequeno porte ou nascentes, esse pode ser o método preferido. O empreendedor pode fazer como algumas empresas, entre elas multinacionais de grande porte, que preferem entregar a seus gerentes a responsabilidade de selecionar seus funcionários. Nesse caso, os candidatos podem ser indicados por conhecidos ou pré-selecionados por uma empresa especializada, mas é o chefe de linha quem tem a autoridade e a responsabilidade pela escolha. Esse procedimento tem a vantagem de confiar na experiência e intuição dos executivos, além de torná-los responsáveis pelo desempenho das pessoas que escolherem.

Outras empresas preferem confiar essa responsabilidade a agências especializadas ou a técnicos do departamento de recursos humanos. Se preferir esse caminho, o empreendedor pode contratar uma empresa desse tipo e especificar o tipo de profissional de que precisa. A vantagem desse procedimento é a neutralidade do processo de seleção. Não é o chefe ou proprietário da empresa quem está fazendo a seleção, mas os especialistas da agência de emprego. Essa vantagem pode ser significativa no caso de o empreendedor não se sentir confortável fazendo avaliações de pessoas. O empreendedor pode trabalhar com as duas formas, contratando uma pré-seleção com uma empresa do ramo e realizando uma entrevista com os dois ou três candidatos mais adequados.

8.6.2 Técnicas de seleção

A obtenção de informações é o procedimento básico para selecionar pessoas. A empresa pode utilizar diferentes maneiras de obter informações sobre os candidatos: preenchimento de formulários de solicitação de emprego, cópias dos documentos e referências de empregos anteriores. Esses métodos de obtenção de informações devem ser confiáveis e estar de acordo com princípios éticos e legais, preservando o sigilo e a privacidade dos candidatos. A obtenção de informações faz a pré-seleção dos candidatos, que, em seguida, podem ser entrevistados.

A entrevista é a técnica mais simples de seleção e provavelmente a mais utilizada. Dependendo do tipo de emprego, os candidatos podem ser entrevistados pelo chefe imediato ou pelas pessoas de seu futuro grupo de trabalho. As entrevistas podem ser estruturadas, com um roteiro ou uma conversa informal.

As demais técnicas de seleção, de forma geral, devem ser deixadas para especialistas no assunto. Elaboração de perfis psicológicos, aplicação de testes e condução de sessões de dinâmica de grupo são técnicas que apenas profissionais certificados podem e devem utilizar. O empreendedor deve buscar a ajuda desses profissionais se pretende usar essas técnicas.

8.7 Treinamento

Uma equipe capacitada é um dos principais ingredientes na "receita do sucesso" de uma empresa. O processo de treinamento fornece aos membros da equipe as oportunidades para adquirir, desenvolver ou corrigir a falta de conhecimentos, habilidades e atitudes necessárias para o desempenho dos cargos que ocupam. Os programas de treinamento têm a finalidade de contribuir para a obtenção das metas da empresa. Por isso, o principal critério para a escolha de programas de treinamento é o interesse da empresa.

O processo básico de treinamento abrange o levantamento de necessidades e a realização de programas de treinamento.

8.7.1 Levantamento de necessidades de treinamento (LNT)

O levantamento de necessidades de treinamento é o processo que identifica o conteúdo que os programas de treinamento devem ter. Há três maneiras de identificar necessidades de treinamento: análise da organização, análise dos cargos e análise das pessoas.

- Análise da organização. Estude as estratégias, os objetivos e o ambiente da empresa a fim de identificar as competências necessárias para concorrer com eficácia e atender os mercados e clientes escolhidos. Estude os programas de treinamento oferecidos no mercado e identifique as tendências. Cuidado com os modismos.
- Análise dos cargos. Estude as descrições dos cargos de seu organograma para identificar as competências que os ocupantes devem ter.
- Análise das pessoas. Compare as competências que as pessoas têm com as competências mostradas na análise da organização e dos cargos. Por meio de avaliação do desempenho e da experiência, identifique as diferenças entre a oferta e a demanda de competências.

8.7.2 Programas de treinamento

Há muitos tipos e técnicas de treinamento que uma empresa nascente pode utilizar. Há os mais simples, que consistem na orientação dada pelo próprio empreendedor aos funcionários, e os mais complexos e dispendiosos, que envolvem a contratação de consultores e empresas especializadas em treinamento.

8.7.3 Funcionários experientes como treinadores

Uma variante do "você como treinador" (assunto do qual tratamos no Capítulo 1) é o treinamento no cargo ou na função (*on the job*). Determinadas ocupações exigem experiência prática, que pode ser adquirida no próprio desempenho ou execução de uma tarefa. Os funcionários mais antigos orientam os novos, ensinando-lhes as artes e ferramentas do ofício. Muitas profissões são aprendidas dessa forma. Uma desvantagem é a transmissão da experiência prática sem o conhecimento formal. Por exemplo, um profissional de restaurante formado pelo Senac tem qualificações superiores a outro formado apenas pela prática, justamente pela aquisição de conhecimentos formais.

8.7.4 Cursos formais

Cursos formais oferecem as competências que o empreendedor ou os funcionários mais antigos não têm. A empresa pode contratar uma consultoria para ministrar um curso *in company* ou enviar seus funcionários para cursos abertos. Algumas empresas, mesmo de pequeno porte, patrocinam a totalidade ou parte do valor de cursos de alto custo, como programas de pós-graduação. Em certos casos, o funcionário ganha períodos livres para frequentar cursos de longa duração durante o horário de trabalho. Organizações grandes e pequenas fazem isso.

8.7.5 Integração de novos funcionários

Os novos funcionários devem receber atenção especial do empreendedor. Eles devem ser integrados ao ambiente da empresa e às equipes de trabalho. Passando por um período inicial de adaptação diante das novas circunstâncias, o novo funcionário também demonstra uma predisposição altamente positiva de colocar toda a sua competência a serviço da empresa e da nova equipe. É necessário que o empreendedor desenvolva ações logo em seguida à contratação, para receber e apoiar o novo funcionário, podendo ser apresentadas informações como a história da empresa, seus objetivos e o programa de saúde e segurança, entre outras.

8.8 Avaliação de desempenho

Avaliação de desempenho é o processo de medir o desempenho do funcionário. O principal objetivo é fornecer ao próprio funcionário informações sobre seus resultados, de forma que possa aprimorar seu desempenho, sem diminuir sua independência e motivação para fazer um trabalho satisfatório. A avaliação de desempenho também está ligada ao processo de administração de salários e aos planos de desenvolvimento e de carreira. É uma poderosa ferramenta para a empresa realizar seus objetivos e continuamente aprimorar seu desempenho. Deve ser determinado um período para realizar a avaliação de desempenho, junto com o funcionário.

Uma empresa pode combinar duas formas de fazer avaliação de desempenho: por objetivos e por escalas de fatores.

8.8.1 Avaliação de desempenho por objetivos

A **avaliação de desempenho por objetivos** é uma técnica orientada para resultados do trabalho e não para procedimentos formalizados. Nesse sistema, conforme mostra a Figura 8.3, o gerente e cada funcionário ou equipe, em conjunto:

- Definem objetivos (ou metas) de desempenho, tomando por base a descrição do cargo e as competências desejadas.
- Depois de certo período, o gerente e o funcionário avaliam a realização desses objetivos.
- Definem ações para o aprimoramento do desempenho.
- Definem novos objetivos para o período seguinte.

Figura 8-3 **Avaliação de desempenho por objetivos**

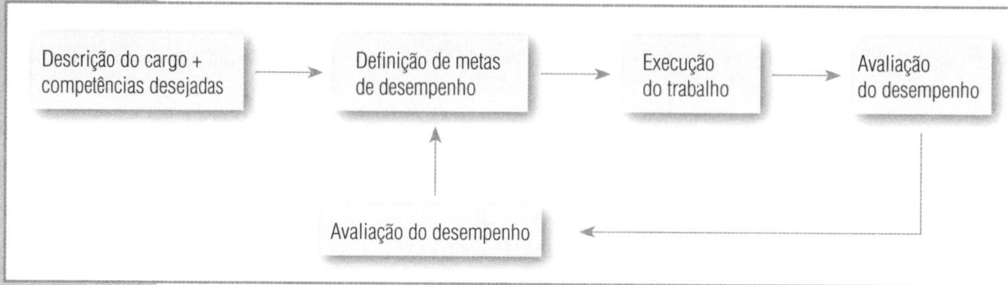

Esse modelo tem a grande vantagem de focalizar a atenção nos resultados práticos associados ao cargo ocupado. Se o funcionário atinge ou ultrapassa os objetivos, o desempenho é aceitável. A avaliação baseia-se nos resultados, não em seu potencial ou na opinião subjetiva de alguém sobre suas competências. Por outro lado, há o risco de os objetivos serem definidos sem base na realidade. Sempre é importante cuidar para que não haja super ou subestimativas dos resultados pretendidos.

8.8.2 Avaliação de desempenho por fatores

Outra forma de avaliar o desempenho consiste em definir um conjunto de fatores que retratam um padrão de comportamento desejado (Figura 8.4). Periodicamente, o gerente preenche o formulário para cada funcionário, atribuindo uma nota ou assinalando um ponto em uma escala. Nesse sistema, os fatores de avaliação são padronizados para todos os funcionários que ocupam um determinado cargo, assim como o período da avaliação.

A grande vantagem desse modelo é a padronização. Todos os funcionários sabem que estão sendo avaliados com base nos mesmos fatores. Duas desvantagens: (1) a impossibilidade de garantir que os fatores selecionados sejam relevantes para a avaliação e (2) a possibilidade de que fatores relevantes sejam omitidos.

Figura 8-4 **Duas alternativas de fazer avaliação de desempenho por meio de fatores e escalas**

	Muito bom	Bom	Satisfatório	Ruim	Inaceitável
Pontualidade	☐	☐	☐	☐	☐
Limpeza e organização do posto de trabalho	☐	☐	☐	☐	☐
Capacidade de trabalhar em equipe	☐	☐	☐	☐	☐
Linguagem	☐	☐	☐	☐	☐

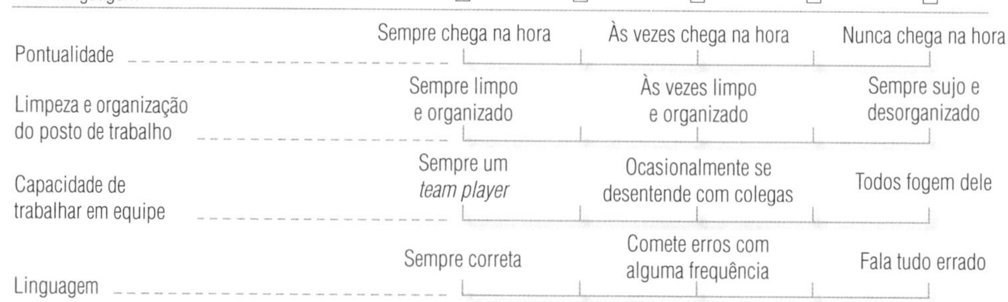

8.9 Remuneração

A remuneração é um dos principais instrumentos para a manutenção, retenção e motivação dos funcionários. O sistema de remuneração de uma empresa abrange a remuneração direta, que compreende uma parte fixa e outra variável, e a remuneração indireta, que envolve benefícios, prêmios e bônus (Figura 8.5).

- A remuneração fixa é o valor em dinheiro que os empregados recebem todo mês, de acordo com seu cargo na empresa.
- A remuneração variável depende do desempenho do funcionário.
- Os benefícios são serviços que a empresa paga para seus funcionários.

8.9.1 Remuneração fixa

Remuneração fixa, ou salário nominal, é o valor fixado em contrato individual. É o que o empregado recebe por mês ou por dia, independentemente de seu desempenho. A determinação da remuneração fixa se dá por diversos fatores. Um deles é o enquadramento do empregado em algum sindicato. Os sindicatos definem o salário-base da categoria, que geralmente é um valor acima do salário mínimo estabelecido pelo governo.

Os custos trabalhistas ou encargos sociais fixados em lei representam outro fator que pesa na decisão de quanto será pago aos funcionários. Não raro o valor que o empregado recebe é igual ou menor que seus encargos trabalhistas. Para cada salário pago, o empreendedor paga aproximadamente outro de encargos (FGTS, INSS, Sesi, Senai, Sesc e outras taxas e contribuições).

8.9.2 Remuneração variável

A remuneração variável é a parte da remuneração que depende do desempenho (ou resultados alcançados) do funcionário ou da equipe. A adoção de um sistema de remuneração variável é uma opção do empreendedor, a qual traz três vantagens principais para a empresa:

- A perspectiva de aumento da remuneração estimula o desempenho dos funcionários, influenciando positivamente o desempenho da empresa.

Figura 8-5 Formas de remuneração

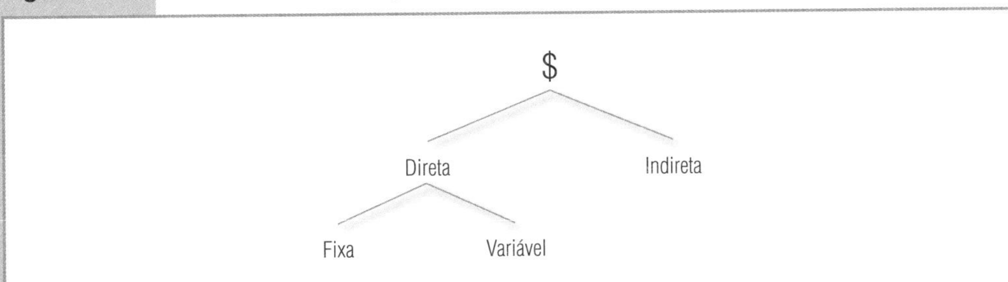

- Os custos de mão de obra ficam mais controláveis; já o valor da folha de pagamento varia de acordo com o desempenho da empresa.
- O sistema de avaliação de desempenho fica diretamente relacionado com a política salarial.

Remuneração pelo desempenho individual

Os planos de remuneração variável individual incentivam cada funcionário a aprimorar seu desempenho para chegar ao nível de ganho que deseja. Esse tipo de plano também pode criar competição entre os funcionários, o que pode ou não ser vantajoso. A desvantagem está na possibilidade de prejudicar a cooperação, mas o incentivo à iniciativa dos funcionários é uma vantagem inegável.

Os planos individuais são mais eficazes quando oferecidos a trabalhadores que dependem menos dos outros funcionários para alcançar as metas para ganhar a parcela da remuneração variável. Por exemplo, vendedores ou corretores de imóveis.

Remuneração pelo desempenho em equipe

Os planos baseados em equipes são utilizados em situações em que se deseja uma equipe integrada e eficiente ou quando o resultado desejado não depende somente de um funcionário. Pode-se citar como exemplo o desenvolvimento de um novo produto ou serviço, que envolverá engenheiros, *designers* e o pessoal de marketing.

O aumento da integração entre funcionários, todos motivados a atingir um objetivo, é uma das maiores vantagens dos planos coletivos de remuneração variável. No entanto, há desvantagens, como a dificuldade de formar um grupo quando as pessoas não se entendem ou a presença dos **caronas**, que estão em quase todo tipo de equipe. Caronas são componentes do grupo que, mesmo não se esforçando, beneficiam-se dos resultados alcançados pelos demais membros do grupo, podendo até deixar o grupo desmotivado.

8.9.3 Participação nos Lucros e Resultados ou Programa de Participação dos Resultados (PLR/PPR)

A participação dos trabalhadores nos lucros ou resultados da empresa é assegurada pela Lei nº 10.101, de 19 de dezembro de 2000. A legislação em vigor determina que a PLR/PPR seja negociada entre a empresa e seus empregados, por meio de comissão formada por representantes da empresa, dos empregados e um representante do sindicato ou com a representação direta do Sindicato. A Lei nº 10.101 estabelece:

> Artigo 2º: A participação nos lucros ou resultados será objeto de negociação entre a empresa e seus empregados, mediante um dos procedimentos a seguir descritos, escolhidos pelas partes de comum acordo:
>
> I – comissão escolhida pelas partes, integrada, também, por um representante indicado pelo sindicato da respectiva categoria.
>
> II – convenção ou acordo coletivo.
>
> Artigo 3º: A participação de que trata o art. 2º não substitui ou complementa a remuneração devida a qualquer empregado, nem constitui base de incidência de qualquer encargo trabalhista, não se aplicando o princípio da habitualidade.

8.9.4 Benefícios

Benefícios são formas de remuneração indireta oferecidas aos funcionários. Há diversos benefícios impostos pelo governo e por sindicatos. Os benefícios são concedidos a todos os funcionários da organização de forma homogênea. Isso torna esses custos relevantes na folha de pagamento da empresa. Trazendo diversas conveniências e facilidades, os benefícios ajudam a empresa a atrair, reter e manter pessoas, aumentar a produtividade, reduzir a rotatividade e o absenteísmo e melhorar o clima organizacional. Os empregados devem participar do processo de escolha dos benefícios, o que aumenta sua satisfação e os torna responsáveis pelo plano.

Muitas empresas dividem os custos dos benefícios com os empregados. Isso os faz darem mais importância aos benefícios e os utilizarem com cuidado, porque conhecem os altos custos envolvidos.

8.9.5 Política salarial

A política salarial de uma organização consiste de um conjunto de princípios e orientações que guiam as atitudes e decisões sobre remuneração dos funcionários, definindo como a organização estabelecerá a remuneração para os diferentes cargos e funcionários, e deve estar alinhada com a missão e as estratégias da organização.

A política salarial é utilizada para atingir certos objetivos dentro da organização, como:

- Atrair e reter os melhores empregados.
- Motivar e aumentar o desempenho individual e de equipe dos empregados.
- Controlar o custo com empregados.

Há alguns cuidados básicos para assegurar a eficácia da política salarial que devem ser levados em conta durante sua formulação:

- Cada funcionário deve receber de acordo com o cargo e desempenho, mantendo-se a equidade.
- A remuneração total deve satisfazer plenamente todas as necessidades básicas dos empregados.
- Deve ser compreensível para todos os funcionários da organização.
- Deve ser considerada pelos funcionários como uma motivação para aumentar seu desempenho.

A política salarial da organização deve conter:

- A estrutura de cargos e salários da organização, que classifica os cargos e define as faixas salariais para cada classe de cargos.
- Previsão para reajustes salariais. Tanto os reajustes coletivos quanto os individuais, que poderão ser, por exemplo, promoções ou méritos. Os reajustes coletivos muitas vezes são negociados com os sindicatos.

A política salarial de uma empresa está sempre sujeita a modificações e aperfeiçoamentos, de modo que ela se torne cada vez mais adequada para as diversas situações da organização.

Fatores que influenciam a política salarial

São diversos os fatores que devem ser levados em conta pela organização na elaboração de sua política salarial.

Os impactos legais e fiscais decorrentes do pagamento de salários aumentam os custos com a remuneração fixa. Há leis que dão origem a diversos encargos sociais, aumentando substancialmente a diferença entre a quantia paga pela organização e o salário recebido pelos empregados. Esses compromissos legais tornam muito difícil a empresa pagar um salário entendido como "justo" para seus empregados.

Pesquisa salarial

Outro fator que afeta as decisões sobre o nível de remuneração da empresa é a concorrência com o mercado de trabalho. Se a organização remunerar seus funcionários abaixo do que é oferecido pelas outras empresas do mercado, poderá perder seus funcionários. Se estiver acima, seus custos de produção serão maiores que os das empresas concorrentes.

Para obter informações sobre a remuneração das outras empresas, as organizações costumam fazer pesquisas salariais. Uma organização realiza uma pesquisa salarial para descobrir quanto as empresas concorrentes estão pagando, qual o pacote de benefícios oferecido, se há absenteísmo e outras informações relevantes para realizar sua própria política salarial e, assim, manter um equilíbrio salarial externo.

Tais pesquisas muitas vezes podem ser feitas por empresas especializadas. Os cadernos de empregos e as revistas de negócios não raro publicam tabelas com as médias dos salários pagos pelo mercado para diversos cargos, assim como os benefícios oferecidos.

Uma pesquisa salarial pode ser feita por vários meios e métodos, tais como questionários, malas diretas, telefonemas, reuniões com especialistas e visitas nas empresas. Normalmente os métodos mais baratos são os mais imprecisos.

Equidade

Como os empregados contribuem para a empresa em troca da remuneração, é correto pensar que verificarão se o retorno que têm é justo ou equivalente à sua contribuição e ao tempo que investem na empresa. Para isso, as pessoas costumam comparar sua remuneração com a remuneração dos colegas, considerando a carga de trabalho própria e a alheia. As pessoas fazem isso não apenas em relação aos colegas, mas também ao que é pago no mercado de trabalho.

A expectativa que as pessoas têm é que haja equilíbrio interno (entre os salários e cargos dentro da empresa) e equilíbrio externo (entre cargos similares de outras empresas no mercado). Havendo equilíbrio, caracteriza-se uma situação de equidade, que trará um sentimento de justiça e satisfação entre os empregados. O caso contrário é uma situação de iniquidade, que trará um sentimento de injustiça e insatisfação, podendo ainda gerar um passivo trabalhista.

A iniquidade surge também quando o empregado sente que seu salário está acima ou abaixo do que seu trabalho realmente vale, gerando tensão dentro da empresa. Se o salário estiver muito abaixo, ele se sentirá injustiçado.

Quando há situação de iniquidade, o empregado poderá buscar equilíbrio por conta própria, normalmente diminuindo sua contribuição à empresa. Portanto, remuneração justa e equitativa só é possível se o empreendedor conhecer o valor dos cargos em relação aos outros cargos, dentro e fora da organização.

Questões para seu plano de negócios

4. Quais são os cargos de sua empresa?
5. De quantos funcionários a empresa precisará?
6. Quais as qualificações importantes para cada tipo de funcionário?
7. Como serão recrutados, selecionados e treinados? A empresa fará isso por conta própria ou uma agência especializada será contratada?
8. Que sistema de avaliação de desempenho a empresa utilizará?
9. Qual a forma de remuneração?

Questões para estudo

1. Explique os principais processos da gestão de pessoas.
2. Que informações se encontram em uma descrição de cargo?
3. Quais os princípios da gestão por competências?
4. Como se pode identificar as competências necessárias para o ocupante de um cargo?
5. Explique os procedimentos básicos do processo de planejamento de mão de obra.
6. Explique os procedimentos básicos do processo de recrutamento de pessoas.
7. Explique os procedimentos básicos do processo de seleção de pessoas.
8. Explique os procedimentos básicos do processo de avaliação de desempenho.
9. Quais são as formas básicas de remuneração?
10. O que é uma política salarial?

Estudo de caso — Mair und Andere

Nascida em 1972 e formada em design em 1998, Judith Mair fundou, no ano 2000, com três colegas, a Mair und Andere (Mair e outros), uma agência de design e comunicação, com sede em Colônia, Alemanha. Judith ficou famosa por ter escrito o best-seller *Schluss mit Lustig*, lançado em 2002. No Brasil, o livro foi publicado com o título *Chega de oba-oba!*, pela Editora Martins Fontes, e provocou polêmica em todo o mundo, por suas críticas às ideias mais populares sobre como lidar com pessoas.

O título era o retrato do modelo de gestão de sua pequena agência. Judith implantou e defendeu no livro uma ligação estritamente profissional entre as pessoas e o trabalho, com regras rígidas para o comportamento e o desempenho. Na entrada de sua empresa, ela colocou um aviso que resumia sua filosofia: "Aqui não há lugar para quem pensa que trabalho bom é o que dá prazer". Não havia quadros nas paredes, nem fotografias ou objetos pessoais nas mesas.

O modelo de Mair

Algumas das ideias que ela expôs no livro:

- Uma vez definidos entre o empregador e o empregado, os horários de trabalho devem ser seguidos à risca. Na agência de Judith, o expediente começava às 9 horas em ponto e terminava antes das 18. Telefonemas depois do expediente não precisavam ser atendidos. Nos fins de semana, o trabalho era proibido.
- O trabalho ficava restrito às quatro paredes do escritório. Era proibido levar trabalho para casa. Na hora de escolher um funcionário, se houvesse empate nas qualificações, as mulheres tinham prioridade.

- Não somos amigos, mas colegas ou chefes. Problemas particulares devem ser deixados de lado durante o período de trabalho.
- Os telefones celulares devem ser desligados durante o expediente. Telefonemas ou e-mails particulares só na hora do almoço.
- O foco é o trabalho. Dispensamos qualquer cultura empresarial que glamorize a empresa.

Judith, suas colegas e os funcionários tratavam-se formalmente (pelo sobrenome) e havia uma clara hierarquia na agência. Ela dizia que não queria que a agência fosse acolhedora ou que tivesse um ar doméstico, porque, afinal de contas, não era sua casa. Todos tinham de usar uniforme. Ternos azuis em encontros com clientes e abrigos esportivos cinza e azul no escritório. Em diversas entrevistas, ela abordou esse e outros pontos de seu modelo:

"Há quem ache que os uniformes são ridículos. No entanto, tivemos apenas uma experiência ruim com eles. Estávamos em uma feira de música popular e vinham nos perguntar onde ficavam os toaletes, pensando que éramos recepcionistas."

"A empresa não é um parque de diversões. É absurdo falar bem do trabalho como substituto do lar ou como símbolo de status, que propicia autorrealização e diversão. O trabalho é apenas trabalho."

"Estou acabando com a hipocrisia do 'amor à camisa' que, na verdade, morre nas decisões unilaterais de demitir, toda vez que o resultado financeiro fica ameaçado. Os milhares de desempregados que despejam currículos no meu e-mail certamente já 'amaram' seus locais de trabalho e defenderam os ambientes saudáveis e divertidos onde cumpriam suas funções, sob o olhar sorridente dos patrões."

"Processos como horizontalização, jornada flexível e gestão de equipes estão derrubando as barreiras entre a vida privada e a profissional. As pessoas estão desorientadas com a falta de hierarquia. Ficam constantemente preocupadas com as pendências da empresa e, por isso, sofrem cada vez mais de depressão, estresse e doenças cardiovasculares."

"Comemorações de fim de semana são tentativas pobres de juntar as pessoas e pretexto para fazê-las trabalhar até a exaustão."

"As regras servem para que o desenvolvimento e a organização do trabalho sejam mais simples. Todos querem saber o que se espera deles e quais são seus deveres. A meta é não prometer que o trabalho pode ser divertido e garantir que ele seja cumprido com dedicação."

Resultados

Segundo Judith, suas regras prussianas de trabalho não inibiam a criatividade. Entre seus clientes, estavam o Fórum Econômico Mundial (WEF), os Correios da Alemanha, a Orquestra Filarmônica de Colônia e empresas locais. "Seus métodos não afetaram nossa decisão de contratá-la", disse a diretora de comunicações da Filarmônica. Judith dizia que "eu e os outros funcionários dormimos mais, somos menos estressados e menos exigidos do que antes. E recebemos muitos currículos de jovens criativos, que não desejam um patrão que espere que eles façam horas extras e que seus colegas diretos sejam seus amigos. O que eles querem é ir para casa às 6 horas da tarde com a consciência de que fizeram um bom trabalho."

Questões:

1. Quais as vantagens e desvantagens do modelo de gestão de Judith Mair, para o empregador e para os empregados?
2. Trata-se de um modelo que serve para determinados tipos de pessoas, mas não para outros, ou é um modelo que agrada (ou desagrada) a todos?
3. Qual seria sua preferência, se você fosse empregado? O modelo de Judith Mair ou outro que você conheça? Descreva-o e explique as diferenças.
4. Como empresário, você consideraria adotar as ideias de Judith? Por quê?

CAPÍTULO 9

MOTIVAÇÃO E LIDERANÇA

OBJETIVOS

Ao completar o estudo deste capítulo, você deverá ser capaz de explicar e utilizar as seguintes ideias:

- Motivação.
- Liderança.
- Desenvolvimento de equipes.

9.1 Motivação para o trabalho: de que se trata?

Desempenho no trabalho é o resultado que o ocupante de um cargo alcança, dependendo de muitos fatores — da organização do local de trabalho, dos colegas, da qualidade dos equipamentos utilizados, das qualificações do trabalhador e de sua **motivação para o trabalho** (Figura 9.1). Entender os mecanismos da motivação é essencial para o empreendedor lidar com o desempenho das pessoas na situação de trabalho.

Motivação para o trabalho é um estado psicológico de disposição, interesse ou vontade de perseguir ou realizar uma tarefa ou meta. Dizer que uma pessoa está motivada para o trabalho significa dizer que essa pessoa apresenta disposição favorável ou positiva para realizar o trabalho.

A palavra **motivação** deriva do latim ***motivus***, ***movere***, que significa mover. Em seu sentido original, a palavra indica o processo pelo qual o comportamento humano é incentivado, estimulado ou energizado por algum tipo de motivo ou razão. O comportamento humano sempre é motivado. Sempre há um motor funcionando, que o movimenta. Algumas vezes, o motor fica em ponto morto ou para de funcionar e a pessoa fica desmotivada.

Figura 9-1 **Os principais determinantes do desempenho no trabalho**

A motivação é específica. Não há um estado geral de motivação que leve uma pessoa a sempre ter disposição para tudo. Você pode estar motivado para trabalhar e, ao mesmo tempo, estar desmotivado para ir ao curso de empreendedorismo à noite. Ou vice-versa. A motivação é uma característica individual e, ao mesmo tempo, um processo complexo, influenciado por inúmeros fatores.

Ao lidar com a motivação de seus funcionários e das pessoas de forma geral, o empreendedor deve fugir dos raciocínios simplistas, como "pagando bem se consegue qualquer coisa" ou "um ambiente de trabalho agradável é fator de motivação" ou, ainda, "as pessoas só trabalham porque precisam; se pudessem, não fariam nada". Há muito tempo empresários, pesquisadores e administradores de empresas vêm lidando com problemas de desempenho e tentando explicar a motivação para o trabalho. Foi assim que surgiram as ideias que você estudará neste capítulo do livro.

Motivação não é o mesmo que satisfação. Seus funcionários podem estar motivados para trabalhar, mas insatisfeitos com o salário — e poderão procurar outro lugar onde as condições sejam melhores. Alternativamente, podem estar satisfeitos com o salário, mas desmotivados para trabalhar, o que resultará em baixa produtividade.

9.2 Motivos internos e externos

A motivação para o trabalho é resultante de uma interação complexa entre os motivos internos das pessoas e os estímulos da situação ou ambiente (Figura 9.2).

Os **motivos internos** são as necessidades, aptidões, interesses, valores e habilidades das pessoas. Esses motivos individualizam cada pessoa e a fazem diferente de todas as outras. Cada indivíduo é capaz de realizar certas tarefas e não outras; sente-se atraído por determinadas atividades e evita outras; valoriza certos comportamentos e menospreza outros.

Os **motivos externos** são os estímulos ou incentivos que a empresa oferece. Esses motivos podem satisfazer necessidades, despertar sentimentos de interesse ou representar recompensas desejadas. São motivos externos todas as recompensas oferecidas pela empresa, desde o salário e os benefícios até o ambiente de trabalho, as oportunidades de carreira,

Figura 9-2 **Uma complexa interação entre motivos internos e externos ao indivíduo produz diferentes níveis de motivação**

os colegas e o estilo de liderança do chefe. Os motivos externos criados por uma empresa fazem parte de um sistema maior de estímulos do ambiente — como o prestígio social de uma profissão, as oportunidades e a disponibilidade de emprego no mercado de trabalho, a distribuição da renda e a infraestrutura física e de serviços oferecida pelo governo.

Neste capítulo, serão estudadas ideias sobre a motivação, que explicam os motivos internos, os motivos externos e a interação entre os dois.

9.3 Necessidades humanas

Uma das mais importantes explicações sobre a motivação estabelece que as pessoas são motivadas, basicamente, por estímulos interiores chamados necessidades. As necessidades são estados de carência. Quanto mais forte a necessidade, mais intensa é a motivação. Satisfeita a necessidade, a motivação cessa. Certas necessidades são **instantâneas**, como a de procurar abrigo em uma situação de insegurança. Outras são **permanentes**, como a necessidade de encontrar os meios de subsistência. Algumas necessidades são **terminais**, como a necessidade de se alimentar. Outras são **instrumentais**, como a de ganhar dinheiro para se alimentar. Surge daí um princípio importante da motivação: qualquer recompensa — seja procurada pela própria pessoa, seja oferecida por outra — tem um valor que é determinado pela capacidade de satisfazer necessidades — que integram o sistema de motivos internos.

A noção de que as necessidades humanas estão organizadas em uma espécie de ordem ou hierarquia desempenha um papel importante no estudo da motivação. Há diferentes teorias sobre as necessidades e seu papel na motivação. Uma das principais teorias que se baseiam nessa noção foi proposta por Maslow. Segundo esse autor, as necessidades humanas são divididas em cinco categorias (Figura 9.3).

De acordo com a teoria de Maslow:

- As necessidades fisiológicas estão na base da hierarquia. As pessoas procuram satisfazê-las antes de se preocupar com as de nível mais elevado.
- Uma necessidade em qualquer ponto da hierarquia precisa ser atendida antes que a necessidade de nível seguinte se manifeste. Se uma necessidade não for satisfeita, a pessoa ficará estacionada nesse nível de motivação.
- Atendida, uma necessidade deixa de fazer efeito. A pessoa passa a ser motivada pela ordem seguinte de necessidades.
- As pessoas estão em processo de desenvolvimento contínuo. Elas tendem a progredir ao longo das necessidades, buscando atender uma após outra, e orientam-se para a autorrealização.
- Uma necessidade pode predominar sobre as demais, em virtude de fatores como idade, meio social ou personalidade. Por exemplo, a necessidade de autoafirmação é predominante na juventude.

Aplicando a teoria de Maslow ao desempenho no trabalho:

- O trabalho e o ambiente de trabalho podem satisfazer desde as necessidades de sobrevivência até as de autorrealização. As necessidades e a capacidade de satisfazê-las, no entanto, dependem das características das pessoas e da situação de trabalho. Por exemplo: o trabalho em uma fábrica pode satisfazer necessidades de sobrevivência, convivência social e de autoestima. Em um observatório astronômico, onde umas pou-

Figura 9-3 **Uma representação da teoria de Maslow sobre a hierarquia das necessidades humanas**

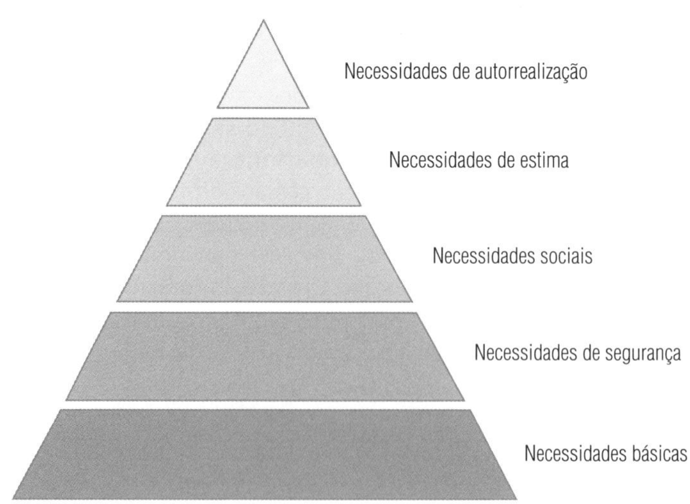

cas pessoas passam as noites em silêncio, observando o universo, as necessidades de autorrealização e reconhecimento dentro de uma comunidade técnica, espalhada em outros observatórios, são mais importantes. A proximidade física é irrelevante.

- O trabalho e a situação de trabalho também criam necessidades, em vez de satisfazê-las. Os trabalhadores passam então a reclamar seu atendimento, o que também é uma forma de comportamento motivado por necessidades ou carências. Por exemplo: trabalhar em lugares que oferecem risco de morte intensifica a necessidade de segurança.

9.4 Frustração

Frustração é o que acontece quando as necessidades não são atendidas. A frustração também pode ser um impulso poderoso para a ação humana, produzindo diversos tipos de comportamentos no ambiente de trabalho:

- Fuga ou compensação. Quando não consegue satisfazer uma necessidade, que se torna cada vez mais intensa, a pessoa fica crescentemente frustrada e ansiosa. Como consequência dessa frustração, pode ser que ela adote um comportamento de fuga ou compensação. Comportamentos desse tipo são:
    - Procura de outro emprego ou profissão, quando não há possibilidade de progresso no emprego atual.
    - Filiação a uma associação profissional ou sindicato, para defesa de interesses não atendidos pelo empregador.
    - Busca de um mecanismo de escape, como um *hobby*.
- Resignação. A resignação ocorre quando um grupo ou pessoa se deixa abater pela frustração e se entrega a um estado de desânimo ou fatalidade ("eu desisto", "não adianta lutar", "é assim que tem de ser"). Como todas as saídas parecem fechadas, a pessoa se rende. Em uma situação de trabalho, a resignação manifesta-se por meio da apatia, da depressão e do desinteresse pela empresa e por seus objetivos.
- Agressão. A agressão representa uma forma de ataque físico ou verbal, associado a um sentimento de ira e hostilidade. Pode ser um palavrão, um chute na parede ou uma ferramenta que é jogada dentro de uma engrenagem delicada (ou na cabeça do mestre de obras, do alto do prédio em construção). Quando não é possível descarregar a agressão contra o objeto ou a pessoa que a provocou, a pessoa frustrada pode adotar um comportamento de substituição ou deslocamento: o general repreende o coronel, que repreende o major, e assim por diante, até que o soldado chuta o pobre cachorro do quartel.

9.5 Teoria dos dois fatores

Passemos agora ao estudo dos motivos externos. A **teoria dos dois fatores** explica qual o efeito de alguns desses motivos externos sobre a motivação. Segundo a teoria dos dois fatores, os estímulos ao desempenho, em uma situação de trabalho, podem ser divididos em duas categorias principais (Figura 9.4):

1. Fatores higiênicos ou extrínsecos (também chamados Fatores H).
2. Fatores motivacionais ou intrínsecos (também chamados Fatores M).

Para entender a teoria dos dois fatores, pense na seguinte questão: Se o salário de uma pessoa dobrar ou triplicar, ela se torna duas ou três vezes mais motivada? Ela produzirá o dobro ou o triplo do que produzia antes?

A resposta, claro, é não. Você já deve ter ouvido falar que o salário não é fator de motivação. É claro que não. O salário é um fator de satisfação (insatisfação, na verdade), como todos os demais fatores higiênicos. Ofereça salários que deixem as pessoas satisfeitas e você conseguirá exatamente isso — satisfação com o salário. A motivação propriamente dita, no entanto, é produto de outros fatores — os fatores motivacionais.

Os fatores higiênicos (também chamados fatores extrínsecos, de contexto ou fatores de satisfação) compreendem as condições dentro das quais o trabalho é realizado. Esses fatores criam o clima psicológico e material saudável que produz a satisfação. Quanto mais satisfeita a pessoa estiver com seu salário, ambiente de trabalho ou chefe, menor será sua disposição para reclamar desses aspectos. Os fatores de satisfação, entre outros, são os seguintes:

- O ambiente físico onde o trabalho é realizado: iluminação, temperatura, espaço e conforto dos móveis.
- O ambiente humano e organizacional: colegas, chefe, salário, políticas da empresa.

No entanto, satisfação com as condições de trabalho não é o mesmo que motivação para o trabalho. Para que haja motivação, é preciso que a pessoa esteja satisfeita com seu trabalho propriamente dito, que enxergue nele a possibilidade de exercitar suas habilidades ou desenvolver suas aptidões. Os fatores motivacionais são os seguintes, entre outros:

- Natureza da tarefa realizada.
- Oportunidades de aprendizagem que a tarefa oferece.
- Desafio que a tarefa oferece às competências do ocupante do cargo.
- Oportunidades de crescimento profissional, como a promoção para cargos mais complexos.
- Reconhecimento pela dificuldade da tarefa ou pelo trabalho bem-feito.

Figura 9-4 **Os fatores que influenciam o desempenho no trabalho, segundo a teoria de Herzberg**

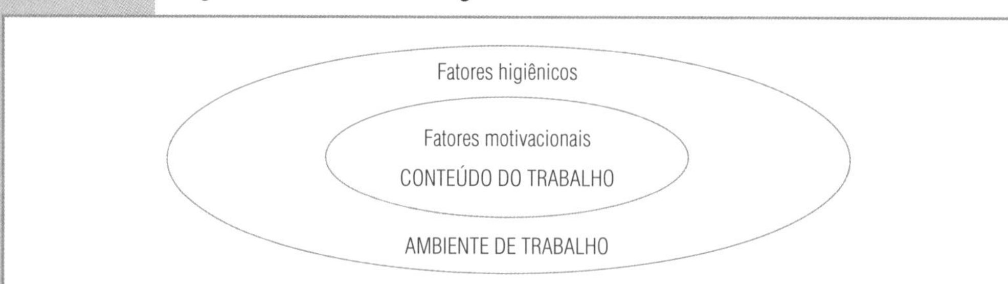

Segundo a teoria dos dois fatores, satisfação não é o mesmo que motivação. O ambiente de trabalho produz apenas satisfação ou insatisfação com o próprio ambiente, mas não motivação para o trabalho. Apenas o conteúdo do próprio trabalho produz motivação para o trabalho. A teoria dos dois fatores consagrou o princípio de que a motivação vem do trabalho, e não do ambiente. Em qualquer situação de trabalho, ocorre uma combinação de ausência e presença de fatores higiênicos e motivacionais. A ausência e a presença não são absolutas, mas relativas e, com frequência, subjetivas — o que uma pessoa encara como desafio motivador pode ser visto como situação de perigo para outra. É o caso dos bombeiros, que correm para os lugares de onde outros estão fugindo. Ausência e presença são escalas, que vão do extremo totalmente ausente até o extremo totalmente presente. Como administrador de uma empresa, você pode manejar todos os fatores dos dois tipos, os higiênicos e os motivacionais, considerando a combinação dos dois. Isso significa que você pode trabalhar para deixar sua equipe de colaboradores satisfeita com a empresa e motivada para o trabalho. Veja na Figura 9.5 a ilustração desse princípio.

Figura 9-5 Atuação combinada dos fatores higiênicos e motivacionais

Totalmente ausente ⟷ Totalmente presente (fatores higiênicos)

Totalmente ausente ⟷ Totalmente presente (fatores motivacionais)

	FATORES HIGIÊNICOS AUSENTES ▪ Salários baixos ▪ Não há benefícios ▪ Condições de trabalho precárias ▪ Equipe sem sintonia	**FATORES HIGIÊNICOS PRESENTES** ▪ Salários e benefícios satisfatórios ▪ Ambiente físico de trabalho agradável ▪ Ambiente humano amigável
FATORES MOTIVACIONAIS AUSENTES ▪ Trabalho sem desafio ▪ Não há oportunidades de avanço ▪ Não se oferecem programas de capacitação ▪ Não há recompensas pelo desempenho	Ausência de fatores motivacionais e higiênicos é a pior situação, que só se aceita na absoluta falta de alternativa. O desempenho só pode ser resultante do senso de responsabilidade ou do receio da perda de emprego. Exemplos: atividades realizadas por imigrantes ilegais ou por pessoas sem qualificações profissionais.	Satisfação com as condições de trabalho, mas insatisfação com o trabalho em si, devido à falta de desafio ou, em outro extremo, à tensão inerente. O desempenho pode tender à mediocridade ou levar à aposentadoria precoce ou a problemas de conduta.
FATORES MOTIVACIONAIS PRESENTES ▪ Trabalho que envolve desafio, responsabilidade e tomada de decisão ▪ Possibilidades de crescimento na carreira ▪ Reconhecimento pelo desempenho	A ausência de fatores higiênicos, com presença de fatores motivacionais, é exemplificada pelos missionários e socorristas voluntários que trabalham em condições de extrema penúria. O desempenho é resultante da motivação inerente à tarefa. Numa empresa, essa situação compromete o desempenho.	Motivação com o trabalho e satisfação com as condições formam a melhor combinação possível. Em tese, pode-se esperar os melhores níveis de desempenho quando o trabalho se encontra nessa situação.

9.6 Qual recompensa é mais eficaz?

Cada líder e cada empresa oferecem às pessoas um conjunto de incentivos ou recompensas — o próprio trabalho, o ambiente, o salário, prêmios e o reconhecimento pelo bom desempenho. Qual é a eficácia e o efeito desses incentivos sobre a motivação? Você poderia responder assim:

— Ah, agora que li a teoria dos dois fatores, já entendi tudo. Este livro é bom mesmo. Para conseguir os níveis mais altos de desempenho de meus empregados, devo oferecer vantagens materiais, como bons salários, alimentação e benefícios. Paralelamente, devo oferecer-lhes a oportunidade de exercitar suas melhores aptidões, e assim eles se sentirão motivados e trabalharão bem. Para garantir que nada falhe, acrescentarei também alguns incentivos, como recompensas pelo desempenho.

Certo ou errado? A resposta é: *depende*. Qualquer incentivo pode funcionar, desde que esteja sintonizado com os motivos internos da pessoa a quem é oferecido. A principal explicação sobre a interação dos motivos internos com os estímulos do ambiente é a teoria da expectativa. Essa teoria explica como as crenças e expectativas das pessoas combinam-se com os estímulos, para produzir algum tipo de "força motivacional". Essa teoria retrata a ideia intuitiva de que o esforço depende do resultado que se deseja alcançar.

9.7 Teoria da expectativa

Em essência, a teoria da expectativa estabelece que:

- O desempenho das pessoas depende do esforço que elas despendem.
- O esforço é proporcional à importância que se atribui ao resultado do desempenho (a recompensa).
- Se o resultado for importante, a motivação para o esforço será intensa. Em resumo, a motivação para fazer algum tipo de esforço depende da importância atribuída ao resultado.

A importância que cada um atribui às recompensas depende de fatores internos — motivações, interesses duradouros ou momentâneos, valores, necessidades... Você pode até pensar em vocação. Pense em você. Não é importante para você ter sucesso como empreendedor? Não é essa a recompensa que você deseja? Então, você não está disposto a se esforçar para que isso aconteça? É assim que funciona para os outros também, mas cada um deles tem recompensas importantes que são diferentes das suas. O que você enxerga como importante pode não ter valor nenhum para eles, e vice-versa.

Suponha que você tenha estabelecido um prêmio por produtividade para os funcionários de sua empresa. Alguns funcionários desejam muito esse prêmio. Os que o desejam muito, nos termos da teoria da expectativa, atribuem um alto grau de importância para o prêmio, que representa uma recompensa. Para conseguir a recompensa, eles precisam se esforçar. Eles também precisam acreditar que o esforço lhes trará a recompensa. Quando eles a ganham, o ciclo da motivação se fecha: eles conseguiram a recompensa e você conseguiu o desempenho esperado. No entanto, pense também nos que não se esforçaram.

Talvez a recompensa não fosse atraente, ou eles pensassem que não valia a pena fazer o esforço. Em resumo, a teoria da expectativa explica que a busca de uma recompensa é proporcional ao valor que a ela se atribui.

A motivação, como veremos a seguir, é uma das bases da liderança.

9.8 Liderança

A liderança é um dos papéis dos administradores de empresas. No papel de líder, o empreendedor influencia o comportamento de seus funcionários, para que eles realizem os objetivos da empresa. O processo da liderança está estreitamente ligado com o processo da motivação. A motivação dos liderados baseia-se na identidade de interesses entre suas necessidades, valores e aspirações, além das proposições do líder. Se quiser desenvolver suas competências como líder, você deve entender as motivações das pessoas que pretende liderar. Os liderados são colaboradores de quem exerce a liderança. Sem liderança, não há colaboração, apenas obediência ou cumprimento de regras.

9.8.1 Estilos de liderança

Estilo de liderança é uma ideia que todo administrador de empresa deve dominar. As palavras autocracia e democracia são usadas para definir dois estilos básicos de liderança. Em essência, o estilo pode ser autocrático ou democrático, dependendo da maneira como o líder se relaciona com os liderados. Esses dois estilos básicos desdobram-se em outros. Todos podem ser válidos e eficazes, dependendo da situação. Por exemplo, o estilo que serve para um grupo de funcionários maduros e experientes, que conhecem perfeitamente seu trabalho, é totalmente inadequado para um grupo de funcionários recentemente contratados, você concorda?

Autocracia e democracia são palavras muito antigas, que continuam sendo usadas junto com outras para exprimir as mesmas ideias (Figura 9.6).

Figura 9-6 **Estilos de liderança**

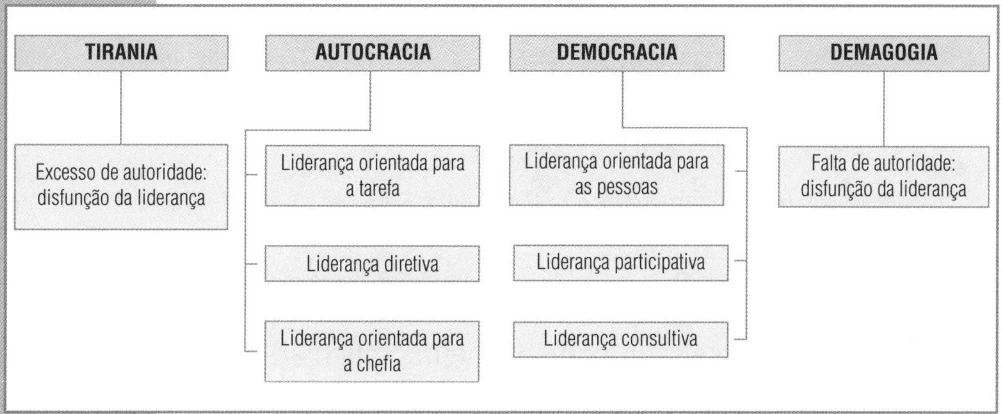

Liderança orientada para a tarefa

Autocracia, liderança diretiva e liderança orientada para a tarefa são os nomes mais comuns para indicar os estilos em que o poder de tomar decisões está concentrado no líder. Um líder autocrático:

- Toma decisões sem consultar sua equipe.
- Está muito mais preocupado com a tarefa do que com o grupo que a executa.
- Concentra sua atenção no desempenho do funcionário ou grupo, enfatizando o cumprimento de prazos, os padrões de qualidade e a economia de custos.
- Insiste na necessidade de cumprir as metas.
- Insiste na necessidade de superar a concorrência ou um rival dentro da mesma empresa, ou o desempenho passado.
- Define com precisão as responsabilidades individuais e designa tarefas específicas para pessoas específicas.
- Dá ênfase à cobrança e à avaliação do desempenho de seus funcionários.
- Mantém distância de seus funcionários ou de sua equipe.

Esses comportamentos são bons ou ruins? Aguarde; adiante voltaremos a essa questão.

Liderança orientada para as pessoas

Democracia, liderança participativa e liderança orientada para as pessoas são nomes que indicam algum grau de participação dos funcionários no poder do chefe ou em suas decisões. Quanto mais as decisões do líder forem influenciadas pelo grupo, mais democrático é o comportamento do líder. Um líder democrático:

- Acredita que deve criar um clima em que as pessoas se sintam confortáveis.
- Focaliza sua atenção no próprio funcionário ou no grupo, enfatizando as relações humanas e o desenvolvimento da capacidade de trabalhar em equipe.
- Pede opiniões ou sugestões de decisões, ouve, presta atenção e usa as ideias do grupo.
- Dedica parte significativa de seu tempo à orientação dos integrantes de sua equipe.
- É amigável.
- Apoia e defende os funcionários.
- Insiste com os integrantes de sua equipe para que aceitem responsabilidades e tomem a iniciativa de resolver problemas.

Qual estilo é melhor? Tenha calma, já trataremos dessa questão.

9.8.2 Você pode ser autocrático e democrático ao mesmo tempo?

Certamente, a resposta é sim. As mais avançadas ideias a respeito da liderança reconhecem que os dois estilos não são mutuamente exclusivos, ou ideias em conflito (se você tem um

Figura 9-7 **Liderança orientada para a tarefa e para as pessoas**

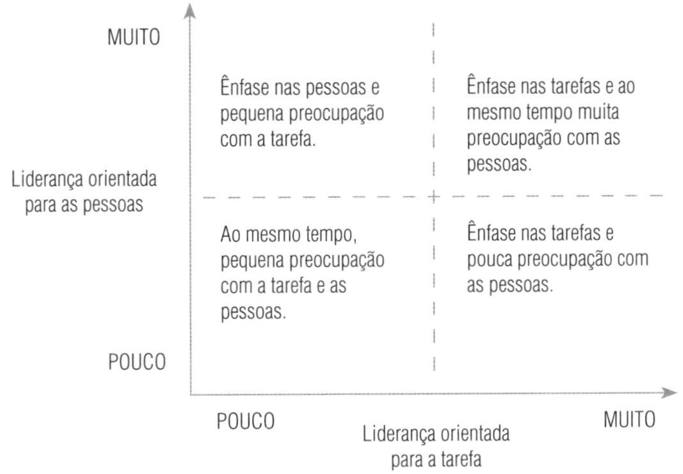

estilo, não pode ter outro). Nada disso. Todos podemos combinar diversos graus de autocracia e democracia em nossa maneira de lidar com funcionários e equipes. O estilo tarefa e o estilo pessoas não são pontos opostos de uma mesma régua, mas duas réguas que se combinam e formam os limites de um território. Essa ideia permite identificar não dois, mas pelo menos quatro estilos básicos de liderança. De acordo com essa ideia, o líder pode dar muita ou pouca ênfase para a tarefa e, ao mesmo tempo, muita ou pouca ênfase para as pessoas (Figura 9.7).

9.9 Liderança situacional

Qual estilo de liderança é melhor? A resposta é: Não há um estilo que seja mais eficaz que os outros. Nenhum estilo é bom ou ruim. Tudo depende da situação. A escolha do estilo apropriado para a situação chama-se **liderança situacional**.

O gerente que pretende desempenhar eficazmente sua função de liderança deve ser capaz de escolher o estilo que melhor se ajuste à situação. Primeiro, é preciso definir o que seja a **situação**. Situação é uma palavra elástica, que admite muitas interpretações. O próprio líder, os funcionários e a empresa são usados para definir a situação.

9.9.1 O líder

O próprio líder (você, é isso mesmo) é um dos principais componentes da situação. A forma como você se comporta é influenciada principalmente por sua formação, por seu conhecimento, por seus valores e por sua experiência. Valorizando a iniciativa e a liberdade, por exemplo, você tende a dar prioridade aos comportamentos democráticos.

9.9.2 A empresa

O clima da empresa, o grupo de trabalho e a pressão do tempo caracterizam a situação dentro da qual os estilos funcionam com maior ou menor eficácia. Em uma empresa com cultura hierarquizada, os gerentes preferirão os estilos orientados para a tarefa.

9.9.3 Natureza da tarefa

Coordenar uma operação de montagem ou de carga e descarga de um caminhão, sobre a qual você tem mais informações do que as pessoas que a estão executando, é muito diferente de liderar um grupo de voluntários. A primeira situação exige um estilo diretivo e a segunda, um estilo participativo.

9.9.4 Os funcionários

A equipe de funcionários afeta a escolha do estilo de liderança em função de sua maturidade. A maturidade é um atributo que pode ser mensurado por duas variáveis: motivação e competência (ou proficiência). A Figura 9.8 resume as quatro possibilidades produzidas pela combinação dessas duas variáveis e os estilos adequados:

- *Motivação elevada, competência elevada*. Uma equipe motivada e competente praticamente não precisa de liderança. Quanto mais orientado para a equipe for o estilo de liderança, mais adequado é para a situação na qual a equipe é competente e motivada. O senso de responsabilidade, a competência do autogoverno e a igualdade entre os membros de um grupo podem até mesmo tornar desnecessários os líderes,

Figura 9-8 **Influência da motivação e da competência sobre a liderança**

que assumem o papel não de condutores de pessoas, mas de coordenadores do processo decisório. Nesse caso, o objetivo do líder é alcançar um regime de *autogestão* dentro da equipe.

- *Motivação baixa, competência baixa.* Baixos níveis de motivação e competência exigem ênfase em todas as funções da liderança. Treinamento, encorajamento, aconselhamento pessoal, acompanhamento do desempenho e verificação de resultados são as ações que o gerente deve realizar. Uma equipe de principiantes, selecionados arbitrariamente para um projeto sem desafios, é o caso que ilustra essa situação em que o estilo apropriado é a orientação simultânea para a obtenção de resultados e para o clima humano do projeto.
- *Motivação alta, competência baixa.* Nesse caso, a equipe compartilha um sentimento de predisposição positiva e interesse pelo projeto, mas tem carência de qualificações. Provavelmente, um grupo de novatos, que foram selecionados para um projeto desafiador, mas que não têm experiência nem conhecimentos sobre projetos. A motivação ou disposição elevada indica que o gerente não precisa se preocupar muito com o clima humano. É necessário, por outro lado, enfatizar a função de liderança para fornecer treinamento, orientação e feedback, bem como dirigir as ações da equipe nas tarefas em que o gerente se sinta mais proficiente.
- *Motivação baixa, competência elevada.* As pessoas da equipe "são do ramo e conhecem o serviço", mas estão desinteressadas. Não necessitam de treinamento, orientação ou feedback. No entanto, podem precisar de atenção pessoal, encorajamento e, possivelmente, algum tipo de incentivo. Provavelmente, um grupo de veteranos que está na fase descendente de seu desempenho, ou um grupo de jovens de alto potencial, alocados a um projeto que está aquém de suas possibilidades.

9.10 Que recompensas você oferece?

A divisão das decisões entre você e sua equipe não é a única maneira de entender o processo de liderança. É preciso analisar também o tipo de recompensa que você oferece a eles. Dependendo do tipo de liderança, você pode ser um líder carismático ou transacional (Figura 9.9).

Figura 9-9 Classificação dos líderes

Líder carismático	Líder transacional
Oferece como recompensa a própria missão	Oferece recompensas materiais pela realização da missão

9.10.1 Liderança carismática

A liderança carismática, inspiradora ou transformadora caracteriza os líderes que oferecem como recompensa os fatores motivacionais, relacionados à própria tarefa (de acordo com a teoria dos dois fatores). Um líder carismático tem seguidores fiéis (em contraposição aos mercenários), dispostos a trabalhar excepcionalmente para realizar uma missão ou meta. Para alcançar esse alto grau de comprometimento e realização, o líder carismático dá especial atenção às necessidades e potencialidades de seus seguidores e os incentiva a se superarem constantemente. Você assume um papel de líder carismático quando:

- Solicita a seus funcionários que procurem atingir níveis de desempenho cada vez mais elevados, por exemplo, nos padrões de qualidade do produto ou serviço ou da satisfação do cliente.
- Propõe a seus funcionários que se envolvam em projetos de aprimoramento da empresa, como programas de qualidade ou de redesenho de processos.
- Desafia seus funcionários a resolverem um problema complexo, como uma deficiência na qualidade de um produto ou uma ineficiência no processo operacional.
- Incentiva seus funcionários a pensarem que o emprego de todos depende do esforço de cada um.
- Oferece a seus funcionários a oportunidade de participarem de um projeto ou tarefa inovadora e desafiadora, que proporcionará a aquisição de novas competências.
- Oferece recompensas simbólicas, como títulos e cargos que dão prestígio social e participação em cerimônias e solenidades.
- Apresenta agradecimentos e reconhecimento pelo desempenho.
- Delega poder de decisão ou participação no processo decisório e na resolução de problemas.

9.10.2 Liderança transacional

O líder transacional, ou negociador, apela aos interesses, especialmente às necessidades básicas dos seguidores. O líder transacional oferece recompensas materiais ou psicológicas, do tipo H (de acordo com a teoria dos dois fatores) para conseguir que os funcionários trabalhem para realizar as metas. Algumas recompensas materiais que o líder transacional pode oferecer são as seguintes:

- Incentivos como viagens, bônus, cestas de supermercados, pagamento da escola dos filhos.
- Promoções e aumentos salariais.
- Autonomia e liberalidade no uso do tempo.
- Atendimento de solicitações relacionadas a transferências, designação para outros projetos e dispensas.
- Prêmios por desempenho, como o "diploma do melhor funcionário do mês", ou uma participação nos resultados.
- Patrocínio de programas de treinamento.

A liderança transacional recompensa o desempenho e a competência segundo algum critério. O líder transacional estabelece metas e oferece incentivos para sua realização. Tanto o gerente quanto o funcionário (ou líder e liderado), em uma relação transacional, enxergam o trabalho como um sistema de trocas entre contribuições e recompensas. A troca tende a ser racional, sem o fundo emocional que caracteriza a liderança carismática. Os sistemas motivacionais utilizados por algumas empresas são generosos no fornecimento de recompensas para quem tem competência e sabe transformá-la em resultados. Trabalhando para uma empresa como a Microsoft, é possível alcançar níveis expressivos de ganhos materiais, por meio dos programas de participação nos lucros. Você não gostaria de ter uma empresa assim?

Em certas situações, ou para alguns funcionários, a recompensa material da liderança transacional pode ser mais eficaz. Em outras situações, a recompensa psicológica da liderança carismática funciona melhor. Os dois tipos de recompensas funcionam porque produzem efeitos sobre diferentes dimensões da motivação da equipe. Para entender o efeito das recompensas sobre a motivação, volte ao estudo das necessidades humanas e da teoria da expectativa. A eficácia da recompensa depende das necessidades, que determinam até que ponto as recompensas têm valor ou não.

9.11 Equipes de alto desempenho

Talvez agora você queira pensar em assumir um papel de líder de pessoas autogeridas, que formam equipes de alto desempenho. A principal característica de uma equipe de alto desempenho é a capacidade de trabalhar de forma autônoma e coordenada. Cada um procura fazer bem-feito o que sabe fazer, junto com os colegas, para alcançar sinergia — o efeito multiplicador, que faz o resultado de um grupo ser maior que a simples soma das contribuições individuais. Que tal deixar as pessoas tomarem conta de si próprias, enquanto você se dedica ao que é realmente importante, como cuidar dos negócios e da estratégia? Como fazer isso? Você se lembra das atividades de alta alavancagem, estudadas no Capítulo 1. Aplique o mesmo princípio ao seu papel de líder de pessoas.

Eis algumas diretrizes (Figura 9.10):

- *Esclareça os papéis dos integrantes do grupo.* A clareza na definição dos papéis e responsabilidades é um requisito básico para um trabalho eficaz de equipe.
- *Esclareça os objetivos.* Outra condição básica é a clareza de objetivos. Todos conhecem a história: se você não sabe para onde vai, qualquer caminho serve. O conhecimento dos objetivos é importante para os novos funcionários e para grupos temporários de trabalho, mas, de forma geral, todos devem ser constantemente lembrados da missão e das estratégias da empresa.
- *Assegure-se de que todos se conheçam.* Faça isso com os novos funcionários. O desempenho de uma equipe depende bastante de as pessoas se conhecerem. Faça as apresentações e, de vez em quando, promova uma reunião social. Mas não exagere. Não é sempre que as pessoas estão dispostas a participar de reuniões e muitas apreciam ter seus momentos de isolamento e privacidade.
- *Reforce a identidade do grupo.* Fazer parte de um grupo prestigiado é psicologicamente recompensador para seus integrantes. Se formar um grupo temporário,

Figura 9-10 Diretrizes para liderança de equipes autogeridas

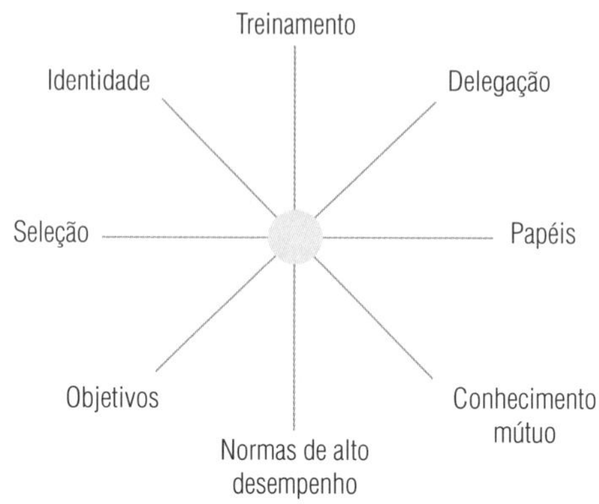

como uma equipe de projeto ou de implantação de um programa de qualidade, você pode criar uma identidade: dê um nome para o grupo, derivado do nome do produto, projeto ou atividade. O nome da atividade e outros símbolos podem ser usados para criar uma identidade visual. Fotos, logotipos e imagens podem ser aplicados a papéis, envelopes, pastas e outros documentos usados pelo grupo. Pense em fazer isso para toda a empresa.

- *Crie normas de alto desempenho*. Procure criar uma cultura de alto desempenho em todos os aspectos da operação da empresa — qualidade dos produtos e serviços, atendimento ao cliente, manutenção de equipamentos, limpeza e higiene pessoal e até mesmo a forma como os motoristas dirigem os veículos da empresa. Você não fica com má impressão quando vê um veículo de uma empresa de alimentos todo sujo e com um motorista também sujo, dirigindo mal? Já pensou como eles tratam o alimento que estão transportando?
- *Selecione de forma exigente*. Procure admitir somente os melhores, que sejam capazes de passar por processos de seleção exigentes e que comprovem sua capacidade de oferecer uma contribuição significativa para a empresa. Faça as pessoas valorizarem seu ingresso e terem orgulho de trabalhar na empresa.
- *Ofereça treinamento continuado*, sempre investindo na capacitação de sua equipe.
- *Delegue autoridade*, para que as pessoas e as equipes possam tomar decisões e se tornarem de fato autogeridas. Faça o grupo tomar decisões de natureza gerencial que são necessárias para seu funcionamento, como a programação do próprio trabalho, a escolha dos métodos e ferramentas de trabalho, a divisão de tarefas entre seus integrantes e a redistribuição dessas tarefas, no caso de alguém faltar. Há empresas em que as equipes autogeridas são responsáveis pelas compras de seus materiais, pela avaliação de seu próprio desempenho e pela definição das atribuições de seus integrantes.

Questões para seu plano de negócios

1. Como você pretende garantir que seus funcionários trabalhem satisfeitos e motivados?
2. Considerando o tipo de mão de obra que você empregará, qual estilo de liderança é apropriado?
3. Até que ponto é importante para sua empresa que os funcionários saibam trabalhar em equipe?
4. Como você pretende desenvolver o espírito de equipe em sua empresa?

Questões para estudo

1. Explique o que é motivação de forma geral e o que é motivação específica para o trabalho.
2. Que fatores afetam a motivação para o trabalho?
3. Explique como a frustração pode ser uma fonte de motivação.
4. Qual a diferença entre satisfação e motivação para o trabalho? Qual a relação com a teoria dos dois fatores?
5. O que é liderança? É diferente de chefia?
6. Quais são os estilos de liderança?
7. O que é liderança situacional? Como se pode usar essa ideia?
8. Como se pode classificar os líderes de acordo com a recompensa que oferecem à sua equipe?
9. Como se pode criar e incentivar o trabalho de equipe em uma empresa?

Estudo de caso — Trabalho de equipe na Ping Pong Consultoria

Formada há cerca de dez anos, a Ping Pong Consultoria trabalha com o mercado financeiro: bancos, seguradoras e outras instituições financeiras. Seus produtos compreendem diversos tipos de serviços, como preparação e implementação de planos estratégicos, redesenho de processos e estruturas organizacionais, modelos de gestão de recursos humanos e soluções de tecnologia da informação.

A empresa é composta por cinco sócios-diretores, que vieram do mercado financeiro, oito gerentes de projetos e 60 analistas (classificados como *trainees*, juniores, sêniores e especialistas).

Modelo operacional

A Ping Pong tem um modelo operacional ancorado nas modernas práticas da gestão de projetos. Todos os contratos, desde a preparação da proposta até a entrega do relatório final, são administrados por equipes de projetos. As equipes são formadas por um diretor, um gerente de projeto, analistas e *trainees*. A distribuição de responsabilidades é a seguinte:

- *Sócio-diretor*: faz o papel de supervisor do negócio e padrinho da equipe. Prepara a proposta e fecha o contrato, procurando esclarecer e atender às expectativas do cliente. Os diretores fazem parte de diversas equipes de projetos.
- *Gerentes*: planejam e controlam a execução do projeto, formam, organizam e supervisionam a equipe. Trabalham prioritariamente em um único projeto de cada vez, podendo fazer ocasionalmente o papel de consultores em outros projetos.

- Trainees: fazem o levantamento de dados e cuidam da documentação do projeto. Trabalham em um único projeto de cada vez.
- *Analistas*: avaliam as informações levantadas e propõem soluções para os problemas do cliente. Também trabalham em um único projeto de cada vez.

Trabalho de equipe

Oferecendo serviços sob encomenda, dentro de restrições de prazo e custo, a Ping Pong precisa de um trabalho muito eficiente e eficaz de suas equipes. No entanto, para que isso ocorra, alguns problemas precisam ser corrigidos:

- O fluxo das informações dentro e entre as equipes precisa ser aprimorado. Os analistas mais experientes muitas vezes resistem a explicar para os mais novos as técnicas, tarefas e procedimentos utilizados nos projetos.
- A troca de informações é predominantemente informal e a experiência de uma equipe muitas vezes fica sem registro, não podendo ser aproveitada em outros projetos. A gestão do conhecimento é quase nula.
- A documentação é precária e o controle do andamento dos projetos é feito verbalmente.

Propostas

Para melhorar o trabalho de equipe e o modelo operacional, os diretores da Ping Pong estão considerando diversas alternativas:

(a) Oferecer um bônus para a equipe com o melhor desempenho nos critérios: cumprimento dos prazos, custos e padrões de qualidade acordados com o cliente e satisfação do cliente com o resultado final.

(b) Criação de uma área na Intranet com os arquivos das propostas e relatórios de projetos que devem obrigatoriamente ser preenchidos ao final de cada projeto.

(c) Treinamentos orientados para o trabalho de equipe, como: tomada de decisão em grupo, atividades e competições ao ar livre e expressão verbal.

(d) Montagem de equipes matriciais, com os gerentes e analistas trabalhando em diferentes projetos ao mesmo tempo (e fazendo parte de diferentes equipes).

Um dos sócios, mais interessado na área de recursos humanos e que vive pesquisando as práticas de outras empresas, descobriu soluções inovadoras, como um curso de teatro, usado por uma empresa da área de alimentação. Segundo as referências, o curso ajudou os funcionários a se desinibirem e olharem os clientes e colegas nos olhos, melhorando significativamente a comunicação. Outra experiência em que ele ficou muito interessado foi uma convenção de vendedores, na qual a cada dia um grupo preparava as refeições dos colegas, sendo avaliado em quesitos como qualidade, limpeza e organização do local.

Sem recursos nem tempo para fazer tudo, a Ping Pong está preocupada em implementar as ideias com maior potencial de impacto positivo sobre seu modelo operacional.

Questões:

1. Avalie as vantagens e desvantagens das alternativas que a empresa está considerando, em termos de sua eficiência e eficácia para a solução dos problemas.
2. Considere outras possibilidades que você conheça, nas quais a empresa não pensou.
3. Faça uma proposta para a Ping Pong colocar em prática, incluindo o menor número possível das soluções com maior potencial de impacto positivo.

CAPÍTULO 10

CONTABILIDADE E FINANÇAS PARA EMPREENDEDORES

OBJETIVOS

Ao completar o estudo deste capítulo, você deverá ser capaz de explicar e utilizar as seguintes ideias:

- Importância e objetivos da contabilidade.
- Conceitos básicos de contabilidade.
- Balanço patrimonial.
- DRE.
- Fluxo de caixa.
- Contabilidade de custos.
- Análise econômico-financeira da empresa.

10.1 Importância da contabilidade[1]

A tomada de decisões que têm implicações financeiras é uma constante na rotina de um empreendedor: comprar ou alugar equipamentos e instalações, fixar preços e controlar estoques, só para mencionar algumas. A contabilidade, por meio da coleta e do processamento de informações, é o instrumento que auxilia o processo interno de tomar decisões.

A contabilidade também é uma ferramenta utilizada por partes interessadas externas. Por exemplo, os investidores podem identificar a situação econômico-financeira da empresa e, assim, optar pela forma mais adequada de investimento; os fornecedores de crédito podem analisar sua capacidade de pagamento; e os bancos podem aprovar empréstimos.

1 MARION, José Carlos. *Contabilidade empresarial*. 10. ed. São Paulo: Atlas, 2003.

10.2 Objetivo da contabilidade[2]

O objetivo principal da contabilidade é permitir que cada grupo de partes interessadas possa avaliar a situação econômico-financeira da empresa, em um determinado momento, bem como as tendências. Para cumprir esse objetivo, a contabilidade produz relatórios contábeis e demonstrações financeiras com informações resumidas e ordenadas. Neste capítulo, trataremos dos registros contábeis básicos para administrar um empreendimento.

10.3 Conceitos fundamentais da contabilidade

Há regras de aplicação geral que orientam os procedimentos e práticas da contabilidade. Essas regras uniformizam e orientam a produção e a avaliação da qualidade dos relatórios contábeis. Se alguém tiver interesse ou necessidade de analisar alguma demonstração contábil, é importante saber os significados desses conceitos, pois é com base neles que as demonstrações contábeis são elaboradas. As regras são: postulados, princípios contábeis e convenções (Tabela 10.1).

Tabela 10-1 Regras da contabilidade

Postulados	Princípios contábeis	Convenções
Entidade contábil	Denominador comum monetário	Conservadorismo
Continuidade	Custo histórico como base de valor	Consistência
	Realização da receita	Objetividade
	Confrontação da despesa	Materialidade

10.3.1 Entidade contábil

Qualquer empresa que necessite de relatórios contábeis individualizados é tratada como entidade contábil, tenha ela personalidade jurídica ou não. O postulado da entidade visa distinguir o patrimônio e as operações da empresa do patrimônio e das operações de seu proprietário ou sócios. Ou seja, os registros contábeis destacam a empresa como entidade distinta das pessoas dos sócios.

10.3.2 Continuidade

Significa que a empresa será tratada como empreendimento em andamento, sem fim determinado. Esse postulado é utilizado para a avaliação monetária dos bens da empresa.

---

2 MARION, op. cit.

10.3.3 Denominador comum monetário

É um princípio que tem dois pontos:

- Os itens que formarem os relatórios contábeis serão expressos em moeda.
- Serão expressos todos na mesma moeda.

Sem esse princípio, seria impossível agregar e somar o valor dos diversos itens das demonstrações contábeis.

10.3.4 Custo histórico como base de valor

Os registros dos itens contábeis são efetuados com base no valor de aquisição. Se, por exemplo, a empresa adquirir um veículo automotor, este será registrado nas demonstrações contábeis pelo valor de sua aquisição. Esse princípio uniformiza a mensuração dos fatos contábeis.

10.3.5 Realização da receita

A receita é reconhecida no período em que foi gerada. Um exemplo da aplicação desse princípio é o seguinte: se uma empresa vende uma mercadoria em janeiro, mesmo que a venda seja a prazo, ou seja, se o cliente só vai pagar em março, a receita é contabilizada como realizada no mês de janeiro.

10.3.6 Confrontação da despesa

Sempre que uma receita é realizada, necessariamente ocorrerá uma despesa para que ela seja possível. Essa despesa será contabilizada no mesmo período em que a receita for contabilizada (princípio da realização da receita). Assim, se houver venda de mercadoria em janeiro, e para que isso ocorra seja necessário pagar empregados, essa despesa com mão de obra será contabilizada como pertencente ao mês de janeiro, independentemente de os empregados serem pagos em janeiro ou fevereiro.

10.3.7 Objetividade

Os eventos contábeis serão sempre registrados da maneira mais coerente e objetiva possível. O método mais utilizado é realizar os lançamentos contábeis, sempre que possível, com base em documentação hábil, como notas fiscais, recibos e extratos bancários, entre outros.

10.3.8 Consistência

Sempre será utilizado o mesmo critério para contabilizar um evento, evitando, com isso, distorções nas demonstrações contábeis. Caso haja mudança no critério de avaliação de um evento contábil, essa mudança deverá ser evidenciada em notas explicativas, nas demonstrações contábeis.

10.3.9 Materialidade

Só serão contabilizados e informados fatos relevantes. Havendo dificuldade de contabilizar um fato que expresse um valor insignificante, esse fato será contabilizado de forma aproximada, com imprecisão.

10.3.10 Conservadorismo

Nas previsões de resultados, o contador, por precaução, sempre será conservador, evitando criar expectativas otimistas que podem não se confirmar. O princípio do conservadorismo "sugere que os ativos e receitas estejam contabilizados pelo menor valor e as obrigações e despesas, pelo maior valor. Pessimismo é considerado mais prudente que otimismo em demonstrativos financeiros".

10.4 Demonstrações financeiras

As demonstrações financeiras (ou demonstrativos financeiros) são relatórios que classificam e quantificam as contas de uma empresa. As mais utilizadas são o balanço patrimonial, a demonstração de resultados do exercício, a demonstração do fluxo de caixa, a demonstração das origens e aplicações de recursos e as alterações do patrimônio líquido, além de notas explicativas que as acompanham. Os três primeiros dessa lista serão analisados a seguir.

10.4.1 Balanço patrimonial[3]

O balanço patrimonial reflete a posição financeira da empresa em um dado momento. O balanço patrimonial é constituído por duas colunas (ou partes): a do ativo e a do passivo e patrimônio líquido, que se dividem em contas (Tabela 10.2).

Tabela 10-2 Componentes do balanço patrimonial

BALANÇO PATRIMONIAL	
ATIVO	**PASSIVO E PATRIMÔNIO LÍQUIDO**
	PASSIVO
Circulante: são contas que estão constantemente em giro, sendo que a conversão em dinheiro será, no máximo, no próprio exercício social (um ano, em geral).	Circulante: são obrigações exigíveis que serão liquidadas no próprio exercício social.
Realizável no longo prazo: bens e direitos que se transformarão em dinheiro no próximo exercício.	Exigível de longo prazo: obrigações liquidadas com prazo superior a um ano.
	PATRIMÔNIO LÍQUIDO
Permanente: são bens e direitos que não se destinam à venda e têm vida útil longa.	São os recursos dos proprietários aplicados na empresa. Os recursos significam o capital mais seu rendimento, lucros e reservas.

3 MARION, op. cit.

Ativo

O ativo reúne os bens e direitos da empresa. Os bens são máquinas, terrenos, estoques, dinheiro (moeda), ferramentas, veículos, instalações etc. Os direitos são as contas a receber, duplicatas a receber, ações, depósitos em contas bancárias (direito de saque) e títulos de crédito. Estes são itens de propriedade da empresa, mensuráveis monetariamente, e representam benefícios presentes ou futuros para a empresa. Por essa definição, um ativo adquirido por meio de *leasing* não é considerado ativo da empresa, pois só há a posse do bem e não a sua propriedade (domínio). Além disso, as marcas de produtos, embora representem grande valor para a empresa, quase nunca aparecem nos ativos. Nesse caso, são bens intangíveis de propriedade da empresa, mas seu valor monetário não pode ser avaliado objetivamente.

O ativo representa as aplicações de recursos. As contas do ativo estão organizadas de acordo com o respectivo grau de liquidez e divididas em circulantes, de longo prazo e permanentes.

O ativo permanente representa bens e direitos utilizados em atividades operacionais da empresa. O investimento constante nesse tipo de ativo revela a política de manter alto nível de modernização do parque produtivo. No entanto, o volume das aplicações no ativo permanente varia de acordo com o ramo de atividade da empresa. Uma empresa industrial, por exemplo, tem um ativo permanente de valor alto, pois investe nos bens de produção. Uma empresa comercial tem seu investimento concentrado, basicamente, na conta **Estoque**, no **Ativo Circulante**. No entanto, a terceirização do processo produtivo tem se tornado comum. Empresas como a Nike — que não possui sequer uma máquina produtiva — já não são novidade.

Principais deduções do ativo[4]

Normalmente, encontramos algumas contas no ativo que reduzem o montante desse lado do balanço. Em **Duplicatas a Receber**, há uma parcela estimada que não será recebida e deverá ser subtraída, com o nome de **Provisão para Devedores Duvidosos**.

No permanente, há uma perda — em decorrência de deterioração física e/ou tecnológica — que é registrada sob a conta **Depreciação Acumulada**, no imobilizado. A perda (parcial ou total) da capacidade de os gastos classificados no **Diferido** trazerem benefícios futuros para a empresa vai sendo acumulada, de forma aproximada, na conta **Amortização Acumulada**, que será subtraída do **Diferido**.

O Ativo Diferido compreende recursos aplicados na realização de despesas que, por contribuírem para a formação do resultado de mais de um exercício social futuro, somente são apropriadas às contas de resultado na medida em que essa contribuição influencia a geração do resultado de cada exercício.

O Ativo Diferido abrange, de forma geral, despesas com:

- Implantação e atividades pré-operacionais.
- Pesquisa e desenvolvimento de produtos.
- Implantação de sistemas e métodos.
- Reorganização ou reestruturação.

4 MARION, op. cit.

Passivo e patrimônio líquido

O passivo evidencia toda a obrigação (dívida) que a empresa tem com terceiros, como, por exemplo, contas a pagar, fornecedores (a prazo), impostos a pagar e empréstimos. O passivo é uma obrigação exigível; isto é, no momento em que a dívida vencer, sua liquidação será exigida.

O patrimônio líquido evidencia os recursos dos proprietários aplicados no empreendimento. O investimento inicial dos proprietários é denominado **Capital**; havendo outras aplicações por parte deles, serão chamadas **Acréscimo de Capital**. O patrimônio líquido também é acrescido com os rendimentos resultantes do capital aplicado — **Lucro**.

A seguir, apresenta-se o exemplo do balanço patrimonial de uma empresa comercial fictícia (Tabela 10.3).

Tabela 10-3 Exemplo de balanço patrimonial

BALANÇO PATRIMONIAL — BRINQUEDOS SASQUATCH — 31 DE DEZEMBRO DE 20...			
ATIVO		**PASSIVO**	
Circulante		**Circulante**	
Caixa	200	Fornecedores	450
Contas a receber	400	Contas a pagar	200
Estoques	600	Impostos a pagar	150
Total de circulante	1.200	Total de circulante	800
Realizável a longo prazo		**Exigível no longo prazo**	
Títulos a receber	150	Empréstimos	200
Permanente		**Patrimônio líquido**	
Investimentos	250	Capital	600
Imobilizado	350	Lucros	450
Diferido	100	Total do patrimônio líquido	1.050
Total de permanente	700	**TOTAL**	**2.050**
TOTAL	**2.050**		

10.4.2 Demonstração de resultado do exercício (DRE)[5]

A demonstração de resultado do exercício mostra se houve lucro ou prejuízo em um período e como se chegou a esse resultado. A demonstração de resultado do exercício é um resumo ordenado das receitas e despesas da empresa em determinado período, geralmente 12 meses. É apresentada na forma vertical. Das receitas subtraem-se as despesas e indica-se o resultado — lucro ou prejuízo.

Receitas

(–) Despesas

= Lucro ou prejuízo

5 IUDÍCIBUS, Sérgio de; MARION, José Carlos. *Curso de contabilidade para não contadores*. São Paulo: Atlas, 1998.

Componentes da DRE

Um requisito importante na elaboração de um relatório contábil é a riqueza de detalhes — mas sem complicações — que proporcionem informações relevantes para a tomada de decisões.

Da receita total obtida devem ser subtraídos impostos, abatimentos e devoluções, resultando na receita líquida. Desta, deduzem-se os custos dos produtos vendidos (comércio), dos produtos fabricados (indústria) ou dos serviços prestados (serviços), para se chegar ao lucro bruto. Em seguida, subtraem-se as despesas operacionais. Receitas e/ou despesas não relacionadas à atividade principal da empresa aparecem separadas das atividades operacionais. Finalmente, é calculado o valor do imposto de renda. Daí tem-se, no final, a soma de lucros ou prejuízos que, se não forem distribuídos aos sócios, serão incorporados ao patrimônio líquido da empresa.

A Tabela 10.4 apresenta um quadro explicativo sobre a DRE em uma empresa industrial, como exemplo.[6] Vejamos, a seguir, um exemplo de demonstração de resultado do exercício (Tabela 10.5).

Tabela 10-4 Componentes da demonstração de resultado do exercício (DRE)

RECEITA BRUTA =	Total das vendas	
(–) Deduções	Este grupo inclui todos os valores que não representam sacrifícios financeiros (esforços) para a empresa, mas são ajustes para se apurar um valor mais indicativo de que é receita líquida. Por exemplo: impostos, devoluções e abatimentos.	= RECEITA LÍQUIDA
(–) Custos do período	São os gastos de produção, incluindo matéria-prima, mão de obra, depreciação, aluguel etc.	= LUCRO BRUTO
(–) Despesas	São despesas necessárias para gerir a empresa como um todo, desde despesas de venda — propaganda e marketing — até a remuneração do capital de terceiros — juros.	= LUCRO OPERACIONAL
(–) Perdas	Recursos consumidos de forma anormal e involuntária.	= LUCRO ANTES DA DISTRIBUIÇÃO
(–) Participação de terceiros	Entidades que, voluntária ou involuntariamente, têm participação no lucro. O governo, via cobrança de impostos, por exemplo.	= LUCRO LÍQUIDO
(–) Participação dos proprietários	Distribuição de lucro aos sócios e acionistas.	= LUCRO LÍQUIDO RETIDO NA EMPRESA

6 IUDICIBUS; MARION, op. cit.

Tabela 10-5 **Exemplo de DRE**

DEMONSTRAÇÃO DE RESULTADO DO EXERCÍCIO — Exercício de 20...		
RECEITA BRUTA		3.500.000,00
Deduções	Imposto sobre Produtos Industrializados	(150.000,00)
	Imposto sobre Circulação de Mercadorias e Serviços	(120.000,00)
	Imposto sobre Serviços	(75.000,00)
RECEITA LÍQUIDA		3.230.000,00
(–) CUSTO DOS PRODUTOS VENDIDOS		(1.450.000,00)
= LUCRO BRUTO		1.780.000,00
(–) DESPESAS OPERACIONAIS:		
De vendas		(350.000,00)
Administrativas		(130.000,00)
Financeiras		(90.000,00)
= LUCRO OPERACIONAL		1.210.000,00
(–) DESPESAS NÃO OPERACIONAIS		
Perdas extraordinárias		(55.000,00)
= LUCRO ANTES DO IMPOSTO DE RENDA		1.155.000,00
(–) Provisão para Imposto de Renda		(350.000,00)
= LUCRO LÍQUIDO		805.000,00

10.4.3 Demonstração do fluxo de caixa

A demonstração do fluxo de caixa (DFC) é uma poderosa ferramenta de gestão do empreendedor, que lhe permite planejar ações que envolvam recursos financeiros. A DFC indica a origem de todo o dinheiro que entrou no caixa, bem como a aplicação de tudo o que saiu. Diferentemente do balanço, a DFC é uma demonstração dinâmica.

Regimes de contabilidade

A contabilidade usa duas formas distintas para tratar a apuração de resultado: o **regime de competência** — as receitas e despesas são contabilizadas no momento em que são geradas — e o **regime de caixa** — as receitas e despesas são contabilizadas no instante em que entram no caixa e/ou saem dele.

Principais transações que afetam o caixa

As operações da empresa podem aumentar, diminuir ou não afetar o caixa.

Transações que aumentam o caixa

As operações que aumentam o caixa representam alguma forma de entrada de dinheiro. Entre as operações desse tipo encontram-se as seguintes:

- Integralização do capital pelos sócios ou acionistas: são investimentos feitos pelos proprietários que somente afetarão o caixa se forem em dinheiro.
- Empréstimos bancários e financiamentos.
- Venda à vista e recebimento de duplicatas a receber.
- Venda de itens de ativo permanente.

Transações que diminuem o caixa

São operações que implicam saída de recursos do caixa. Por exemplo:

- Pagamento de dividendos aos acionistas.
- Pagamento de juros e amortização da dívida.
- Aquisição de item do ativo permanente.
- Compra à vista e pagamento a fornecedores.
- Pagamentos de despesa/custo, contas a pagar e outros.

Transações que não afetam o caixa

São aquelas transações que ocorrem sem que haja entrada e/ou saída de recursos do caixa.

- Depreciação, amortização e exaustão.
- Provisão para devedores duvidosos.
- Reavaliação de itens do ativo permanente.

Modelo de demonstração do fluxo de caixa

O fluxo de caixa é a compilação de dados de entrada e de saída do caixa (disponível), projetados no tempo. Se a empresa faz compras a prazo, terá de administrar seu fluxo de caixa para saber quando (dia e mês) precisa quitar sua dívida e poderá direcionar a entrada de receita de clientes para o pagamento do compromisso. As receitas devem entrar em caixa antes do pagamento das despesas.

Neste livro, apresentaremos um modelo prático de fluxo de caixa, cujo preenchimento é bastante simples e requer pouco conhecimento técnico; no entanto, o gestor deve estar atento ao saldo do caixa, a fim de saber qual é a sua condição atual e, assim, ter condições de projetar o futuro. O modelo encontra-se na Tabela 10.6.

Tabela 10-6 Modelo de fluxo de caixa mensal

	JAN.	FEV.	MAR.	ABR.	MAI.	JUN.	JUL.	AGO.	SET.	OUT.	NOV.	DEZ.	TOTAL
Recebimentos													
Receitas à vista													
Receitas a prazo													
Faturamento (vendas)													
Pagamentos													
Custos/Despesas variáveis													
Compras à vista													
Compras a prazo													
Frete													
Comissão													
Impostos variáveis													
Terceirização													
Custos/Despesas fixas													
Salários													
Encargos sociais													
Aluguel													
Energia elétrica													
Telefone													
Despesa bancária/juros													
Investimentos													
Impostos fixos													
Outras despesas													
Gasto total													
Saldo de caixa													

10.5 Contabilidade de custos

A contabilidade de custos preocupa-se com a mensuração do valor dos estoques da empresa. Essa área fornece ao administrador a informação do custo que a empresa teve para produzir um produto ou prestar um serviço. Sua influência nas demonstrações contábeis é direta. No balanço patrimonial, a contabilidade de custos encontra-se no estoque de produtos acabados, localizado no ativo de uma empresa industrial. Na demonstração de resultado do exercício, representa a linha de custo dos produtos vendidos ou serviços prestados, possibilitando a informação do lucro bruto.

10.5.1 Importância da contabilidade de custos

A contabilidade de custos desempenha as funções de auxílio ao controle e à tomada de decisões. Na função de auxílio ao controle, fornece dados para a elaboração de padrões e orçamentos, que poderão ser comparados com os custos e receitas a serem obtidos no futuro. Na função de auxílio à tomada de decisões, fornece informações para a determinação do preço de venda e escolha do fornecedor, entre outras.

10.5.2 Diferença entre custo e despesa

A empresa, em suas operações, efetua diversos gastos e desembolsos, como pagamento de salários e compra de produtos de limpeza, de mercadorias e matérias-primas. O primeiro problema da contabilidade de custos é saber quais desses gastos são destinados à fabricação do produto e quais são destinados à prestação do serviço, ou seja, o contador de custos precisa separar as despesas dos custos.

Despesa é todo gasto, bem ou serviço consumido direta ou indiretamente para a obtenção de receitas,[7] ou seja, os gastos relativos à administração, às vendas e aos financiamentos. **Custo** é todo gasto relativo ao bem ou serviço utilizado na produção de outros bens ou serviços,[8] ou seja, os gastos relativos ao processo de produção.

10.5.3 Classificação dos custos[9]

Para melhor mensuração e análise dos custos, é comum dividi-los em diretos ou indiretos e fixos ou variáveis. Assim, um custo pode ser direto e fixo, direto e variável, indireto e fixo, indireto e variável.

- *Custos fixos.* São valores que se mantêm inalterados, dentro de certos limites, independentemente das variações da atividade ou das vendas; por exemplo: salário dos mensalistas.
- *Custos variáveis.* Valores que variam na mesma proporção das variações ocorridas no volume de produção ou outra medida de atividade; por exemplo: matéria-prima.
- *Custos diretos.* Custos que podem ser diretamente apropriados aos produtos, bastando haver uma medida de consumo; por exemplo: embalagens utilizadas.
- *Custos indiretos.* Custos que não oferecem condição de uma medida objetiva e qualquer tentativa de alocação tem de ser feita de maneira estimada; por exemplo: supervisão.

10.6 Orçamento

O orçamento é um plano financeiro — uma ferramenta para previsão de receitas e despesas. É um demonstrativo que ordena e classifica os gastos previstos para um período e as entradas de recursos para cobri-los.[10] Para elaborar um orçamento, é necessário planejar atividades e uso de recursos, bem como seu custo.

O orçamento auxilia a administração nas funções básicas de planejamento, execução e controle. Os orçamentos podem ser elaborados de diversas formas, com base nas demonstrações financeiras já descritas (balanço patrimonial, DRE, demonstração do fluxo de caixa), por meio da confrontação entre a expectativa (aumento do volume de vendas, por exemplo,

7 MARTINS, Eliseu. *Contabilidade de custos*. 9. ed. São Paulo: Atlas, 2003.

8 Idem.

9 Idem.

10 BRAGA, Roberto. *Fundamentos e técnicas de administração financeira*. São Paulo: Atlas, 1989.

ou, ainda, redução de custos operacionais) e o realizado, em um dado período. A Tabela 10.7 apresenta um exemplo de orçamento. Adiante neste mesmo capítulo e no Capítulo 11 serão apresentados outros conceitos e formatos de orçamento.

Para o orçamento ser uma ferramenta útil à gestão dos negócios, é necessário acompanhamento e controle. Controlar significa verificar se os eventos ocorrem de acordo com o que foi planejado e orçado. Sem orçamento e controle orçamentário não é possível afirmar se o volume de vendas ou o custo é alto ou baixo. Como controlar significa obter informações, que são a base do processo decisório, a administração da empresa deve focalizar tanto a atividade de planejamento quanto a de controle orçamentário. O controle orçamentário, que evidencia falhas e permite que sejam evitadas, resume-se na análise de variações relevantes ocorridas entre o planejado e orçado e o que ocorreu de fato. Essas variações relevantes podem dever-se a:[11]

- Informações incorretas — desde variações causadas por algum erro na coleta dos dados no mundo real até estimativas incorretas dos valores projetados.
- Decisões gerenciais tomadas em uma área da empresa que provocam interferências em outras.

Tabela 10-7 Exemplo de orçamento

	1º Trimestre		
	Orçado	**Real**	**Variação**
Receita bruta de vendas	**R$ 3.500**	**R$ 3.250**	**R$ (250)**
(–) Impostos sobre vendas	R$ (270)	R$ (250)	R$ 20
(=) Receita líquida de vendas	**R$ 3.230**	**R$ 3.000**	**R$ (230)**
(–) Custo das mercadorias vendidas	R$ (1.450)	R$ (1.500)	R$ (50)
(=) Lucro bruto	**R$ 1.780**	**R$ 1.500**	**R$ (280)**
(–) Despesas operacionais	R$ (570)	R$ (610)	R$ (40)
Vendas	R$ (350)	R$ (400)	R$ (50)
Depto. de Marketing	R$ (150)	R$ (170)	R$ (20)
Depto. de Prop. e Publicidade	R$ (200)	R$ (230)	R$ (30)
Administrativas	R$ (130)	R$ (140)	R$ (10)
Depto. Administrativo	R$ (50)	R$ (60)	R$ (10)
Depto. de Recursos Humanos	R$ (60)	R$ (50)	R$ 10
Depto. Financeiro	R$ (20)	R$ (30)	R$ (10)
Financeiras	R$ (90)	R$ (70)	R$ 20
Juros	R$ (90)	R$ (70)	R$ 20
(=) Lucro operacional	**R$ 1.210**	**R$ 890**	**R$ (320)**
(–) Provisão para Imposto de Renda	R$ (200)	R$ (180)	R$ 20
(=) Lucro líquido	**R$ 1.010**	**R$ 710**	**R$ (300)**

11 FREZATTI, Fábio. *Orçamento empresarial: planejamento e controle gerencial*. 2. ed. São Paulo: Atlas, 2002.

- Fatores que são conhecidos, mas não controláveis: variação cambial e crises econômicas ou setoriais, como o boicote da exportação da carne em decorrência de doenças, por exemplo.
- Causas desconhecidas; as mais nocivas para a empresa.

O orçamento não é uma ferramenta que restringe as decisões do empreendedor. Se surge a oportunidade de compra de uma máquina, ou de implementar uma estratégia de vendas que consumirá mais recursos, e essas ações não estiverem previstas, é melhor refazer o orçamento para avaliar o impacto dessas escolhas no resultado da empresa.

10.7 Análise da situação econômico-financeira da empresa

Os índices (ou indicadores) econômico-financeiros, calculados por meio de relações entre as contas das demonstrações financeiras, mostram informações sobre solvência, endividamento, gestão e lucratividade do negócio. Diversos índices podem ser calculados, fornecendo diferentes perspectivas do desempenho do negócio. Esses índices também podem ser usados para examinar a evolução do desempenho da empresa. Por exemplo, pode-se compor uma série histórica e comparar um período com anos anteriores ou com os valores projetados. Os principais índices que um empreendedor pode usar são apresentados a seguir.

10.7.1 Índices de estrutura patrimonial

- *Estrutura de capital.* Por meio do passivo é possível avaliar a estrutura de capital, formado pela relação entre **Capital de Terceiros** (Passivo) e **Capital Próprio** (Patrimônio Líquido). Quanto maior o índice, mais a empresa está endividada.

$$\textbf{Estrutura de Capital} = \frac{\textbf{Passivo Circulante} + \textbf{Exigível a Longo Prazo}}{\textbf{Patrimônio Líquido}}$$

- *Composição do endividamento.* A qualidade do endividamento é mensurada de acordo com seus prazos — dívidas de longo prazo geralmente são melhores que as dívidas de curto prazo. Para isso, verifica-se a relação entre **Passivo Circulante** e **Realizável a Longo Prazo**. Quanto maior o índice, mais a empresa está endividada a curto prazo.

$$\textbf{Composição do Endividamento} = \frac{\textbf{Passivo Circulante}}{\textbf{Passivo Circulante} + \textbf{Exigível a Longo Prazo}}$$

10.7.2 Índices de solvência

- *Capital Circulante Líquido.* É calculado subtraindo-se o Passivo Circulante do Ativo Circulante. O chamado CCL (Capital Circulante Líquido) indica a parte do ativo circulante que não está comprometida com o passivo circulante. Quanto maior o CCL, maior será a flexibilidade financeira da empresa. O CCL pode ser aumentado ou diminuído segundo as decisões dos administradores.

$$\textbf{CCL = Ativo Circulante – Passivo Circulante}$$

- *Liquidez Corrente.* Talvez um dos índices financeiros mais conhecidos, a Liquidez Corrente procura demonstrar quantas vezes o ativo de curto prazo (Ativo Circulante) cobre as obrigações de curto prazo (Passivo Circulante). Quando o índice é maior do que 1,5, a empresa apresenta uma boa liquidez. No entanto, deve-se tomar muito cuidado ao utilizar esse índice, uma vez que o Ativo Circulante pode conter elementos que são convertidos em dinheiro em um prazo maior do que o vencimento das exigências do Passivo Circulante.

Por exemplo:

Uma empresa que possui, de um lado, um Ativo Circulante constituído por $ 100 de Clientes a Receber e $ 100 de Estoques, e, do outro, um Passivo Circulante constituído por $ 100 de Fornecedores a pagar. Essa empresa apresenta um excelente índice de liquidez (2), no entanto, se ela tiver de pagar os fornecedores em 10 dias, e os clientes só pagarem as duplicatas em 30 dias, isso mostra que, apesar de o índice indicar uma boa liquidez, ela não está conseguindo arcar com suas obrigações.

$$\textbf{Liquidez Corrente} = \frac{\textbf{Ativo Circulante}}{\textbf{Passivo Circulante}}$$

10.7.3 Índice de rotação dos recursos (giro do ativo)

Um dado como esse permite conhecer quão rápido as contas são convertidas em vendas. Esse quociente indica quantas vezes o ativo "girou" ou se renovou pelas vendas. Quanto maior o "giro" do ativo, pelas vendas, maior a possibilidade de cobrir as despesas com uma boa margem de lucro. Para isso, procura-se reduzir investimentos em estoques a fim de maximizar o giro do ativo, uma vez que a lentidão em girar o ativo, muitas vezes, deve-se a estoques muito elevados (por causa da expectativa de acréscimos nos preços) e valores a receber (por causa de políticas inadequadas de crédito e cobrança).

Muitas vezes, o ativo está inflado por elementos registrados contabilmente, que se tornaram obsoletos e que deveriam ter sido baixados, mas não o foram, de modo que é apropriado considerar o ativo em operação.

$$\textbf{Giro do Ativo} = \frac{\textbf{Receita}}{\textbf{Ativo Médio}}$$

10.7.4 Índices de prazos médios

Os índices de prazos médios indicam, em dias, quanto tempo um item de uma conta deixará de existir. A importância de conhecer os índices de prazo médio já foi demonstrada no exemplo abordado no índice de liquidez corrente.

- *Prazo Médio de Estocagem (PME).* Indica quantos dias, em média, um produto ou mercadoria fica estocado na empresa, ou seja, do momento em que ele é comprado dos fornecedores até o momento em que é vendido ao cliente.

Quando uma empresa opera com produtos diferentes, cada um apresentará um Prazo Médio de Estocagem diferente.

No caso das empresas industriais, esse índice pode ser dividido em Prazo Médio de Estocagem de Matéria-Prima, Prazo Médio de Estocagem de Produtos em Elaboração e Prazo Médio de Estocagem de Produtos Acabados.

- *Prazo Médio de Cobrança (PMC).* Indica quantos dias, em média, os clientes demoram para pagar a empresa, com relação às vendas efetuadas.

Devem ser consideradas as vendas à vista, vendas a prazo e eventuais atrasos no recebimento.

- *Prazo Médio de Pagamento aos Fornecedores (PMP).* Indica quantos dias, em média, a empresa demora a pagar seus fornecedores quanto à compra de matéria-prima ou mercadorias.

Devem ser consideradas as compras à vista, as compras a prazo e os eventuais atrasos no pagamento.

- *Ciclo Operacional.* É o tempo que decorre entre a compra de mercadorias ou matéria-prima, sua venda e o recebimento dos clientes.

Refere-se ao tempo que uma empresa industrial, por exemplo, leva para produzir seu estoque, vendê-lo e receber as duplicatas geradas na venda, com o dinheiro entrando em caixa; ou seja, é o tempo que a empresa demora a produzir, vender e receber o produto que fabrica.

Ciclo Operacional = PME + PMC

- *Ciclo Financeiro.* É o tempo que decorre entre o pagamento dos fornecedores, a venda das mercadorias e o recebimento dos clientes.

Ciclo Financeiro = PME + PMC – PMP

Exemplo:[12]

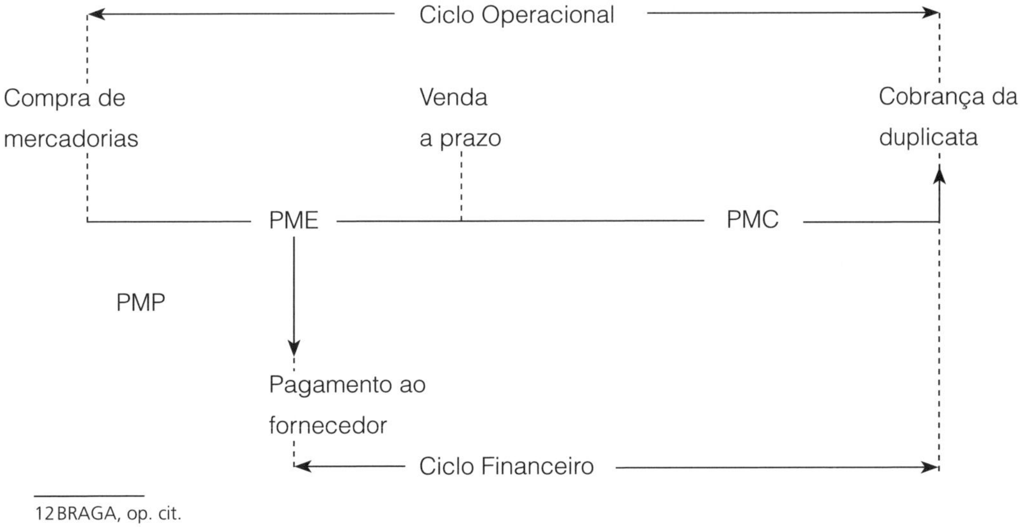

12 BRAGA, op. cit.

10.7.5 Margem de lucratividade

- *Margem bruta.* Mostra, em termos percentuais, quanto sobrou da receita líquida da empresa depois de incorridos os custos de venda.

$$\textbf{Margem bruta} = \frac{\textbf{Lucro bruto}}{\textbf{Receita líquida}}$$

- *Margem líquida.* Mostra, em termos percentuais, quanto sobrou da receita líquida da empresa depois de incorridos todos os custos e despesas. Quanto maior for esse índice, maior será a diferença entre a receita e os custos (e despesas) na empresa. A margem varia de acordo com o tipo de empreendimento. Por exemplo, geralmente a indústria automobilística tem margens relativamente pequenas e valor de venda muito alto. O inverso pode ocorrer para pequenos negócios comerciais.

$$\textbf{Margem líquida} = \frac{\textbf{Lucro líquido}}{\textbf{Receita líquida}}$$

10.7.6 Taxas de retorno

- *Retorno sobre o investimento total.* Mede, em termos percentuais, a rentabilidade obtida na utilização dos Ativos da Empresa, por meio da relação entre o lucro líquido e o ativo total.

$$\textbf{Retorno sobre o Investimento Total} = \frac{\textbf{Lucro líquido}}{\textbf{Ativo total}}$$

- *Retorno sobre o Capital Próprio.* Mede, em termos percentuais, a rentabilidade obtida com a utilização do capital investido pelos sócios ou acionistas, por meio da relação entre o lucro líquido e o patrimônio líquido.

$$\textbf{Retorno sobre o Capital Próprio} = \frac{\textbf{Lucro líquido}}{\textbf{Patrimônio líquido}}$$

10.7.7 Ponto de equilíbrio (*break-even point*)

Saber se a empresa está auferindo lucro ou prejuízo é indispensável em qualquer situação — indústria, comércio, prestação de serviços. O **ponto de equilíbrio** indica a quantidade (ou receita) faturada quando a empresa não tem lucro, tampouco prejuízo — é o ponto no qual a receita originada nas vendas equivale à soma dos custos fixos e variáveis. É um poderoso instrumento para o empreendedor, que passa a enxergar em que momento seu empreendimento começa a dar lucro, ou mesmo prejuízo. O ponto de equilíbrio é dado pela equação:

$$\textbf{PE} = \frac{\textbf{custo fixo}}{\textbf{1 – (custo variável / receita total)}}$$

Para obter o ponto de equilíbrio em quantidades de produtos, basta dividir o resultado anterior pelo preço de vendas unitário do produto.

Questões para seu plano de negócios

1. Que ferramentas da contabilidade e da administração financeira você pretende utilizar como empreendedor?
2. Qual é o orçamento para a implantação do empreendimento? Veja a ferramenta para lidar com essa questão no Capítulo 11 (O essencial da gestão de projetos).
3. Qual é o balanço patrimonial com o qual as operações serão iniciadas?
4. Quais são os custos de operação do empreendimento para um período — os seis primeiros meses, por exemplo?
5. Qual é o fluxo de caixa projetado para esse mesmo período?
6. Qual é a expectativa de desempenho do empreendimento? Como será mensurado?

Questões para estudo

1. O que é contabilidade e qual seu papel na gestão das empresas?
2. Explique: balanço patrimonial e suas partes, demonstração de resultado do exercício e demonstração do fluxo de caixa.
3. Qual a diferença entre custo e despesa?
4. O que é orçamento? Como se pode fazer um?
5. Como se pode avaliar a situação e o desempenho econômico-financeiro de uma empresa?

Estudo de caso — Lendas da Floresta[13]

Jonas Sasquatch e Pedro Mapinguari, depois de muitos anos trabalhando em empresas do ramo de brinquedos, decidiram começar seu próprio negócio. Com 50 mil reais cada um, criaram a fábrica de brinquedos Lendas da Floresta. Sabendo da importância do planejamento, começaram definindo (1) de quanto dinheiro precisariam, (2) o volume necessário de estoques, (3) os aluguéis, materiais e seguros pagos antecipadamente e (4) o custo dos equipamentos de escritório e de um utilitário para entregas. Em seguida, Sasquatch e Mapinguari montaram um balanço de abertura, que ficou assim:

ATIVO		PASSIVO	
Ativo circulante		**Circulante**	
Caixa	20.000	Total de circulante	80.000
Estoques	60.000	**Exigível no longo prazo**	
Aluguéis, materiais e seguros pagos antecipadamente	20.000	**Patrimônio líquido**	
Ativo fixo		Capital	100.000
Equipamento da loja	40.000	**TOTAL**	**180.000**
Equipamento do escritório	10.000		
Veículo	30.000		
TOTAL	**180.000**		

13 Adaptado de STEINHOFF, Dan. *The world of business*. Nova York: McGraw-Hill, 1979, p. 306-307.

Com apenas 100 mil reais para investir e precisando de 180 mil reais de ativos para começar o negócio, está evidente que eles precisam de 80 mil reais de crédito.

Questões:

1. Como você sugere que Sasquatch e Mapinguari consigam o dinheiro necessário?
2. Complete o balanço de acordo com sua sugestão.

CAPÍTULO 11

O ESSENCIAL DA GESTÃO DE PROJETOS

OBJETIVOS

Ao completar o estudo deste capítulo, você deverá ser capaz de explicar e utilizar as seguintes ideias:

- Definição de projeto e de ciclo de vida do projeto.
- Processo de administração de um projeto.
- Procedimentos básicos para a elaboração de um plano de projeto.
- Ferramentas da gestão de projetos aplicadas à gestão de negócios.

11.1 Projetos

Projetos são empreendimentos ou sequências de atividades que têm começo e fim programados e que devem realizar um objetivo singular. Os objetivos dos projetos são chamados **resultados**, **produtos** ou "entregáveis" (Figura 11.1). Os produtos combinam elementos físicos, conceitos ou ideias e serviços. Um exemplo é a preparação e execução de um plano de negócios, que envolve ideias (concepção do produto e da empresa), produtos físicos (construção das instalações) e eventos (inauguração, promoção). Outro exemplo é a realização de uma feira de negócios, que envolve ideias (planejamento e organização), produtos físicos (montagem de estandes, organização do pavilhão) e eventos (a feira).

Figura 11-1 **A criação de uma empresa é um projeto que termina quando a empresa é inaugurada**

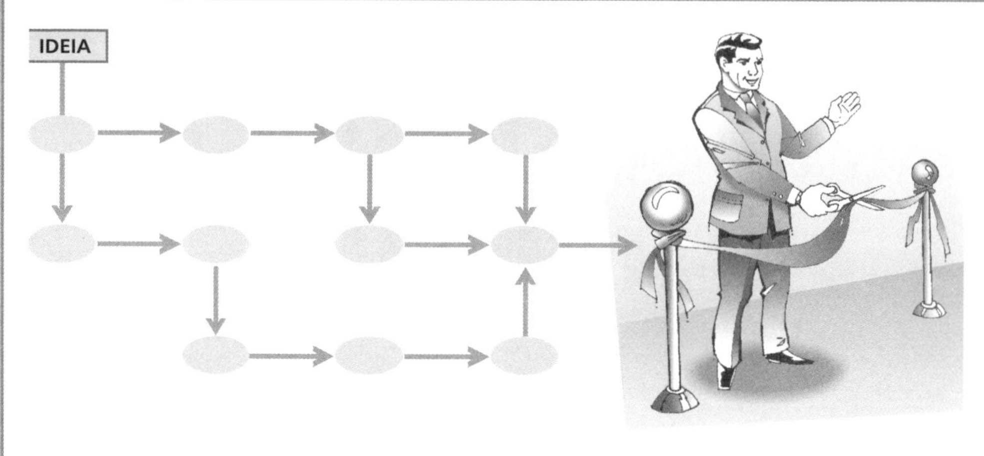

O produto do projeto é definido de acordo com as necessidades de um cliente e de outras partes interessadas, como os fornecedores, funcionários e a administração pública. Para avaliar o grau de sucesso do projeto, é preciso verificar se o interesse ou as necessidades dessas partes interessadas foram atendidos. Isso, em geral, significa entregar o produto:

1. Dentro das especificações definidas pelo cliente e demais partes interessadas.
2. Dentro do prazo e do orçamento previamente acertados.

Você, como criador de empresa, precisa dominar as ferramentas da gestão de projetos se estiver em ramos de negócios como arquitetura, consultoria, promoção de eventos e desenvolvimento de sistemas de informações, entre outros, que fornecem produtos e serviços sob encomenda. Além disso, essas ferramentas têm outras utilidades: você pode (e deve) usá-las em projetos como a própria implantação de seu negócio, pesquisas de mercado, abertura de filiais, campanhas promocionais, recrutamento de estagiários, reformas ou mudança das instalações e desenvolvimento de produtos — ou seja, qualquer atividade que tenha começo e fim bem definidos e que exija esforço de planejamento e execução com restrições de custo e tempo.

Neste capítulo, aplicaremos os princípios da administração de projetos à abertura de novas empresas e a outros tipos de projetos.

11.2 Ciclo de vida do projeto

O **ciclo de vida** é a sequência de fases que vão do começo ao fim de um projeto. O entendimento do ciclo de vida permite a visualização sistêmica do projeto, desde seu início até a conclusão, facilitando o estudo e a aplicação das técnicas de administração de projetos.

Cada tipo de projeto tem um ciclo de vida específico. Por exemplo, a criação de um negócio começa com o surgimento de uma ideia e termina quando as operações são iniciadas. Entre o início e o término do projeto, o número de fases varia de um caso para outro, dependendo do tamanho do negócio, da legislação e de muitos outros fatores.

Cada fase tem seu próprio ciclo de vida e pelo menos um resultado (ou entregável). Ao final da fase "estudos de viabilidade", o resultado é uma decisão de prosseguir ou não. Ao final da fase "documentação", a empresa está legalmente estabelecida e pronta para operar. Em termos genéricos, o ciclo de vida do projeto "novo negócio" poderia ser dividido nas fases apresentadas na Figura 11.2.

Essa é a primeira utilidade da moderna administração de projetos para o empreendedor: permitir a visualização do empreendimento — uma "realidade que ainda não existe" — do começo ao fim, como se você estivesse olhando o horizonte e nele enxergasse a empresa como você a imagina. Mais do que isso, o ciclo de vida mostra o caminho para chegar até essa visão no horizonte, e é por isso que os projetos são veículos para a execução da estratégia.

O ciclo de vida também permite que você identifique o esforço para percorrer o caminho — atividades, recursos, tempo e custo necessários. Além da visão estratégica, o ciclo de vida fornece a visão operacional do projeto.

Figura 11-2 **Fases de um projeto de criação de uma empresa**

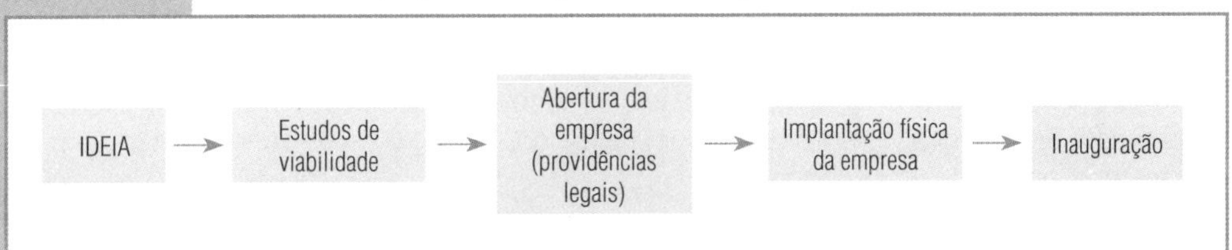

11.3 Administração de um projeto

A administração de um projeto é o processo de tomar decisões para realizar atividades temporárias, com o objetivo de fornecer um resultado. É "uma abordagem inovadora e específica que permite estruturar metódica e progressivamente uma realidade para a qual ainda não há um equivalente exato (AFNOR, 1991)", a "realidade que ainda não existe".

Dois processos básicos compõem a administração de um projeto: planejamento e execução, que se dividem em outros processos. Em termos práticos, para administrar um projeto:

1. Entenda as necessidades e defina os requisitos do produto e do projeto.
2. Prepare o plano do projeto.
3. Execute e controle as atividades e o consumo de recursos.
4. Entregue o produto.
5. Encerre o projeto.

Em seguida, detalharemos esses processos básicos de planejamento e execução de um projeto. Mas, antes...

11.4 Monte uma equipe

Mas, antes de pensar em planejamento de projeto, monte uma equipe. Se você está pensando em tocar um projeto, é porque tem ideia do resultado ao qual quer chegar. Portanto, sabe de quais competências precisa para conseguir fornecer os entregáveis.

Localize as pessoas que têm essas competências e obtenha sua participação, seja por meio de recrutamento no mercado, seja por voluntariado ou empréstimo de outras áreas funcionais de uma empresa. Não é preciso nem possível montar a equipe toda de uma só vez. O projeto só precisa de umas poucas pessoas que ajudem a preparar o plano e a recrutar os demais, à medida que o projeto avance e precise de uma equipe maior. A equipe poderá ser composta por pessoas de diferentes organizações (parceiros e fornecedores, por exemplo), no caso dos projetos de grande porte, não importa se trabalhando em um mesmo local ou em locais diferentes.

Um requisito básico para qualquer equipe de projeto é a organização, especialmente nesses casos em que há pessoas de diferentes empresas. Organizar significa definir as responsabilidades das pessoas da equipe do projeto, usando um organograma linear. Releia o Capítulo 5 — os princípios são os mesmos em qualquer situação.

Seja qual for a origem das pessoas, mesmo que elas já se conheçam, promova um processo de desenvolvimento da equipe. Releia o Capítulo 9 — os princípios também são os mesmos.

Agora, presumivelmente, a equipe está montada e organizada, pronta para trabalhar junto com você na preparação e execução do plano do projeto. Ao longo da execução, com base nos planos que vocês elaboraram juntos, acompanhe, avalie e oriente o desempenho da equipe. Ao final do projeto, promova um esforço de gestão do conhecimento — por exemplo, avaliação dos relatórios do projeto, discussão das lições aprendidas e registro das experiências da equipe.

Mas o projeto ainda não começou. O primeiro passo é o entendimento da necessidade que justifica seu lançamento.

11.5 Entendimento da necessidade e definição de requisitos

O entendimento das necessidades é a base para a definição dos requisitos do produto e do projeto. Necessidade é uma palavra genérica, que indica todos os tipos de situações das quais os projetos podem se originar: encomendas, problemas, ideias criativas ou oportunidades. As necessidades fornecem as **justificativas** do projeto. Você também pode chamar as necessidades, a oportunidade ou as justificativas de ***business case***. À medida que se esclarecem as necessidades, define-se o produto principal e todos os demais entregáveis do projeto.

11.5.1 Entendendo as necessidades ou a oportunidade

O processo de esclarecer necessidades começa com o entendimento do motivo e do produto do projeto. Por exemplo: *Para resolver os problemas de competitividade e poluição dos motores atuais, é necessário desenvolver novos motores.*

- Para resolver os problemas... = necessidade ou justificativa do projeto.
- Novos motores = produto do projeto.

O esclarecimento de necessidades pode ser complicado quando há diversas partes interessadas que devem se manifestar. Veja algumas frases que descrevem o projeto "ampliação da linha", que aumenta o número de produtos de uma fábrica de móveis. Cada frase foi dita por uma pessoa envolvida no projeto. Cada pessoa tem uma perspectiva diferente e está usando um conceito diferente de objetivo, mas o produto ou entregável é o mesmo. Compare-as.

1. *O objetivo do projeto é melhorar a competitividade da empresa (presidente da empresa).* O presidente está expressando sua necessidade como acionista.
2. *O objetivo do projeto é aumentar o faturamento (gerente financeiro).* O gerente financeiro olha os números. Aumentar a linha de produtos significa aumentar o faturamento da empresa.
3. *O objetivo do projeto é diversificar os clientes (gerente de marketing).* O gerente de marketing quer aumentar as vendas e, dessa forma, o faturamento, para garantir a sobrevivência da empresa.

Os três são partes interessadas ou *stakeholders* do projeto e veem os objetivos de forma diferente. Em certos casos, pode haver conflito entre os *stakeholders*, tanto nos objetivos quanto no produto.

11.5.2 Necessidades e objetivos

No exemplo anterior, usamos a palavra *objetivo* com significado distinto de *produto* ou entregável. De fato, embora a palavra "objetivo" seja frequentemente usada como sinônimo de produto, as duas têm significados distintos no mundo dos projetos. O produto faz parte de uma cadeia ou hierarquia de objetivos, cujo ponto inicial é a necessidade do projeto.

- O produto é o objetivo primário ou missão do projeto. O compromisso de um gerente de projeto é entregar o produto ao cliente. No exemplo anterior, o produto é a ampliação da linha.
- O objetivo imediato é a utilidade do produto para o cliente — sua razão de ser ou propósito. No exemplo da ampliação da linha, o objetivo (imediato) é visto de forma diferente pelas três partes interessadas. Para o presidente, o objetivo é melhorar a competitividade.
- O objetivo final é a utilidade do objetivo imediato. No exemplo da fábrica de móveis, seja qual for a perspectiva imediata, o que interessa no longo prazo são a competitividade e a sobrevivência da empresa.

A entrega do produto e a realização dos objetivos possibilitam o atendimento das necessidades e justificam a realização do projeto.

Também são considerados objetivos ou metas quaisquer variáveis de desempenho, como prazos e custos ou taxas e índices, que estejam associadas ao projeto.

11.5.3 Definindo os requisitos

Requisitos, como o nome sugere, são características que o produto e o projeto devem ter — são as especificações. Se você acha que já leu isso neste mesmo livro, está certo. Foi no Capítulo 7 — Operações, quando tratamos da administração da qualidade. De fato, o problema de definir os requisitos, com base no entendimento das necessidades, é uma questão de qualidade.

Os requisitos do produto são as especificações de desempenho, ou especificações funcionais, que definem o que o produto deve ser capaz de fazer, que aspecto deve ter, com que materiais deve ser fabricado, quanto tempo deve funcionar sem precisar de manutenção, entre outras coisas. No caso de serviços, os requisitos estabelecem quais resultados devem ser alcançados, em quanto tempo devem ser executados, que materiais devem ser utilizados, e assim por diante.

Requisitos do produto

Requisitos do produto são sinônimo de **escopo do produto**. Imagine, por exemplo, que você seja um fornecedor de refeições. A regularidade do sabor, a quantidade de alimento nas refeições, os ingredientes usados, o tempo de atendimento aos consumidores, a limpeza das instalações, os materiais e equipamentos, tudo isso faz parte dos requisitos do produto. Se você for um franqueado, terá de atender aos requisitos do franqueador, como o aspecto das instalações, os uniformes dos funcionários, as marcas dos ingredientes... Se a franquia é do McDonald's, até o tempo de fritura do sanduíche e a quantidade de batatas fritas no pacote fazem parte dos requisitos.

Alguns requisitos do produto são explícitos — a "voz do cliente" nos informa sobre eles. No caso de alimentos, o cliente pode querer uma refeição suficiente a preço baixo ou pouca comida a preço alto, pode ter restrições em virtude de crenças religiosas ou problemas de saúde, pode ter preferências ditadas por tradições culturais — não há regras sobre isso, assim como não há regras sobre muitos tipos de produtos, mas, ouvindo o cliente, podemos entender suas necessidades e transformá-las em requisitos, caso a caso.

É preciso conhecer os requisitos de outras partes interessadas, além dos consumidores. Os locais onde você pode se instalar, as horas de funcionamento, as normas de higiene na manipulação e conservação de alimentos, as obrigações com o governo, as responsabilidades em relação ao ambiente — tudo isso deve ser incorporado ao projeto (*design*) do produto ou serviço.

Em resumo:

Escopo do produto = requisitos do produto = especificações do produto

Requisitos do projeto

Requisitos do projeto são sinônimo de **escopo do projeto** — ou seja, o trabalho que deve ser realizado para que o produto possa ser entregue. Para entender e definir o escopo do projeto, você precisa estudar o ciclo de vida e decidir até onde quer chegar. Agora, pensando de forma mais abrangente, o fornecimento de refeições é apenas um componente de um projeto — o projeto de instalação de um restaurante ou loja de refeições. Com trabalho duro e competência, esse restaurante poderá se tornar o primeiro de uma grande cadeia.

Passemos então ao **detalhamento do escopo** do projeto de instalação de seu restaurante. Os requisitos desse projeto formam uma lista de entregáveis que você deve providenciar para que o restaurante possa funcionar. Analise os entregáveis relacionados a seguir.

- Restaurante ou loja: local onde funcionará o negócio — o requisito básico.
- Equipamentos da cozinha e do salão — dimensionados para a demanda que você pretende ter.
- Pratos, talheres, guardanapos, toalhas de mesa — que você precisa adquirir, assim como os equipamentos.
- Fornecedores de alimentos e ingredientes — que você precisa identificar e contratar.
- Mão de obra qualificada — idem.
- Cardápio — aqui estão as refeições, que representam o principal entregável de seu projeto.

Esclarecendo: a lista de entregáveis forma o conjunto dos requisitos do projeto. A cada um desses entregáveis aplica-se o conceito de requisitos do produto, sendo que o mais importante deles, nesse sentido, é o cardápio.

Alguns requisitos (de projeto) são comuns a todos os projetos de abertura de empresas: autorização do poder público, documentação, sistema administrativo e financeiro, inauguração etc. Completando a definição do escopo do projeto, você tem, portanto, uma **lista de entregáveis**. Dito com outras palavras, todos os requisitos do projeto são entregas requeridas, ou, repetindo, o trabalho que deve ser realizado para que a empresa possa funcionar.

Em resumo:

Escopo do projeto = requisitos do projeto = lista de entregáveis

Adicionalmente: recorrendo a um exemplo anterior, suponha que você já possui uma empresa industrial funcionando e quer ampliar a linha de produtos. A lista de entregáveis, nesse caso, é aproximadamente a seguinte:

- Os novos produtos a serem incorporados à linha — pesquisa, criação e desenvolvimento.
- Modificações no processo produtivo para fabricar os novos produtos.
- Aquisição de novos equipamentos.
- Contratação e capacitação de mão de obra.
- Fornecedores.
- Informação aos clientes — esforço promocional.
- Desenvolvimento dos distribuidores.
- Modificações no catálogo e lista de preços dos produtos.
- Etc.

Estruturas analíticas

Recapitulando, o detalhamento do escopo começa com a escolha do produto a ser entregue. Em seguida, você identifica o trabalho necessário para realizar o produto principal e todos os produtos associados. Os produtos são decompostos em uma lista de entregáveis (ou de entregas), que formam o **escopo do projeto**. Os entregáveis do projeto (escopo do projeto) são diferentes dos requisitos dos produtos (escopo do produto). Ao mesmo tempo que faz o detalhamento do escopo, desenhe uma *estrutura analítica do projeto* — a representação gráfica da lista de entregáveis.

A estrutura analítica é a base para toda a administração do projeto. Com ela, você pode fazer o planejamento de atividades, recursos, custos, riscos e todas as demais variáveis do projeto.

As estruturas analíticas dos projetos do mesmo tipo são semelhantes e você pode usar uma como modelo para outra.

- Nos projetos de eventos, como é o caso da inauguração de uma filial ou da festa de lançamento de um produto, sempre há *pelo menos* três elementos: o evento propriamente dito, os participantes (convidados, funcionários) e a infraestrutura (local).
- Nos projetos de criação, desenvolvimento e implantação de novos produtos na linha, sempre há *pelo menos* dois elementos: o produto e o processo produtivo para fabricá-lo. Outros elementos, como o desenvolvimento de fornecedores e o treinamento de usuários, são acrescentados.
- Nos projetos conceituais, como é o desenvolvimento de um sistema, a estrutura analítica pode ser feita tomando-se como base o ciclo de vida do projeto. Os entregáveis de um projeto desse tipo são, portanto: desenho básico, desenho detalhado, desenvolvimento, construção, testes, validação, implantação etc.

Veja na Figura 11.3 a estrutura analítica de um projeto de criação e implantação de um sistema de telemarketing em um supermercado.

Figura 11-3 **Estrutura analítica de um projeto de criação e implantação de um sistema de telemarketing em um supermercado**

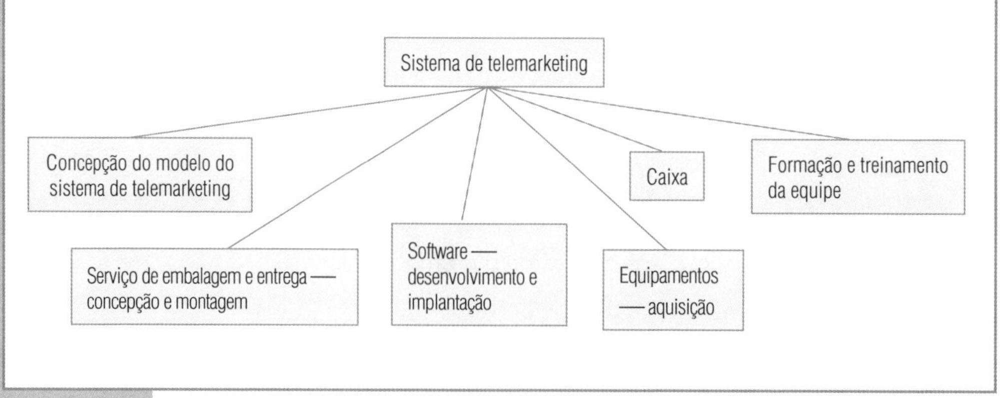

11.6 Planejamento do projeto

Ao desenhar a estrutura analítica, você já está trabalhando no planejamento do projeto. Prossiga agora para fazer o planejamento das demais variáveis.

Além do escopo, retratado na estrutura analítica, o plano de um projeto deve conter, no mínimo, três informações que retratam decisões gerenciais: cronograma, orçamento e estratégias de respostas aos riscos. São essas as quatro variáveis que estudaremos a seguir. Além delas, um plano de projeto pode apresentar informações sobre as fontes de suprimentos dos recursos, a documentação e os processos de comunicação, a administração da qualidade, os impactos ambientais e muitos outros detalhes. Muitas dessas informações você utilizará para elaborar o plano de negócios (veja o Apêndice ao final do livro).

11.6.1 Cronograma do projeto

A preparação do cronograma do projeto começa com a identificação das atividades ou tarefas necessárias para realizar os entregáveis do escopo.

1. Decida a sequência ou ordem em que as atividades serão realizadas e as relações de dependência entre elas.

Algumas das decisões sobre a sequência das atividades dependem de lógica intrínseca, que você não pode mudar. Por exemplo, é necessário contratar funcionários antes de começar as operações. Outras decisões dependem de você. Por exemplo, você pode escolher fazer um estudo de viabilidade antes de preparar um plano de negócios.

2. Defina a duração de cada atividade (dias, meses, semanas).
3. Defina quando as atividades acontecem (programe-as em um calendário).

Agora, desenhe o cronograma do projeto, mostrando a distribuição das atividades no tempo. Todas as decisões anteriormente citadas — sequenciamento, estimativa de duração e programação das atividades — podem ser resumidas em uma **tabela de precedências** — e ao mesmo tempo o cronograma pode ser desenhado. Na Figura 11.4 encontra-se um exemplo de cronograma.

Figura 11-4 **Cronograma do projeto de abertura de uma empresa**

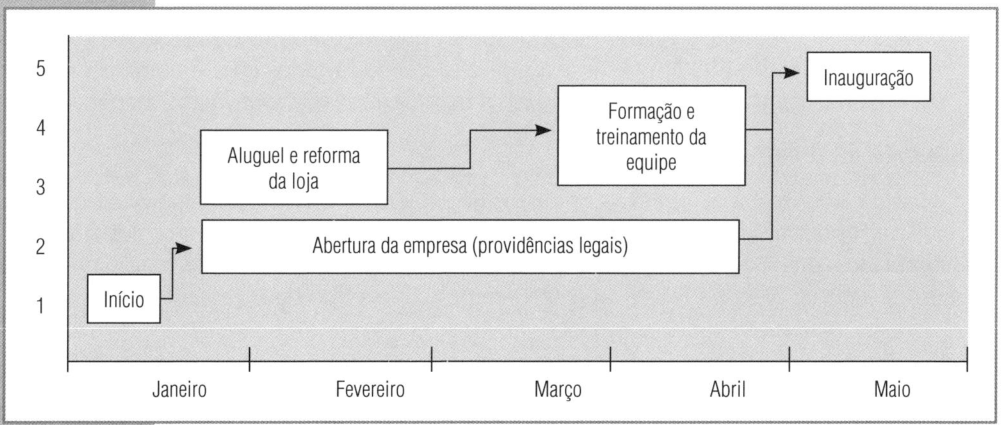

11.6.2 Orçamento do projeto

Para realizar as atividades, é preciso usar recursos, que consomem dinheiro. Depois de planejar as atividades, você deve definir o custo dos recursos necessários para realizá-las. A definição do custo envolve três etapas interdependentes: planejamento de recursos, estimativa de custos e elaboração do orçamento. O orçamento é o principal instrumento de planejamento e controle financeiro do projeto.

Planejamento de recursos

Primeiro, faça a relação dos recursos necessários para a realização do projeto. Isso é feito simultaneamente com o planejamento das atividades. Os recursos necessários para a realização de um projeto classificam-se em quatro tipos principais: mão de obra, material permanente, material de consumo e serviços de terceiros.

- *Mão de obra*: funcionários próprios e serviços eventuais contratados, inclusive de voluntários em certos casos. Esse item divide-se em categorias como coordenação, pessoal técnico, pessoal sênior, pessoal administrativo, e assim por diante.
- *Material permanente*: bens, equipamentos e instalações a serem compradas, construídas ou alugadas.
- *Material de consumo*: combustível, material de escritório, reagentes de laboratório, peças de reposição.
- *Serviços de terceiros*: viagens, hospedagem, alimentação, transporte local, serviços especializados como desenho, programação de computadores, digitação, taxas, impostos etc.

Estimativa de custos

Para preparar a estimativa de custos, use três informações:

1. Custo unitário de cada recurso: por exemplo, salários calculados de acordo com uma taxa horária ou mensal, acrescidos de encargos sociais, preço de um pacote de papel, preço de uma hora de utilização de um laboratório etc.
2. Duração das atividades: multiplicada pelo custo unitário, permite a estimativa do custo total. Além disso, permite também calcular o eventual custo de juros, quando uma atividade precisa ser financiada.
3. Custos indiretos: referem-se a despesas que não são produzidas pelo projeto, mas atribuídas a ele. Em geral, cobrem custos relacionados com a administração geral da organização, previsão de reserva para períodos de inatividade, benefícios etc.

Elaboração do orçamento

O orçamento é a estimativa dos custos do projeto. A informação relativa ao orçamento pode ser apresentada em diferentes formatos. Um deles é o orçamento global de custos acumulados, que é a base para os procedimentos de controle analisados mais à frente neste mesmo capítulo. Veja na Tabela 11.1 um exemplo desse tipo de orçamento.

Tabela 11-1 Orçamento global simplificado discriminando os tipos de recursos

Tipo de custo	Jan	Fev	Mar	Abr	Mai	Total
Aluguel e reforma da loja	50.000	30.000				80.000
Providências legais	2.000	2.000	20.000	5.000		29.000
Formação e treinamento da equipe			4.000	4.000		8.000
Primeiros salários				10.000	10.000	20.000
Festa de inauguração					15.000	15.000
Total mensal	52.000	32.000	24.000	19.000	25.000	
Acumulado	52.000	84.000	108.000	127.000	152.000	152.000

11.6.3 Estratégias de respostas aos riscos

Todo projeto envolve riscos que podem comprometer a realização das atividades e a entrega do produto final. Os riscos podem ter causas naturais (como a chuva, que provoca atrasos em obras), humanas (como roubo ou utilização incorreta de equipamentos) ou acidentais, entre outras. Para garantir a segurança das atividades e do produto, o gerente de um projeto (você) deve antecipar os riscos e as formas de enfrentá-los. Mais um ingrediente de seu plano de projeto: o plano específico para lidar com os riscos. Para isso, é necessário:

1. Identificar os riscos, com base nas listas de elementos e atividades.
2. Avaliar, classificar e priorizar os riscos — em termos de probabilidade de ocorrência e gravidade do impacto sobre o projeto.
3. Decidir o que fazer com os riscos — aceitá-los (por exemplo, chuva), reduzi-los (por exemplo, acidentes), transferi-los (por exemplo, por meio de seguro) ou não fazer nada.
4. Acompanhar e controlar os riscos e implementar as respostas que você planejou.

A Tabela 11.2 apresenta um exemplo de mapa de gestão de riscos, no qual todas essas decisões estão resumidas.

Tabela 11-2 Tabela de análise e planejamento das respostas aos riscos de um projeto

Elemento (entregável do projeto)	Riscos	Impacto sobre o projeto	Probabilidade de ocorrência	Resposta	Plano B
Aluguel e reforma da loja	Atraso na reforma	Alto	Média	Contratar empresa especializada ou aumentar a equipe da reforma	Atrasar a inauguração

Elemento (entregável do projeto)	Riscos	Impacto sobre o projeto	Probabilidade de ocorrência	Resposta	Plano B
Providências legais	Atrasos: da burocracia	Alto	Alta	Pagar "taxas de urgência"	Atrasar a inauguração
Formação e treinamento da equipe	"Apagão" de mão de obra: não achar pessoal qualificado	Alto	Média	Oferecer salários mais altos	Aumentar as qualificações exigidas e os salários
Primeiros salários	Salários não atraentes	Médio	Média	Oferecer salários mais altos	—
Festa de inauguração	Concorrência com outro evento	Baixo	Baixa	Festa com atrações de grande apelo	—

11.7 Execução e encerramento do projeto

A execução do projeto consiste em realizar o trabalho planejado, envolvendo o dispêndio de esforço físico, intelectual e social. A natureza das atividades varia muito de caso para caso. Como sempre, tudo depende do tipo de projeto, de seus objetivos, do ciclo de vida, da competência da equipe, da disponibilidade de recursos e de outros fatores.

A execução do projeto como um todo ou de cada uma de suas fases pode receber diferentes designações específicas, que refletem a natureza do projeto ou fase. Execução é uma designação genérica, que indica processos específicos como, entre muitos outros:

- Desenvolvimento físico progressivo de produtos.
- Desenho, desenvolvimento, implementação e implantação de sistemas.
- Construção de processos produtivos.
- Construção de modelos, protótipos ou equipamentos.
- Construção de instalações.
- Planejamento, organização e realização de eventos.

Planejamento e execução são processos que se sobrepõem. À medida que a execução avança, os planos evoluem. São detalhados e modificados para incorporar novas decisões e para implementar ações corretivas, conforme o projeto vai gradativamente executando os produtos previstos. Esse princípio de detalhamento sucessivo provavelmente funciona da mesma maneira na maioria dos projetos.

Em seguida, trataremos dos processos de execução, controle, coordenação e conclusão do projeto.

11.7.1 Ferramentas de execução

A execução é um processo de transformação gradativa de insumos em entregáveis do projeto. Insumos são os recursos de todos os tipos: a equipe do projeto, os fornecedores, as instalações e os equipamentos. Esses recursos são acionados por meio de decisões, para que a equipe do projeto comece a trabalhar e a criar os entregáveis.

Uma das principais ferramentas da execução é a gestão do desempenho da equipe — as pessoas que estão na equipe imediata do projeto e nas equipes dos parceiros, fornecedores e quaisquer outras organizações cujo trabalho é necessário para fazer o projeto andar. Liderança, comunicação, capacidade de orientar o trabalho do grupo e de manejar diferenças entre indivíduos são algumas das principais competências que um gerente de projetos usa nessas funções. Essas competências tornam-se mais importantes em um arranjo matricial da organização do projeto, em que o gerente do projeto depende dos gerentes funcionais para formar a equipe.

Outra ferramenta importante de execução do projeto é a administração de contratos. Os contratos estabelecem as obrigações entre as partes envolvidas no projeto — um ou mais clientes, de um lado, e fornecedores, de outro. Os fornecedores comprometem-se, por exemplo, com a qualidade e a integridade dos entregáveis, os prazos e o cumprimento dos dispositivos legais. Os clientes comprometem-se principalmente com o pagamento dos fornecedores. Os contratos podem funcionar automaticamente — ou seja, as partes envolvidas podem agir de forma autônoma, sem precisar de direcionamento. No entanto, também é frequente que cada lado envolvido precise iniciar um procedimento de solicitar ou determinar algum tipo de ação dos outros participantes — como cobrar a apresentação de um entregável, a realização de uma tarefa ou o pagamento de uma parcela.

De todas as ferramentas de execução, o plano e os outros documentos do projeto são as mais importantes. Os contratos refletem o escopo planejado, que é um dos elementos do plano. Você já deve ter visto uma obra em andamento. Há pessoas andando para lá e para cá, carregando materiais de construção, movimentando máquinas ou colocando portas e janelas, todas elas orientadas por outra pessoa — o mestre de obras, que carrega papéis. O que ele faz é direcionar o trabalho de acordo com os planos que estão nesses papéis. Pode-se fazer analogias com qualquer outro projeto — sempre há uma pessoa ou grupo orientando-se e orientando os outros por meio de decisões registradas em documentos.

11.7.2 Controle

O processo de controle é gêmeo dos processos de planejamento e execução. Controlar consiste em acompanhar a execução de alguma ação e compará-la com a intenção ou ação planejada, com a finalidade de:

- Verificar se a ação planejada está efetivamente sendo executada e se os resultados dessa ação correspondem ao desempenho desejado.
- Assegurar que os objetivos sejam alcançados.
- Verificar se é necessário modificar a ação ou o objetivo.

O processo de controle ou monitoramento deve produzir informações sobre todas as variáveis do desempenho do projeto: escopo, prazos, custos, riscos, recursos humanos, e assim por diante. Uma importante ferramenta de controle que você deve conhecer chama-se ***earned value analysis***.

Earned value analysis

A análise do valor realizado (EVA, *earned value analysis*, também chamada análise do valor *agregado* — incorretamente) é uma técnica que converte tempo em dinheiro. Em cada data de controle, determina-se quanto vale o trabalho realizado até aquele momento. "Quanto vale" é igual a "quanto foi orçado" e, por esse motivo, o valor realizado é também chamado custo orçado do trabalho realizado.

Estudemos um exemplo. Você contratou a pintura de quatro paredes de sua loja, ao custo de $ 100,00 cada uma e com o prazo de um dia para cada uma. A Tabela 11.3 mostra o que aconteceu. Hoje estamos no dia 2 do projeto.

Não é necessário QI de Einstein para perceber que o projeto está atrasado e tem custo maior que o previsto para a data de hoje. Você pode querer saber: nesse ritmo, quando terminaremos e de quanto dinheiro a mais precisaremos? A produção de informações sobre o andamento do projeto e as projeções a respeito do término são a essência da análise do valor realizado. Essa análise é feita por meio de três indicadores principais.

- PV (*planned value* — valor orçado ou planejado) ou BCWS (*budgeted cost of work scheduled* — custo orçado do trabalho planejado). Ou: *Em quanto foi orçado o trabalho que deveria ter sido realizado até hoje?* No exemplo, hoje deveriam ter sido entregues produtos no valor de $ 200,00, equivalentes a 50 por cento do orçamento.
- EV (*earned value* — valor efetivamente entregue) ou BCWP (*budgeted cost of work performed* — custo orçado do trabalho entregue). Ou: *Qual o valor previsto para o trabalho que foi efetivamente entregue hoje?* No exemplo, hoje foram entregues produtos que valem 40 por cento do orçamento do projeto, ou seja, $ 160,00.
- AC (*actual cost* — custo real) ou ACWP (*actual cost of work performed* — custo real do trabalho realizado). Ou: *Quanto custou de fato o trabalho entregue hoje?*

Tabela 11-3 Tabela de controle do andamento do projeto

Planejado		Realizado	
Prazo	Custo	Custo real	Porcentagem de acabamento (valor entregue ou realizado)
Dia 1	100,00 (25%)	150,00	20% = 80,00
Dia 2	200,00 (50%)	300,00	40% = 160,00
Dia 3	300,00 (75%)	-------------------	-------------------
Dia 4	400,00 (100%)	-------------------	-------------------

Com base nesses indicadores, calculam-se os seguintes índices:

Índices de variação	
CV = EV – AC	CV (*cost variance*, variação do custo). A variação do custo é igual ao valor realizado menos o custo real. Valor negativo = projeto acima do custo. Valor positivo = projeto abaixo do custo.
SV = EV – PV	SV (*schedule variance*, variação do cronograma). A variação do cronograma é igual ao valor realizado menos o valor planejado. Valor negativo = projeto atrasado. Valor positivo = projeto adiantado.
Índices de desempenho	
CPI = EV/AC	CPI (*cost performance index*, índice de variação do custo). CPI < 1 ou CPI > 1 = **Estou executando $ ___ para cada $ 1,00 que gastei.**
SPI = EV/PV	SVI (*schedule performance index*, índice de variação do cronograma). SPI < 1 ou SPI > 1 = **Estou progredindo a ___ por cento da taxa planejada.**

Apliquemos agora esses índices ao exemplo da pintura das quatro paredes, no dia de hoje, em que apuramos 40 por cento de conclusão do projeto e um custo real 50 por cento acima do orçado:

- CV = 160,00 – 300,00 = – 140,00 → valor negativo = projeto acima do custo.
- SV = 160,00 – 200,00 = – 40,00 → valor negativo = projeto atrasado.
- CPI = 160,00/300,00 = 0,53 → Para cada $ 1,00 que gasto, realizo apenas $ 0,53.
- SPI = 160,00/200,00 = 0,80 → Estou progredindo a 80 por cento do planejado.

A análise do valor realizado, você deve ter deduzido, é uma ferramenta que converte tempo e esforço em dinheiro. Dizendo de outra forma, o dinheiro é usado para planejar e controlar o andamento e o desempenho do projeto a qualquer momento. Basta para isso que você tenha as informações sobre o progresso do projeto, o dinheiro gasto e os valores planejados, período a período. Mais eficiente do que controlar cronogramas e orçamentos separadamente, não é mesmo? Essa ferramenta é muito mais complexa do que este capítulo sugere. Procure informar-se e avançar no estudo e na utilização dela.

11.7.3 Encerramento do projeto

Ao final da fase de execução, o encerramento compreende a apresentação e avaliação do produto esperado e o fechamento administrativo do projeto.

O término do projeto deve ser estabelecido no início do ciclo de vida, antes de o projeto ter iniciado de fato. Por exemplo, pode-se decidir terminar o projeto de um novo produto (a) quando o protótipo é aprovado nos testes, (b) quando é homologado, (c) quando a série piloto é produzida, (d) quando a primeira série definitiva é distribuída aos revendedores, ou (e) quando não há mais dúvidas quanto ao desempenho do produto no campo. No caso de grandes equipamentos, o encerramento pode ocorrer com a entrega e demonstração do funcionamento do produto, ou com a manutenção durante certo período. Em todos os casos, é importante que o projeto comece com a definição precisa do momento em que termina.

Pode-se ampliar ou encurtar o ciclo de vida, desde que tudo seja planejado e decidido antes de o projeto começar ou negociado com cuidado durante a fase de execução. As alterações no ciclo de vida produzem impactos sobre o escopo do projeto e sobre o papel da equipe.

11.7.4 Administração do encerramento

O encerramento de um projeto vai além da entrega ou demonstração de um resultado. Todos os produtos definidos dentro do escopo devem ser apresentados e avaliados positivamente para que o projeto possa ser considerado bem-sucedido. O prazo, estipulado em um regulamento ou contrato, deve ter sido respeitado ou as prorrogações devem ter sido autorizadas ou previstas. O encerramento envolve diversos aspectos de natureza administrativa:

- Às vezes, o cliente assina um atestado de conformidade, ou confirmação de realização do projeto, que encerra oficialmente o contrato.
- Relatórios de atividades e despesas, bem como documentos que as comprovem, podem ser exigidos em contrato.
- As contas devem ser encerradas, com a preparação de um balanço.
- O cliente pode ter o direito contratual de fazer uma auditoria nas contas e decidir sobre a utilização de um eventual saldo do projeto.
- Os integrantes remanescentes da equipe, que flutuou ao longo da execução e diminuiu pouco antes do encerramento, são desmobilizados e disponibilizados para novos projetos.
- A documentação do projeto é organizada e disponibilizada para consulta.
- O gerente encerra sua participação no projeto e assume outras responsabilidades.

Questões para seu plano de negócios

1. Qual o modo predominante de operações em sua empresa — atividades rotineiras (produção, vendas) ou produtos e serviços sob encomenda?
2. Se o modo predominante é o fornecimento de produtos e serviços sob encomenda, até que ponto sua empresa estará preparada para lidar com as ferramentas e os conceitos da administração de projetos?
3. Quais serão as fases do ciclo de vida dos projetos em sua empresa?
4. Como serão administradas (planejadas e executadas) as fases do ciclo de vida?
5. Quem serão os gerentes de projetos?
6. Como serão formadas as equipes de projetos?
7. Qual será o grau de formalidade na preparação dos planos de projetos?

Questões para estudo

Usando suas próprias palavras, responda às questões a seguir. Se possível, entreviste empreendedores para ajudar você nas respostas.

1. O que são projetos e quais as suas diferenças em relação às atividades rotineiras de produção, vendas e administração interna?
2. Quais as diferenças entre empresas que trabalham com projetos e empresas que trabalham com atividades rotineiras?

3. O que é o ciclo de vida de um projeto?
4. Quais são os procedimentos básicos para administrar um projeto?
5. Quais são os principais componentes de um plano de projeto?

Estudo de caso — Troca da roupa de cama no Marriott[1]

Uma megaoperação mundial trocou 5 milhões de lençóis e 1,8 milhão de travesseiros na rede americana de hotéis Marriott, dona de mais de 2,4 mil hotéis em 64 países. Lançado no início de 2004, o projeto completou 95 por cento das trocas no início de 2006.

No total, 628 mil camas receberam, cada uma, nove novos lençóis e três travesseiros de pluma de ganso. Isso significou produzir 5,6 milhões de lençóis e 1,8 milhão de travesseiros. O projeto mundial exigiu investimento de US$ 190 milhões na nova roupa de cama, que precisou de 30 milhões de metros de tecido. Foi a primeira vez que a operação foi feita, simultaneamente, em escala mundial.

Normalmente, não há uma periodicidade certa para a troca das peças por outras novas. Cada hotel da rede faz isso quando lençóis, fronhas, mantas e travesseiros se desgastam pela lavagem, são manchados ou apresentam rasgos e bolinhas. Para isso, cada unidade da rede Marriott conta com um estoque próprio. Um dos hotéis Renaissance, por exemplo, tem, para seus 587 leitos, cerca de 3 mil peças novas para pequenas trocas. O que é descartado, quando ainda apresenta condições de uso, é doado para instituições de caridade.

Cada hotel ficou encarregado de fazer suas próprias compras e trocas, dentro das seguintes especificações, estabelecidas pela matriz: tecido de algodão egípcio com gramatura de 300 fios por polegada. Para a hotelaria, o mais comum é adquirir lençóis de algodão com gramaturas variáveis entre 180 e 200 fios por polegada. Os de 300 fios, que são muito mais macios, não existem em alguns países. Por isso, as empresas fornecedoras tiveram de importar o maquinário para dar conta da encomenda. É regra da empresa dar prioridade para fabricantes locais, mesmo que eles precisem se adaptar aos padrões exigidos pelo hotel.

A rede Marriott não fez apenas uma operação de manutenção. Mais de mil hóspedes em vários países foram entrevistados sobre suas preferências para a hora de dormir. Quatro em cada cinco responderam que preferiam roupa de cama com configuração mais moderna e confortável do que a usada na época. Por isso, as tradicionais colchas foram aposentadas para dar lugar a peças de linho em tons claros, com aparência de limpeza, e edredons de pluma de ganso. A pesquisa também apontou o objetivo de tudo isso: os hóspedes revelaram que as novas camas aumentariam sua preferência pelos hotéis da marca Marriott.

Questões:

1. Qual o produto desse projeto?
2. Qual o escopo?
3. Quais as justificativas ou objetivos?
4. Quais são os padrões de qualidade do projeto? Como esses padrões podem ser garantidos? Que procedimentos de controle são necessários?
5. Quais são as principais tarefas associadas ao escopo que você identificou?

---

1 Fonte: adaptado de matéria de Lilia Cunha, disponível em: <http://www.istoedinheiro.com.br/noticias/4686_RENAISSANCE+MUDA+A+ROUPA+DE+CAMA>.

APÊNDICE

PLANO DE NEGÓCIOS

OBJETIVOS

Este apêndice procura guiar o leitor no processo de criação e implantação de um negócio. As seguintes ideias serão exploradas nesta parte do livro:

- Plano de negócios.
- Ciclo de vida do projeto do negócio.
- Roteiro do plano de negócios.
- Implantação da empresa.

A.1 Plano de negócios

O plano de negócios é o desenho da empresa. Se a empresa fosse uma casa, o plano de negócios seria a planta detalhada, inclusive com orçamento. O plano de negócios é uma descrição detalhada da empresa, de seu funcionamento e do que é necessário para sua instalação. É como um guia para o próprio empreendedor e instrumento de negociação com outras partes interessadas — bancos, agências de financiamento, investidores etc.

Assim como a planta é parte do projeto casa, o plano de negócios é parte do projeto empresa. Quando o plano de negócios está pronto, o entregável ainda não existe, mas já se sabe como ele vai ser. Isso significa que a empresa já foi definida e, portanto, investiram-se tempo e dinheiro em trabalho de conceito básico e detalhamento. Provavelmente, já foram feitos estudos de viabilidade. Já estamos adiante da ideia, mas antes do desenvolvimento das atividades para concretização da empresa.

Agora, pense em combinar os princípios da administração de projetos com seu plano de negócios. Isso vai ajudá-lo a planejar todos os entregáveis e as tarefas para implantar a empresa. Como fazer isso?

Trate o plano de negócios como um entregável (ou uma fase) de um projeto de criação e implantação da empresa. O projeto é o empreendimento integral, desde o surgimento da ideia até a abertura da empresa e o início das operações. O plano de negócios pode ser preparado como um documento dentro da estrutura analítica do projeto.

Comece fazendo o plano de negócios. Em seguida, desenhe o projeto de implantação da empresa e encaixe o plano de negócios dentro dele.

Veja como ficaria o resultado na Figura A.1.

Antes de examinar o roteiro de um plano de negócios, vamos rever algumas ideias discutidas em capítulos anteriores.

Figura A.1 **Estrutura analítica do projeto de implantação de uma empresa**

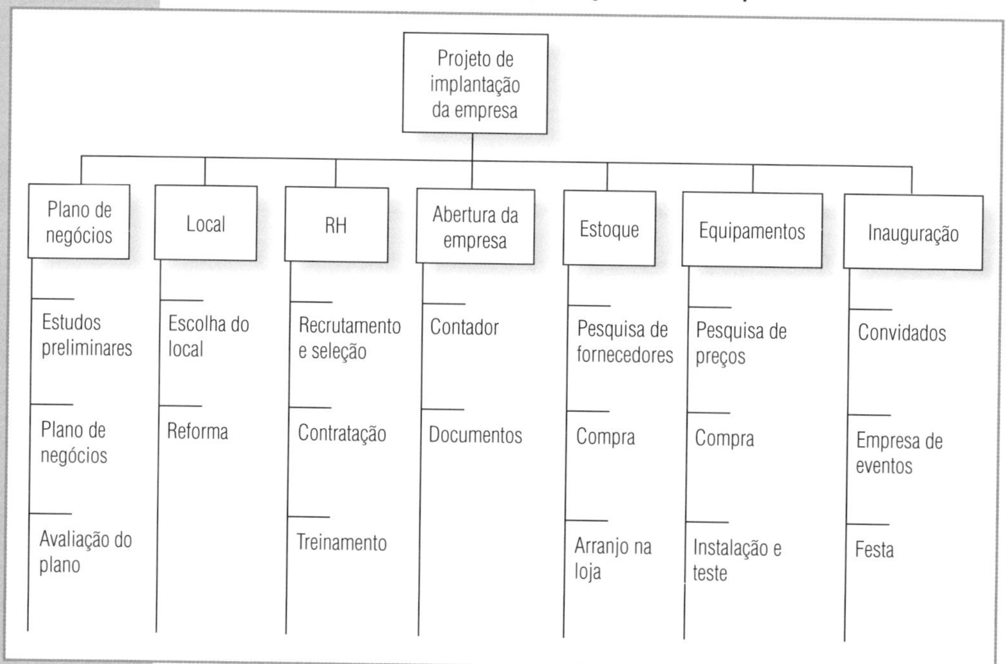

A.2 Ciclo de vida do negócio

Para aplicar os conceitos e técnicas do gerenciamento de projetos ao processo de criação de um novo negócio, visualize o ciclo de vida do projeto, que começa com o surgimento da ideia e termina no dia em que você corta a fita de inauguração (Figura A.2).

Figura A.2 **Ciclo de vida do projeto de um novo negócio**

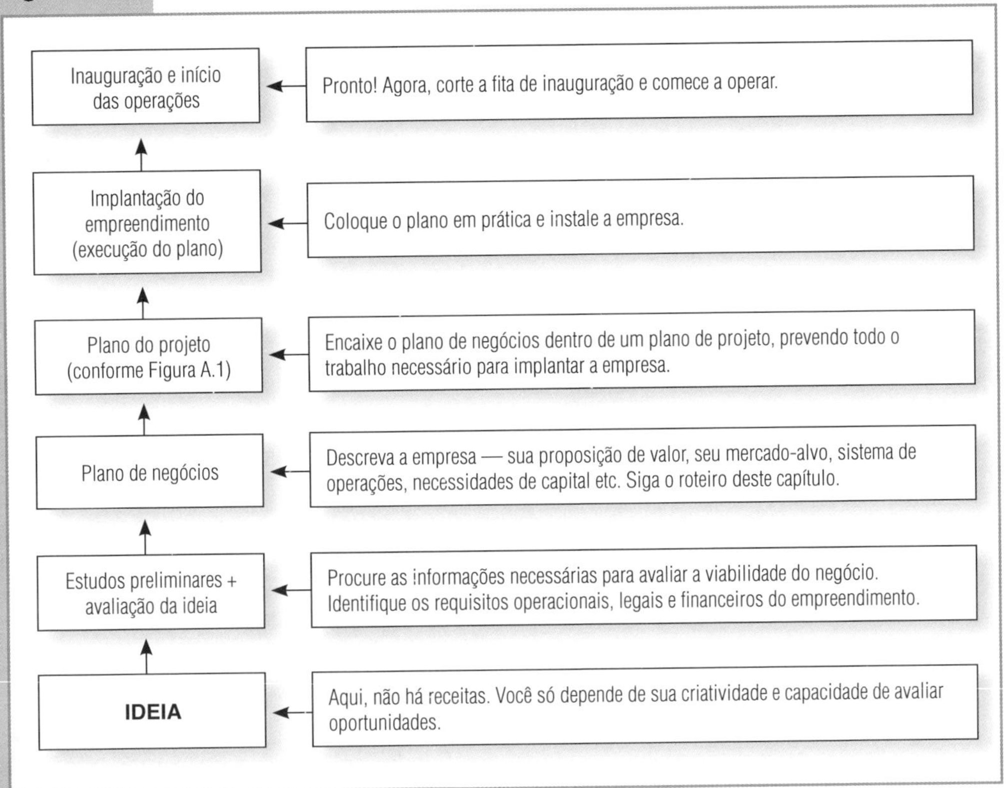

A.2.1 Ideia

Geração de ideias é a etapa do projeto que depende exclusivamente do empreendedor. Mesmo que você esteja analisando oportunidades oferecidas por outros, a decisão final é sua. A ideia é a parte mais preciosa de qualquer projeto e você deve protegê-la, mesmo que seja mínimo o risco de algum espertinho roubá-la. Tome cuidado ao participar de concursos de ideias — a sua poderá ser roubada.

Com base em uma ideia, comece com uma descrição sucinta do projeto — uma ideia de projeto (ou ***project charter***). Tipo de produto e empresa, necessidades ou justificativas, concorrência, recursos necessários, custo estimado e prazo para implantação são os elementos de um plano básico de projeto. Essa descrição é o embrião de seu plano de negócios.

A.2.2 Avaliação da ideia

Antes de concretizar a ideia do novo negócio e assumir compromissos irreversíveis, pense em fazer um estudo de viabilidade. O objetivo é verificar se é possível e se vale a pena levar a ideia adiante. O estudo da viabilidade deve focalizar principalmente:

- Demanda pelo produto ou serviço: existe ou não? Qual o mercado potencial? Qual o volume potencial de vendas? Onde estão localizados os consumidores? Eles virão até nós ou teremos de ir até eles?
- Pontos fortes e fracos da concorrência existente e potencial: quantos e quais são os concorrentes? Quais as suas vantagens competitivas? Onde se localizam? Como podemos enfrentá-los?
- Requisitos operacionais para fornecer o produto ou serviço: de que estrutura precisamos? De quais instalações, máquinas, componentes, mão de obra etc. a empresa necessita para funcionar?
- Existência de fornecedores: existem fornecedores dessas máquinas, componentes e matérias-primas para operação da empresa? A mão de obra necessária é fácil de recrutar e contratar? Teremos de competir pela mão de obra?
- Necessidade de pesquisa e desenvolvimento ou experimentação: o produto ou serviço já existe ou exige investimento em atividades de pesquisa, desenvolvimento e experimentação? Há estrutura disponível para isso ou também terá de ser criada?
- Requisitos legais para funcionamento do negócio: é permitido o funcionamento da empresa no local escolhido? É necessário fazer estudos de impactos sociais e ambientais? Qual a legislação que se aplica à empresa? Qual a documentação necessária? Como isso pode ser obtido?
- Necessidade de investimentos em comparação com os recursos do empreendedor: quanto custa tudo isso, ou seja, quanto custa (1) dar respostas a essas perguntas e (2) atender aos requisitos operacionais, legais e técnicos da empresa? Em comparação com as disponibilidades do empreendedor, qual a situação? É mais, menos ou a mesma coisa que ele tem? Se for mais, onde e como obter os recursos necessários?

São as respostas a essas questões que você colocará no plano de negócios.

A.2.3 Planejamento do projeto

Se a ideia passou pelo crivo preliminar, pesquise mais informações e prepare agora um plano preliminar de projeto — isso vai consumir tempo e recursos. É um projeto dentro de outro, que exige planejamento e esforço para produzir informações. Desenvolva a descrição sucinta que você preparou e avance para o próximo estágio de seu plano, usando os conceitos e técnicas do capítulo anterior. Veja adiante como tornar isso específico para o plano de negócios.

A.2.4 Implantação e operações

A colocação em prática do plano de negócios resulta na implantação do empreendimento. Aqui também as ferramentas da gestão de projetos podem ajudar a preparar um plano operacional do empreendimento, que incorpora o plano de negócios e acrescenta cronogramas e orçamentos. A implantação é um entregável — provavelmente o principal — da estrutura analítica de seu projeto. A operação da empresa, durante um período determinado, também pode ser incluída no escopo de um plano de negócios.

A.3 Roteiro do plano de negócios

O plano de negócios permite esclarecer qual produto ou serviço o empreendedor pretende fornecer, o mercado e a estratégia para conquistá-lo e as condições necessárias para transformar a ideia em uma empresa em operação. Repetindo: além de ser uma ferramenta para o próprio empreendedor, o plano de negócios pode ser uma necessidade — para obter licença de funcionamento, pleitear financiamento, explicar a oportunidade para potenciais investidores ou mesmo participar de um concurso de empreendedorismo.

O roteiro de um plano de negócios pode ter o conteúdo apresentado a seguir. A ordem em que esses tópicos são incluídos no plano é uma decisão do empreendedor, assim como o grau de detalhes e a quantidade de tópicos. Note que um plano de negócios deve ter a extensão de até 30 páginas, no máximo. Se você conseguir escrever tudo em 20 páginas, melhor ainda.

O roteiro a seguir procura atender a diferentes tipos de ramos de negócios — indústria e serviços. Faça as adaptações necessárias, cortando ou acrescentando tópicos conforme o tipo de empreendimento e as exigências que você precisa cumprir. Selecione dentre os tópicos aqueles que são apenas para sua referência e aqueles que você precisa formatar para apresentação a outras pessoas.

A.3.1 Resumo

Deixe essa parte para o fim. Depois de completar quantos dos itens a seguir se aplicam a seu caso, faça um resumo, destacando:

- Apresentação sucinta do negócio.
- Oportunidade que o negócio aproveita.
- Perspectivas de desempenho: vendas e receitas.
- Custos da implantação e operação do negócio.

1. Descrição do negócio

- Descrição do negócio que você pretende criar — produto/serviço e mercado/cliente.
- Missão — utilidade do produto ou serviço e da empresa para seus clientes.
- Nome da empresa e do produto.
- Porte da empresa.
- Localização:
  - Proximidade com clientes e fornecedores.
  - Disponibilidade de utilidades e meios de acesso.
  - Filiais.
  - Estado das instalações e necessidade de reformas.
  - Possibilidade de expansão.
  - Apresentação do empreendedor e/ou dos sócios.

2. Análise do mercado e do ambiente

- Tendências econômicas e sociais que criam a oportunidade e influenciam o negócio:
  - Demografia.
  - Distribuição de renda.
  - Outras tendências.
- Análise do ramo de negócios:
  - Empresas que atuam no mesmo mercado ou com o mesmo produto ou serviço.
  - Participação no mercado.
  - Vantagens competitivas dos principais concorrentes.
  - Capacidade de produção dos principais concorrentes.
  - Esforço promocional dos concorrentes.
  - Idade do equipamento que usam.
  - Tipo de mão de obra empregada.
  - Pontos fortes e fracos da concorrência.
- Mercado:
  - Compradores potenciais.
  - Motivação para a compra.

3. Estratégia

- Objetivos de desempenho: volume de vendas, participação no mercado, posicionamento em relação aos concorrentes.
- Vantagens competitivas — como você pretende se distinguir da concorrência e conquistar os consumidores.
- Projeção do desempenho e perspectivas de crescimento dentro do ramo escolhido.
- Perspectivas de diversificação.
- Indicadores e mecanismos de controle do desempenho estratégico — volume efetivo de vendas, crescimento, participação no mercado etc.
- Iniciativas de responsabilidade social.

4. Marketing e vendas

- Descrição do mercado-alvo.
- Estratégia de marketing:
  - Descrição do produto ou serviço:
    - Produto: tamanho, forma, ingredientes, cores, peso, apresentações, embalagem.

- Serviço: serviço prestado para o cliente, tempo de resposta após o pedido, grau de personalização.

- Preços:
  - Forma de definição.
  - Política de crédito.
  - Comparação com os dos concorrentes.
- Distribuição e vendas:
  - Estratégia de vendas: direta, indireta, Internet.
  - Organização da força de vendas.
  - Informação para os vendedores: catálogos de produtos e suas aplicações, lista de preços, disponibilidade de produtos nos estoques.
  - Forma de remuneração dos vendedores.
- Esforço promocional:
  - Propaganda: jornais, revistas, rádio e televisão, mala direta, panfletos, *outdoors*, anúncios em táxis, ônibus, metrôs, trens, estações e aeroportos.
  - Participação em feiras de negócios.
  - Patrocínio de eventos.
  - Promoção nos pontos de venda.
  - Informação para os clientes: catálogos, lista de preços, especificações, instruções de montagem, cardápios.
  - Programas de visitas às instalações — excursões escolares, visite nossa cozinha.
  - Telemarketing.
  - Distribuição de brindes.
  - Atendimento de clientes via telefone.

5. Operações

- Especificações do produto/serviço:
  - Especificações funcionais.
  - Especificações técnicas.
  - Peças, matérias-primas e componentes.
- Modo de operações: projeto ou atividade contínua:
  - Planejamento e controle das operações.
  - Metodologia de gerenciamento de projetos.

- Sistema de gestão da qualidade: garantia e controle da qualidade:
  - Especificações da qualidade dos produtos e serviços.
  - Procedimentos de garantia da qualidade.
  - Controle da qualidade.
  - Administração da qualidade.
    - Manuais.
    - Responsabilidades.
- Projeto do processo de fornecimento do produto/serviço:
  - Descrição do processo produtivo — fluxograma.
  - Máquinas e equipamentos.
  - Matérias-primas e componentes.
  - Sequência da montagem ou fornecimento do produto ou serviço.
  - Embalagem, armazenagem e distribuição.
- Projeto das instalações:
  - Arranjo físico do processo produtivo.
  - Distribuição das instalações — produção (ou área de atendimento a clientes), armazenagem e administração.
  - Capacidade instalada.
  - Medidas de desempenho:
    - Tempo de ciclo.
    - Eficiência planejada.
- Fornecedores e cadeia de suprimentos:
  - Análise dos principais fornecedores.
  - Parcerias com fornecedores.
  - Logística.
- Controle de estoques.

6. Estrutura organizacional

- Estrutura organizacional da empresa.
- Descrições dos principais cargos.
- Nomes dos ocupantes dos cargos de direção.

7. Recursos humanos

- Plano de mão de obra da empresa — lista de cargos e quantidade de ocupantes necessários.

- Competências desejadas dos funcionários.
- Processos de recrutamento, seleção, treinamento e desenvolvimento.
- Política salarial.
- Benefícios.
- Sistema motivacional.

8. Tecnologia da informação

- Infraestrutura.
- Definição dos pacotes de software para apoiar as operações da empresa.
- Site na Internet.

9. Riscos

- Identificação dos principais riscos do negócio:
    - Probabilidade de ocorrência.
    - Impacto sobre o negócio.
- Mecanismos de gestão dos riscos e prevenção de perdas.

10. Finanças

- Orçamento de implantação.
- Orçamento de operação.
- Análise do ponto de equilíbrio.
- Fluxo de caixa projetado.
- Balanço projetado.
- DRE projetado.
- Indicadores de desempenho.

11. Legislação

- Legislação aplicável à empresa.
- Serviços profissionais a serem contratados — advogado, contador.

12. Cronograma e orçamento de implantação

Implantar a empresa implica planejar e executar atividades operacionais, que devem ser colocadas em um cronograma. Veja na Tabela A.1 um exemplo de lista de tarefas que você pode usar como modelo para fazer seu cronograma. Observe as coincidências com a Figura A.1. Agora, veja na Figura A.3 uma sugestão para você sequenciar essas tarefas e abrir sua empresa.

Além do cronograma, como em todo projeto, você precisa de um orçamento. Atenção: é o orçamento do trabalho de implantação da empresa, não o orçamento das necessidades de capital da empresa.

Recorra aos conceitos do capítulo anterior para utilizar essas ferramentas.

Tabela A.1 Exemplo de lista de tarefas para implantação de uma empresa

Estrutura analítica/atividades	Data de início	Data de término
1. PLANO DE NEGÓCIOS		
1.1. Estudos preliminares		
1.1.1. Pesquisar o mercado		
1.1.2. Estudar legislação de zoneamento da cidade		
1.1.3. Pesquisar valores de aluguéis		
1.1.4. Escolher o local		
1.2. Plano de negócios		
1.2.1. Definir a empresa e todos os seus requisitos		
1.2.2. Redigir o plano 1.3. Avaliação do plano		
1.2.3. Validar o plano		
2. LOCAL		
2.1. Escolha do local		
2.1.1. Pesquisar e alugar		
2.2. Reforma		
2.2.1. Definir o projeto de arquitetura		
2.2.2. Obter a permissão de construção		
2.2.3. Fazer a reforma		
3. ESTOQUE DE MERCADORIAS		
3.1. Pesquisa de fornecedores		
3.1.1. Pesquisar fornecedores		
3.2. Compras		
3.2.1. Fazer as compras		
3.3. Arranjo da loja		
3.3.1. Organizar mercadorias na loja		
4. RECURSOS HUMANOS		
4.1. Recrutamento e seleção		
4.1.1. Anunciar vagas		
4.1.2. Fazer entrevistas		
4.2. Contratação		
4.2.1. Providenciar documentação e contratar		
4.3. Treinamento		
4.3.1. Preparar material de treinamento		
4.3.2. Treinar		

Estrutura analítica/atividades		Data de início	Data de término
5. ABERTURA DA EMPRESA			
	5.1. Contador		
	5.1.1. Escolher e contratar o contador		
	5.2. Documentos		
	5.2.1. Providenciar a documentação para a prefeitura		
	5.2.2. Registrar nome da loja		
	5.2.3. Pagar as taxas		
6. EQUIPAMENTOS			
	6.1. Pesquisa de preços		
	6.1.1. Identificar fornecedores		
	6.2. Compra		
	6.2.1. Comprar equipamentos		
	6.3. Instalação e teste		
	6.3.1. Instalação		
	6.3.2. Teste		
	6.3.3. Início operações		
7. INAUGURAÇÃO			
	7.1. Convidados		
	7.1.1. Fazer a lista		
	7.1.2. Enviar convites		
	7.2. Empresa de eventos		
	7.2.1. Contratar empresa de eventos		
	7.3. Festa		
	7.3.1. Realizar a festa		
	7.3.2. Limpar o local		

Figura A.3 **Possível sequenciamento dos entregáveis do projeto de implantação de uma empresa**

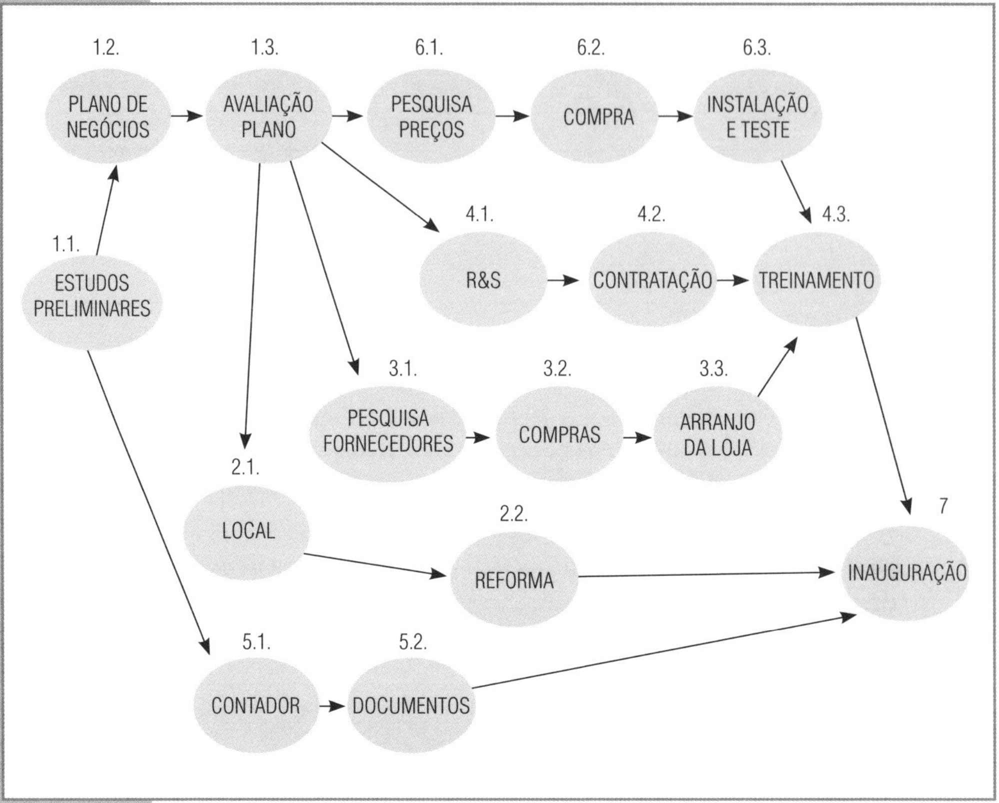

REFERÊNCIAS

BERGER, David. Build a lean plant layout to increase your efficiency. Disponível em: <http://www.advancedmanufacturing.com/July02/lean.htm>.

BOUNDS, Gregory M.; LAMB, Jr. Charles. *Business*. Cincinnati: South-Western, 1998.

BOVÉE, Courtland; THILL, John. *Business in action*. Upper Saddle River: Prentice Hall, 2001.

BRAGA, Roberto. *Fundamentos e técnicas de administração financeira*. São Paulo: Atlas, 1989.

CASTANHEIRA, Joaquim. "Empresas criativas", *Revista Dinheiro*, n. 413, 10 ago. 2005.

DAVIS, Mark M.; HEINEKE, Janelle. *Operations management*. Nova York: McGraw-Hill/Irwin, 2005.

FALEIROS, Marina. "Fábrica da Basf é dos empregados". *O Estado de S. Paulo*, Caderno Economia & Negócios, 3 fev. 2005, p. B22.

FREZATTI, Fábio. *Orçamento empresarial*: planejamento e controle gerencial, 2 ed. São Paulo: Atlas, 2002.

GANTOIS, Gustavo. "Aprendiz de patrão". *Revista Dinheiro*, n. 387, 9 fev. 2005, p. 55-56.

GITMAN, Lawrence J.; Mc.DANIEL, Carl. *The future of business*, 5 ed. Cincinnati: South-Western, 2005.

GRIFFIN, Ricky W.; EBERT, Ronald J. *Business*. Upper Saddle River: Prentice Hall, 2002.

IUDICIBUS, Sérgio de; MARION, José Carlos. *Curso de contabilidade para não contadores*. São Paulo: Atlas, 1998.

KAPLAN, Robert S.; NORTON, David P. *A estratégia em ação*. Rio de Janeiro: Campus, 1997.

LONGENECKER, Justin G.; MOORE, Carlos W.; PETTY, J. William. *Administração de pequenas empresas*. São Paulo: Pearson Makron Books, 1997.

MADURA, Jeff. *Business*. Cincinnati: South-Western, 2001.

MANKIW, N. G. *Introdução à economia*. Rio de Janeiro: Campus, 1999.

MARION, J. C. *Contabilidade empresarial*. 10 ed. São Paulo: Atlas, 2003.

MARTINS, Eliseu. *Contabilidade de custos*. 9 ed. São Paulo: Atlas, 2003.

MEREDITH, Jack R.; SHAFER, Scott M. *Operations management for MBAs*. Nova York: John Wiley & Sons, 1999.

STEINHOFF, Dan. *The world of business*. Nova York: McGraw-Hill, 1979.

TAVARES, Flávia. "Marisol e o pulo da rata". *Revista Dinheiro*, n. 386, 2 fev. 2005, p. 56-57.

U.S. DEPARTMENT OF LABOR. *What work requires of schools*: a SCANS report for America 2000, jun. 1991, p. xvii-xviii.

WHETTEN, David A.; CAMERON, Kim S. *Developing management skills*. Upper Saddle River: Prentice Hall, 2002.

ÍNDICE REMISSIVO

F

G

H

I

J

L

M

N

SOBRE O AUTOR

Antonio Cesar Amaru Maximiano é doutor em administração pela Faculdade de Economia, Administração e Contabilidade da Universidade de São Paulo (USP), onde atualmente é professor. Na Fundação Instituto de Admi-nistração (FIA), atua como supervisor de projetos de consultoria e treinamento contratados por grandes empresas multinacionais. Em 2009, foi professor convidado da Université François Rabelais, em Tours. Seus interesses incluem a pesquisa e a educação sobre gerenciamento de projetos, empreendedorismo e inovação. É autor de outros livros sobre administração adotados em diversas instituições de ensino superior.